SAS/SPSS와 다변량 자료분석

홍종선 저

자유아카데미

서문

통계학을 배우고 익히면서 다양하고 많은 자료를 분석한다. 교과서에 나오는 자료가 아닌 수집된 자료를 개인 스스로 통계적으로 분석할 때 강의시간에 배우고 교과서에서 분석한 방법을 적용시키기 곤란한 경우가 많다. 예를 들어, 동일한 귀무가설을 검정하는 통계량은 여러 종류가 있으며, 각각의 검정 결과가 다르게 유도되어 어떻게 최종적으로 결론을 맺어야 할지 고민하게 된다. 즉, 통계적 방법은 무수히 많고 다양하며, 이에 대응하는 결과가 일치하지 않는 경우가 대부분이다. 따라서 통계자료를 어떻게 분석하느냐에 따라 해석이 다르기 때문에 이를 바탕으로 하는 의사결정은 매우 조심스럽다. 다변량 자료분석에 관한 방법은 기초적인 자료분석 방법보다 훨씬 복잡하고 다양하다. 따라서 많은 다변량 자료분석에 관한 교재에서 다루는 예제는 간단하고 단순한 자료를 다룬다. 그렇기 때문에 실제 수집된 자료를 강의실에서 배운 다변량 자료분석 방법으로 분석하려고 하면 많은 난관에 봉착하게 된다.

통계자료분석을 위한 강의와 교재는 무수히 많다. 그리고 SAS 또는 SPSS 등의 통계팩키지를 사용하여 자료를 분석하는 강의와 교재도 많다. 그러나 이런 대부분의 강의와 교재는 통계팩키지를 이용하여 분석하기 원하는 통계적 자료분석 방법을 사용하여 프로그램을 작성하는 과정과 이 프로그램의 출력결과를 얻는 과정을 중요하게 여기거나 또는 그 출력결과 중에서 극히 일부분만을 사용하여 간단히 자료분석하는 과정을 습득한다. 통계팩키지는 통계자료분석하기 위한 결과를 쉽게 도출하기 위해 만든 프로그램이므로 프로그램은 매우 짧게 구성되어 있다. 따라서 통계팩키지 사용법을 배운다는 것은 요즈음 훈글(아래아 한글 HWP)을 배우기 위해 학원에 수강등록하는 것과 동일한 행동이다. 그리고 통계팩키지 프로그램은 짧지만, 현존하는 다양한 자료분석 방법을 모두 사용하여 결과를 사용자에게 제공하기 때문에 출력결과의 양은 매우 크고 방대하다. 가능하면 이 모든 정보를 활용하여 자료분석하고 결론을 유도해야 하는데, 쉬운 과정이 아님에도 불구하고 많은 교재에서는 그 중에서 가장 많이 사용하는 분석 방법만을 소개하곤 한다. 그러나 본서에서는 통계팩키지 프로그램 작성의 문제가 아니라 이를 사용하여 얻은 출력결과를 바탕으로 통계적 자료분석하는 방법론에 역점을 두고자 한다. 저자는 1990년도 초반에 자료분석가의 입장에서 통계적 자료분석을 수행하기 위한 통계자료분석 교재를 개발하였다. 이 교재에서는 자료분석하는 SAS 프로그램을 제시하고 프로그램의 출력결과를 통계적으로 해석하는 여러 방법들에 대하여 설명한 'SAS와 통계자료분석'이란 저서를 출판하였다. 아마도 통계학 교재 그리고 통계자료분석에 대한 교재 중에서 2판 이상을 출판한 저서는 별로 많지 않으나 'SAS와 통계자료분석'은 지금까지 4판을 출판하였다. 그러나 이 저서는 통계자료분석 방법들 중에서 기초적인 방법론에 관한 저서이다. 본서에서는 통계학에서 높은 수준의 다변량 자료분석에 관한 방법론에 대하여 다루었다.

본서는 다양한 다변량 자료분석 방법을 공부하고자 한다. 본서에서 공부할 방법으로는 주성분분석, 인자분석, 경로분석, 정준상관분석, 판별 및 분류분석, 군집분석, 다차원척도법, 대응분석, 범주형자료분석, 로지트모형분석, 선형구조관계분석의 11가지 방법론을 공부한다. 그리고 인터넷으로 공개되어 쉽게 수집할 수 있는 두 종류의 실제 다변량 자료를 이용하여 독자 여러분들도 11종류의 다변량 자료분석 방법을 이용하여 분석하면서 해석하고 결론을 유도하는 과정을 다루었다. 두 종류의 국내 자료 중 한 가지는 '**도시별 복지기능 특성자료**'이다. 국가통계포털 KOSIS 'http://kosis.kr'에서 발췌한 자료로, 지역별로 주거하고 있는 사람들이 누릴 수 있는 기능은 분명 차이가 있을 것이므로 삶의 질적 향상을 도모하는 각 지역의 특징 및 기능을 분석하여 지역별 특성의 차이를 살펴보고 분석하기 위해 도시별 복지기능 특성자료를 선정하였다. 도시별 복지기능 특성자료는 2009년 기준으로 총 70개의 도시를 선정하였다. 이 자료는 도별, 시별, 총인구, 문화재, 문화공간, 체육시설, 총병상수, 사회복지시설수용인원, 보육시설인 9개의 확률변수로 구성되었다. 두 번째 자료는 '**국내 상위기업 재무자료**'이다. 한국의 NICE 신용평가정보의 기업 재무 공개 프로그램인 KIS LINE(http://www.kisline.com)에 따르면 2010년 그룹 합산 재무자료를 통해 상위 5개 그룹 중 공기업인 한국토지주택공사와 한국전력공사를 제외하면 삼성, 현대자동차, SK가 상위 3대 대기업이다. 3대 대기업은 사기업으로 기업회장의 경영철학과 전략에 따라 많은 차이가 있으므로 상위 3대 대기업이 어떠한 재무적 특성을 지녔고, 이에 따라 어떠한 경쟁력을 갖추고 있는지 분석하고자 한다. 3대 대기업 각각의 재무자료를 구성하는 확률변수는 모두 8개이며, 금액의 단위는 100만원이다. SK 기업에는 70개 회사의 재무자료가 수집되었으며, 삼성은 60개의 회사 그리고 현대는 45개 회사의 재무자료가 수집되었다.

본서에서는 두 종류의 실제 예제와 그 외 몇 개의 통계자료에 대하여 11종류의 다변량 자료분석 방법에 대한 SAS와 SPSS 프로그램을 제시하였으며, 출력 결과를 통계적으로 해석하는 과정과 방법을 상세히 설명하고자 노력하였다. 두 종류의 통계팩키지인 SAS와 SPSS는 모두 훌륭한 팩키지이며, 사용하는 방법은 유사하고, 그 결과는 거의 동일하다. 따라서 본서에서는 SAS를 위주로 프로그램과 결과를 수록하였으며, SAS 결과를 바탕으로 자료분석하였고, SPSS 프로그램은 각 장의 부록에 제시하였다. 실제 예제와 각 장의 연습문제에 수록된 통계자료를 다변량 자료분석하는 SAS와 SPSS 프로그램을 파일로 만들어

http://www.freeaca.com

의 '자료실' 중 'SAS/SPSS와 다변량 자료분석'에 올려놓았으므로, 독자 여러분은 여기서 다운받아 SAS와 SPSS 프로그램을 작성하는 노력보다 SAS와 SPSS의 출력결과를 바탕으로 통계적인 자료분석에 더 많은 시간을 할애하여 투자하기를 바란다.

본서는 성균관대학교 통계학과에서 수년간 강의한 내용을 중심으로 집필하였다. 강의에 참가한 학생들의 끝없는 질문과 토론이 많은 도움이 되었다. 필자의 정열과 의욕에 대하여 독자들이 어느 정도 이해하고 만족할지는 의문이며, 이제는 여러분의 조언을 겸허히 수렴하고 싶다. 강의 내용이 책으로 완성되기까지 많은 수고를 한 학생들과 대학원생에게 감사하며, 본서를 출간하도록 힘써주신 자유아카데미사에게 감사드린다.

2012. 7.
다산경제관 연구실에서
平散 홍 종 선
cshong@skku.edu

차례

제1장 다변량 자료분석

제2장 주성분분석

제3장 인자분석

제4장 경로분석

제5장 정준상관분석

제6장 판별 및 분류분석

제7장 군집분석

제8장 다차원척도법

제9장 대응분석

제10장 범주형 자료분석

제11장 로지트모형

제12장 선형구조관계분석

제1장

다변량 자료분석

1.1 다변량 자료

하나의 확률변수(random variable)에 의해 측정된 자료를 일변량 또는 단일변량 자료라 하고 이 자료에 대한 통계적 분석을 일변량 자료분석(univariate data analysis)이라고 한다. 일변량 자료분석에는 모평균, 모분산 그리고 확률분포에 대한 분석 등의 기법이 있다. 확률변수가 두 개일 때의 자료를 이변량 자료라 하고 이에 대한 이변량 자료분석(bivariate data analysis)방법에는 두 집단의 모평균과 모분산 비교분석 또는 대응자료(paired data)분석을 수행할 수 있으며 두 확률변수의 상호관계를 분석하는 상관분석(correlation analysis) 방법과 두 변수의 인과관계를 분석하는 회귀분석(regression analysis)과 분산분석(analysis of variance) 등이 있다. 본서에서는 삼변량 이상인 다변량 자료(multivariate data)에 대한 통계적 자료분석 방법에 대하여 공부한다.

일반적으로 $p(p \geq 3)$개의 확률변수가 존재하며 관측값이 n개인 다변량 자료를 고려하자. 이 자료는 다음과 같이 $n \times p$ 행렬로 표현되며 p개의 벡터로도 표현된다.

$$\boldsymbol{X} = \begin{pmatrix} x_{11} \; x_{12} \cdots x_{1p} \\ x_{21} \; x_{22} \cdots x_{2p} \\ \cdots \\ x_{n1} \; x_{n2} \cdots x_{np} \end{pmatrix} = (\boldsymbol{x}_1 \; \boldsymbol{x}_2 \cdots \; \boldsymbol{x}_p),$$

여기서 벡터 $\boldsymbol{x}_j = (x_{1j} x_{2j} \ldots x_{nj})'$이다.

다변량 자료분석 방법은 확률변수들의 관계를 분석하는 방법과 관측값들의 관계를 분석하는 방법으로 구분되는데, 확률변수들의 관계를 분석하는 방법에는 주성분분석, 인자분석, 경로분석, 정준상관분석, 범주형자료분석, 로지트모형분석, 선형구조관계분석 등이 있으며, 관측값들의 관계를 분석하는 방법에는 판별 및 분류분석, 군집분석, 다차원척도법 등이 있다. 그리고 확률변수와 관측값들의 관계를 동시에 분석하는 방법에는 대응분석 등이 있다. 본서에서는 위와 같은 분석 방법들을 공부하고 두 종류의 한국 실제자료에 대한 분석을 통하여 다변량 자료를 분석하는 능력을 배양하고자 한다.

1.2 다변량 자료 소개

본서에서는 많은 교재에서 공통적으로 사용하는 다변량 자료를 피하고 현실적인 한국자료를 선정하여 자료분석을 한다. 두 종류의 실제 자료를 다루는데 한 가지는 '**도시별 복지기능 특성자료**'이다. 우리는 문화, 삶의 질을 높여주는 체육, 예술, 복지, 의료기능 등이 잘 갖춰진 지역에 살고자 하며 특히, 대한민국의 행정구역별로 나누어진 지역들 중에 삶의 질적 향상을 도모하는 문화 및 복지기능이 잘 갖춰진 지역에 거주하기를 선호한다. 따라서 지역별로 주거하고 있는 사람들이 누릴 수 있는 기능은 분명 차이가 있을 것이므로 삶의 질적 향상을 도모하는 각 지역의 특징 및 기능을 분석하여 지역별 특성의 차이를 살펴보고 분석하기 위하여 도시별 복지기능 특성자료를 선정한다. 이 도시 특성자료는 국가통계포털 KOSIS 'http://kosis.kr'에서 발췌한 자료이다.

도시 특성자료를 선택하고자 행정구역상 '시'에 해당하는 도시들을 선정했다. 군, 면, 읍에 해당하는 지역은 다른 지역에 비해 기능이 떨어질 것이라 판단되며, 이러한 지역을 '시'에 해당하는 도시와 비교하는 것은 무리가 있을 것으로 판단되기 때문이다. 또한 서울특별시와 광역시에 해당하는 도시들도 행정구역상 '도'에 준하는 기능을 갖추고 있기 때문에 분석에서 제외되었다. 마지막으로 전라남도에 해당하는 도시들도 제외되었는데 그 이유는 이 지역의 도시들의 자료가 충분치 못했기 때문이다. 도시별 복지기능 특성자료는 2009년을 기준으로 총 70개의 도시를 선정했다. 이 자료는 도별, 시별, 총 인구, 문화재, 문화공간, 체육시설, 총 병상수, 사회복지시설수용인원, 보육시설인 9개의 확률변수로 구성되었다.

자료분석에서는 도별, 시별 변수를 제외한 7개의 자료를 사용하였다. 7개의 변수는 2009년 1월부터 2009년 12월까지의 자료를 사용하였으며 경상남도는 2005년, 경상북도는 2006년 자료를 사용하였다. 왜냐하면 자료가 충분치 않을 뿐만 아니라 해당되는 도시에서 변수들의 기관과 관련되어 있기에 3~4년의 시간차가 큰 영향을 미치지 않을 것으로 판단했기 때문이다. 총 인구는 문화, 체육, 복지, 의료기능의 발달과 그 지역의 인구가 관련이 있는지 알아보기 위해 채택되었으며, 문화기능은 문화재와 문화공간으로 나뉘는데 문화재에는 국가지정문화재, 지방지정문화재, 문화재자료, 등록문화재가 포함되며 문화

표 1-1 국내 상위기업 재무자료의 변수

No.	변수명	영문변수명	자료 요약
1	상장여부	list	거래소 및 KOSPI 시장의 상장여부, 상장 기업은1, 비상장 기업은 0.
2	매출액	sale	매출액
3	영업이익	operating	매출액-(매출원가+판매비+관리비)
4	세전이익	ordinary	영업이익+(영업외수익-영업외비용)+(전기오류수정이익-전기오류수정손실)
5	순이익	net_profit	세전이익-법인세비용
6	총자산	total_asset	부채(타인자본)+자기자본
7	자본금	capital_stock	주식수×주식의 액면가액
8	자기자본	o_capital	자본금+자본잉여금+자본조정금+기타포괄적손익누계액+이익잉여금

공간에는 문화재와 함께 해당 도시의 문화기능을 나타내는 척도로써 공연시설, 전시시설, 지역복지문화시설 등이 채택되었다. 또한 체육기능에는 공공·등록·신고 체육시설이 포함되었으며 의료기능에는 얼마나 많은 환자를 수용할 수 있는지 판단하기 위해 총 병상수를 변수로 선택했고 복지기능에서 보육시설은 국공립, 민간 보육시설 등을 모두 포괄하였다.

두 번째 자료는 '**국내 상위기업 재무자료**'이다. 이는 한국 NICE 신용평가정보의 기업재무 공개 프로그램인 KIS LINE 'http://www.kisline.com'에 공시된 2010년 그룹 합산 재무자료를 기준으로 상위 5개 그룹 중 공기업인 한국토지주택공사와 한국전력공사를 제외하고 상위 3대 기업에 해당하는 삼성, 현대자동차, SK의 자료이다. 3대 기업은 사기업으로 기업회장의 경영철학과 전략에 따라 많은 차이가 있다. 따라서 상위 3대 기업이 어떠한 재무적 특성을 지녔고 이에 따라 어떠한 경쟁력을 갖추고 있는지 분석하고자 한다. 이 자료는 각 회사의 계열사에 대한 정보를 포함하고 있으며 3대 기업 각각의 자료를 구성하는 확률변수는 모두 8개이고 그 의미는 [표 1-1]과 같다. 참고로 금액의 단위는 100만원이다.

1.3 다변량 자료 기초분석 및 정규성검정

다변량 자료인 도시별 복지기능 특성자료와 국내 상위기업 재무자료를 여러 종류의 다변량 분석 방법을 사용하여 분석하기에 앞서 각 자료의 기본적이고 기초적인 통계자료분석을 수행하고 토론해보자.

1. 도시별 복지기능 특성자료

우선 도시별 복지기능 특성자료에 대한 기초적인 자료분석 프로그램과 결과는 다음과 같다. 확률변수 각각에 대한 일변량 자료분석이며 모평균, 모분산, 확률분포 등에 관하여 분석하고 변수들의 관계를 파악하기 위하여 상관분석도 실시하였다.

프·로·그·램 1-1 도시별 복지기능 특성자료의 기초자료분석

```
DATA city;
INPUT X0 $ X01 $ X1-X7;
LABEL X0='도별' X01='시별' X1='총인구' X2='문화재' X3='문화공간'
      X4='체육시설' X5='총병상수' X6='사회복지시설수용인원' X7='보육시설';
CARDS;
강원도     춘천시  267514  36    41    324    3583   1094    152
강원도     원주시  310276  62    46    464    3378   1099    240
강원도     강릉시  219067  114   43    313    2786   772     146

중략

충청북도   충주시 208808  85    18    261    2067   883    123
충청북도   제천시 137229  55    22    167    2042   684    59
;

PROC UNIVARIATE DATA=city NORMAL PLOT;
VAR X1-X7;
RUN;

PROC CORR DATA=city;
VAR X1-X7;
RUN;
```

결과 1·1 도시별 복지기능 특성자료의 기초자료분석 결과

SAS 시스템

UNIVARIATE 프로시저

변수: $X1$ (총인구)

적률			
N	70	가중합	70
평균	302870.729	관측치 합	21200951
표준편차	245538.854	분산	6.02893E10
왜도	1.49975079	첨도	1.75425074
제곱합	1.05811E13	수정 제곱합	4.15996E12
변동계수	81.0705132	평균의 표준오차	29347.5063

기본 통계 측도			
위치측도		변이측도	
평균	302870.7	표준편차	245539
중위수	213937.5	분산	6.02893E10
최빈값	.	범위	1055508
		사분위 범위	294689

위치모수 검정: Mu0=0				
검정	통계량		p-값	
스튜던트의 t	t	10.32015	Pr > |t|	<.0001
부호	M	35	Pr >= |M|	<.0001
부호 순위	S	1242.5	Pr >= |S|	<.0001

정규성 검정				
검정	통계량		p-값	
Shapiro-Wilk	W	0.828612	Pr < W	<0.0001
Kolmogorov-Smirnov	D	0.178667	Pr > D	<0.0100
Cramer-von Mises	W-Sq	0.675861	Pr > W-Sq	<0.0050
Anderson-Darling	A-Sq	3.945004	Pr > A-Sq	<0.0050

분위수(정의 5)	
분위수	추정값
100% 최대값	1098449.0
99%	1098449.0
95%	884976.0
90%	642072.5
75% Q3	421231.0
50% 중위수	213937.5
25% Q1	126542.0
10%	92137.5
5%	72431.0
1%	42941.0
0% 최소값	42941.0

극 관측치			
최소		최대	
값	관측치	값	관측치
42941	67	854054	13
50730	5	884976	10
72382	26	951001	27
72431	7	979035	9
76497	53	1098449	8

```
줄기 잎                      #      상자그림
  11 0                       1         0
  10
  10
   9 58                      2         0
   9
   8 58                      2         0
   8                                   |
   7                                   |
   7 4                       1         |
   6                                   |
   6 244                     3         |
   5 5                       1         |
   5 0123                    4         |
   4                                   |
   4 12344                   5      +-----+
   3 9                       1      |     |
   3 11234                   5      |  +  |
   2 567788                  6      |     |
   2 00012244                8      *-----*
   1 56667789                8      |     |
   1 0001111122333444       16      +-----+
   0 577889                  6         |
   0 4                       1         |
     ----+----+----+----+
   값 : (줄기.잎)*10**+5
```

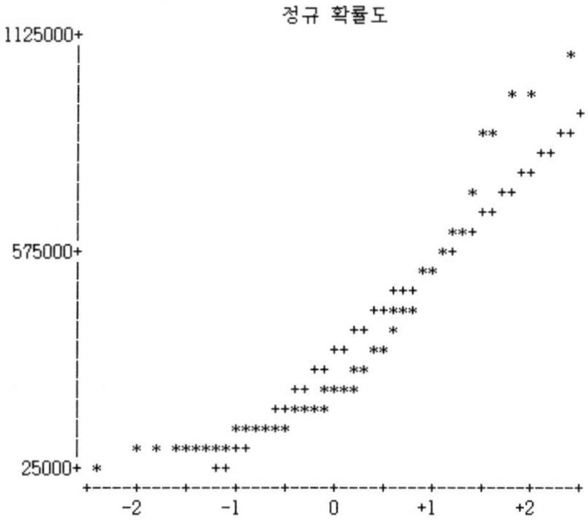

위 결과는 PROC UNIVARIATE 명령문을 사용하여 '$X1$(총 인구)' 변수에 대한 요약 통계량이다. 간략히 '총 인구' 변수의 분포를 살펴보면, 적률의 왜도와 첨도를 통해 70개의 자료로 분포가 왼쪽으로 약간 치우쳐져 있으며 뾰족한 형태를 취하고 있음을 알 수 있다. 또한 정규성 검정의 결과나 정규확률도를 확인해 보면 관측값들이 정규분포를 따르지 않음을 파악할 수 있다. $X2$(문화재) 변수부터 $X7$(보육시설) 변수까지의 결과에 대한 해석은 $X1$(총 인구) 변수에 대한 해석과 유사하게 하면 되므로, $X2$(문화재) 변수부터 $X6$(사회복지시설수용인원)변수까지의 분석결과와 해석은 생략하기로 하고 $X7$(보육시설) 변수에 대한 결과와 해석을 제시하기로 한다.

SAS 시스템

UNIVARIATE 프로시저

변수: $X7$(보육시설)

적률			
N	70	가중합	70
평균	245.942857	관측치 합	17216
표준편차	227.369003	분산	51696.6634
왜도	1.41722916	첨도	1.37698184
제곱합	7801222	수정 제곱합	3567069.77
변동계수	92.4478984	평균의 표준오차	27.1757937

기본 통계 측도			
위치측도		변이측도	
평균	245.9429	표준편차	227.36900
중위수	154.0000	분산	51697
최빈값	34.0000	범위	921.00000
		사분위 범위	264.00000

Note: 표시된 최빈값은 9개의 최빈값(개수: 2) 중에 가장 작습니다.

위치모수 검정: Mu0=0				
검정	통계량		p-값	
스튜던트의 t	t	9.050071	Pr > |t|	<.0001
부호	M	35	Pr >= |M|	<.0001
부호 순위	S	1242.5	Pr >= |S|	<.0001

정규성 검정				
검정	통계량		p-값	
Shapiro-Wilk	W	0.824647	Pr < W	<0.0001
Kolmogorov-Smirnov	D	0.189637	Pr > D	<0.0100
Cramer-von Mises	W-Sq	0.734812	Pr > W-Sq	<0.0050
Anderson-Darling	A-Sq	4.145832	Pr > A-Sq	<0.0050

분위수(정의 5)	
분위수	추정값
100% 최대값	943.0
99%	943.0
95%	693.0
90%	589.5
75% Q3	334.0
50% 중위수	154.0
25% Q1	70.0
10%	47.5
5%	44.0
1%	22.0
0% 최소값	22.0

극 관측치			
최소		최대	
값	관측치	값	관측치
22	5	678	55
34	53	693	12
34	7	887	27
44	50	888	13
44	39	943	8

```
줄기 잎                      #             상자그림
   9 4                        1                0
   8 99                       2                0
   8
   7
   7
   6 89                       2                |
   6 02                       2                |
   5 568                      3                |
   5 1                        1                |
   4 69                       2                |
   4 224                      3                |
   3 5                        1                |
   3 13                       2             +-----+
   2 566668                   6             |  +  |
   2 011134                   6             |     |
   1 55556788                 8             *-----*
   1 001123344                9             |     |
   0 5555556667778999        16             +-----+
   0 233444                   6                |
     ----+----+----+----+
     값 : (줄기.잎)*10**+2
```

```
                         정규 확률도
   925+                                                       *
      |                                                   * *
      |                                                         +
      |                                                       ++
      |                                                    +++
      |                                                ** ++
      |                                               * ++
      |                                            *****+
      |                                            * ++
   475+                                          ***+
      |                                         +**
      |                                       +++
      |                                     ++ **
      |                                  ++ ***
      |                               +++ **
      |                             ++  ***
      |                           ++*****
      |                       *******
    25+ *     * * ***** ++
       +----+----+----+----+----+----+----+----+----+----+
            -2        -1         0        +1        +2
```

X7(보육시설) 변수에 대한 분석 결과를 바탕으로 적률의 왜도와 첨도, 정규성 검정의 결과 그리고 정규확률도를 살펴보면, 관측값들이 정규분포를 따른다고 판단하기 어렵다.

SAS 시스템
CORR 프로시저

7 Variables:	X1 X2 X3 X4 X5 X6 X7

단순 통계량							
변수	N	평균	표준편차	합	최소값	최대값	라벨
X1	70	302871	245539	21200951	42941	1098449	총인구
X2	70	54.85714	54.96831	3840	2.00000	315.00000	문화재
X3	70	15.45714	13.06249	1082	0	79.00000	문화공간
X4	70	347.72857	306.06772	24341	41.00000	1658	체육시설
X5	70	2798	2221	195846	12.00000	9499	총병상수
X6	70	786.70000	536.85721	55069	119.00000	2667	사회복지시설수용인원
X7	70	245.94286	227.36900	17216	22.00000	943.00000	보육시설

피어슨 상관 계수, N = 70 H0: Rho=0 가정하에서 Prob > |r|							
	X1	X2	X3	X4	X5	X6	X7
X1 총인구	1.00000	-0.08240 0.4977	0.47625 <.0001	0.95447 <.0001	0.88125 <.0001	0.61871 <.0001	0.94834 <.0001
X2 문화재	-0.08240 0.4977	1.00000	0.03590 0.7680	-0.07610 0.5312	0.01295 0.9153	0.19693 0.1023	-0.12988 0.2839
X3 문화공간	0.47625 <.0001	0.03590 0.7680	1.00000	0.46759 <.0001	0.49677 <.0001	0.46810 <.0001	0.39146 0.0008
X4 체육시설	0.95447 <.0001	-0.07610 0.5312	0.46759 <.0001	1.00000	0.85197 <.0001	0.65958 <.0001	0.90435 <.0001
X5 총병상수	0.88125 <.0001	0.01295 0.9153	0.49677 <.0001	0.85197 <.0001	1.00000	0.65457 <.0001	0.84432 <.0001
X6 사회복지시설수용인원	0.61871 <.0001	0.19693 0.1023	0.46810 <.0001	0.65958 <.0001	0.65457 <.0001	1.00000	0.64535 <.0001
X7 보육시설	0.94834 <.0001	-0.12988 0.2839	0.39146 0.0008	0.90435 <.0001	0.84432 <.0001	0.64535 <.0001	1.00000

상관분석 결과 '$X1$'인 총 인구와 '$X4$'인 체육시설과의 상관계수가 가장 높게 나타났으며 '$X1$'과 '$X7$'인 보육시설과의 상관계수가 두 번째로 높게 나타났다. 한편, '$X2$'인 문화재 변수가 다른 변수들과의 상관계수 값이 매우 작고 0에 가까운 무상관 관계를 보이며 유의확률 또한 유의하지 않게 나타났다. 즉, 문화재 변수가 다른 변수들과의 선형성의 강도가 현저히 떨어지는 것을 파악할 수 있다.

2. 국내 상위기업 재무자료

다음으로 국내 상위기업 재무자료에 대하여 기초적인 자료분석 프로그램과 결과는 다음과 같다. 8개 확률변수 각각에 대한 일변량 자료분석으로 모평균, 모분산, 확률분포 등에 관하여 분석하고, 변수들의 관계를 파악하기 위하여 상관분석도 실시하였다.

프·로·그·램 1-2 국내 상위기업 재무자료의 기초자료분석

```
LIBNAME MULTI 'C:\....\다변량자료분석';

DATA finance;
SET MULTI.finance;
LABEL group='대기업' name='계열사' list='상장여부' sale='매출액'
      operating='영업이익' ordinary='세전이익' net_profit='순이익'
      total_asset='총자산' capital_stock='자본금' o_capita='자기자본';
RUN;

PROC UNIVARIATE DATA=finance NORMAL PLOT;
BY group;
VAR  list  sale  operating  ordinary  net_profit  total_asset
capital_stock o_capita;
RUN;

PROC CORR DATA=finance;
BY group;
VAR  list  sale  operating  ordinary  net_profit  total_asset
capital_stock o_capita;
RUN;
```

결과 1·2 국내 상위기업 재무자료의 기초자료분석 결과

SAS 시스템

UNIVARIATE 프로시저

변수: list (상장여부)

대기업=sk

적률			
N	70	가중합	70
평균	0.22857143	관측치 합	16
표준편차	0.42294443	분산	0.17888199
왜도	1.3212694	첨도	-0.2625811
제곱합	16	수정 제곱합	12.3428571
변동계수	185.038186	평균의 표준오차	0.05055153

기본 통계 측도			
위치측도		변이측도	
평균	0.228571	표준편차	0.42294
중위수	0.000000	분산	0.17888
최빈값	0.000000	범위	1.00000
		사분위 범위	0

위치모수 검정: Mu0=0				
검정	통계량		p-값	
스튜던트의 t	t	4.521553	Pr > |t|	<.0001
부호	M	8	Pr >= |M|	<.0001
부호 순위	S	68	Pr >= |S|	<.0001

정규성 검정				
검정	통계량		p-값	
Shapiro-Wilk	W	0.51922	Pr < W	<0.0001
Kolmogorov-Smirnov	D	0.476978	Pr > D	<0.0100
Cramer-von Mises	W-Sq	3.300316	Pr > W-Sq	<0.0050
Anderson-Darling	A-Sq	17.41124	Pr > A-Sq	<0.0050

분위수(정의 5)	
분위수	추정값
100% 최대값	1
99%	1
95%	1
90%	1
75% Q3	0
50% 중위수	0
25% Q1	0
10%	0
5%	0
1%	0
0% 최소값	0

극 관측치			
작은값부터		큰값부터	
값	관측치	값	관측치
0	70	1	12
0	69	1	13
0	68	1	14
0	67	1	15
0	66	1	16

```
            히스토그램                  #      상자그림
1.025+*********                         16        *
     .
0.925+
     .
0.825+
     .
0.725+
     .
0.625+
     .
0.525+
     .
0.425+
     .
0.325+
     .
0.225+
     .
0.125+
     .
0.025+****************************      54     +-----+
      ----+----+----+----+----+--
      '*'는 최대 2 개의 관측치를 나타냄
```

```
                              정규 확률도
1.025+                                     ********* ***   *
     |                                           +
0.925+                                          ++
     |                                         +
0.825+                                        +
     |                                       +
0.725+                                      +
     |                                    ++
0.625+                                   +
     |                                  +
0.525+                                 +
     |                                +
0.425+                               +
     |                             ++
0.325+                            +
     |                           +
0.225+                          +
     |                         +
0.125+                       ++
     |                      +
0.025+ *    * * *************************
      +----+----+----+----+----+----+----+----+----+----+
             -2        -1         0        +1        +2
```

제시한 결과는 list(상장여부) 변수에 대한 기초적 분석 결과이며, 이 결과 해석은 [결과 1-1]과 유사하므로 생략하고, 나머지 변수인 sale(매출액), operating(영업이익), ordinary(세전이익), net_profit(순이익), total_asset(총자산), capital_stock(자본금), 그리고 o_capita(자기자본)에 대한 분석은 생략한다.

SAS 시스템

CORR 프로시저

대기업＝sk

8 변수:	list sale operating ordinary net_profit total_asset capital_stock o_capita

단순 통계량							
변수	N	평균	표준편차	합	최소값	최대값	라벨
list	70	0.22857	0.42294	16.00000	0	1.00000	상장여부
sale	70	1586229	6052006	111036059	0	43863585	매출액
operating	70	91877	331878	6431421	-36123	2094992	영업이익
ordinary	70	82897	293167	5802814	-92218	1816854	세전이익
net_profit	70	66066	236202	4624614	-92218	1410968	순이익
total_asset	70	1398248	4150692	97877335	0	26330968	총자산
capital_stock	70	81063	211510	5674434	0	1479795	자본금
o_capita	70	641122	2066956	44878507	-233862	11454417	자기자본

피어슨 상관 계수, N = 70 H0: Rho=0 검정에 대한 Prob > |r|							
	list	sale	operating	ordinary	net_profit	total_asset	capital_stock	o_capita
list 상장여부	1.00000	0.39813 0.0006	0.42063 0.0003	0.46175 <.0001	0.46631 <.0001	0.49526 <.0001	0.36646 0.0018	0.48856 <.0001
sale 매출액	0.39813 0.0006	1.00000	0.72314 <.0001	0.72022 <.0001	0.71840 <.0001	0.87245 <.0001	0.38777 0.0009	0.75124 <.0001
operating 영업이익	0.42063 0.0003	0.72314 <.0001	1.00000	0.98395 <.0001	0.98444 <.0001	0.94399 <.0001	0.19278 0.1098	0.97924 <.0001
ordinary 세전이익	0.46175 <.0001	0.72022 <.0001	0.98395 <.0001	1.00000	0.99797 <.0001	0.92700 <.0001	0.14598 0.2279	0.96206 <.0001
net_profit 순이익	0.46631 <.0001	0.71840 <.0001	0.98444 <.0001	0.99797 <.0001	1.00000	0.93109 <.0001	0.14319 0.2370	0.97028 <.0001
total_asset 총자산	0.49526 <.0001	0.87245 <.0001	0.94399 <.0001	0.92700 <.0001	0.93109 <.0001	1.00000	0.37941 0.0012	0.96778 <.0001
capital_stock 자본금	0.36646 0.0018	0.38777 0.0009	0.19278 0.1098	0.14598 0.2279	0.14319 0.2370	0.37941 0.0012	1.00000	0.30122 0.0113
o_capita 자기자본	0.48856 <.0001	0.75124 <.0001	0.97924 <.0001	0.96206 <.0001	0.97028 <.0001	0.96778 <.0001	0.30122 0.0113	1.00000

상관분석 결과, SK 그룹에서 자본금과 영업이익, 세전이익, 순이익의 상관계수가 낮게 나타나므로 이 변수들 사이에서는 상관관계가 존재하지 않으며, 세전이익과 영업이익이 대체로 다른 변수들과의 상관관계가 높게 나타났음을 볼 수 있다.

이 결과와 해석은 대기업이 SK에 해당하는 경우이며, 삼성과 현대자동차에 대한 분석 결과와 해석은 생략한다.

프·로·그·램 1-1

```
GET
  FILE='...\city.sav'.
DATASET NAME 데이터집합1 WINDOW=FRONT.
FREQUENCIES VARIABLES=총인구 문화재 문화공간 체육시설 총병상수 사회복지시
설수용인원 보육시설
  /FORMAT=NOTABLE
  /NTILES=4
  /STATISTICS=STDDEV VARIANCE RANGE MINIMUM MAXIMUM SEMEAN MEAN
MEDIAN MODE SUM SKEWNESS SESKEW KURTOSIS SEKURT
  /ORDER=ANALYSIS.
PPLOT
  /VARIABLES=총인구 문화재 문화공간 체육시설 총병상수 사회복지시설수용인원
보육시설
  /NOLOG
  /NOSTANDARDIZE
  /TYPE=P-P
  /FRACTION=BLOM
  /TIES=MEAN
  /DIST=NORMAL.
CORRELATIONS
  /VARIABLES=총인구 문화재 문화공간 체육시설 총병상수 사회복지시설수용인원
보육시설
  /PRINT=TWOTAIL NOSIG
  /MISSING=PAIRWISE.
```

프·로·그·램 1-2 sk

```
GET
  FILE='...\finance.sav'.
DATASET NAME 데이터집합1 WINDOW=FRONT.
FREQUENCIES VARIABLES=list sale operating ordinary net_profit
total_asset capital_stock o_capita
  /FORMAT=NOTABLE
  /NTILES=4
  /STATISTICS=STDDEV VARIANCE RANGE MINIMUM MAXIMUM SEMEAN MEAN
MEDIAN MODE SUM SKEWNESS SESKEW KURTOSIS SEKURT
  /ORDER=ANALYSIS.
PPLOT
  /VARIABLES=list sale operating ordinary net_profit total_asset
capital_stock o_capita
  /NOLOG
  /NOSTANDARDIZE
  /TYPE=P-P
  /FRACTION=BLOM
  /TIES=MEAN
  /DIST=NORMAL.
CORRELATIONS
  /VARIABLES=list sale operating ordinary net_profit total_asset
capital_stock o_capita
  /PRINT=TWOTAIL NOSIG
  /MISSING=PAIRWISE.
```

제2장

주성분분석

2.1 주성분분석 배경

확률변수의 수가 p개인 p차원의 다변량 자료가 평균벡터 μ와 공분산행렬 Σ를 따르는 p차원의 정규분포 $N_p(\mu, \Sigma)$로부터 추출된 확률표본으로 구성되었다고 가정하자. 이때 확률표본은 μ근처에서 밀집된 p차원 자료일 것이다. 예를 들어 $p=2$인 이차원인 경우를 고려하여 보자. 두 상관계수가 양수일 때 확률밀도함수 $N_2(\mu, \Sigma)$의 윤곽선은 다음과 같이 타원형이 된다.

두 변수의 상관계수가 양수일 때의 확률밀도함수 $N_2(\mu, \Sigma)$로부터 추출한 확률표본의

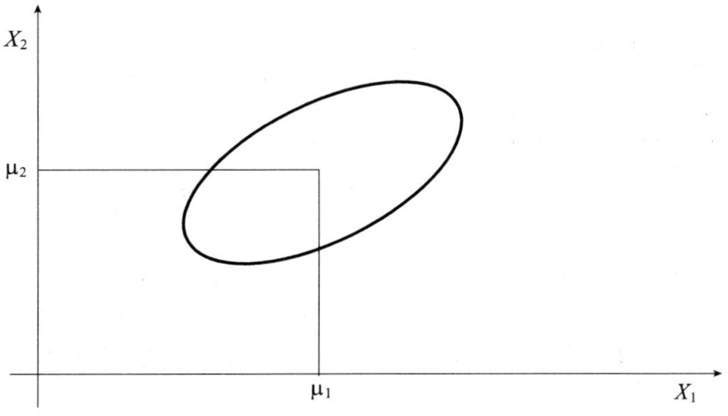

그림 2-1

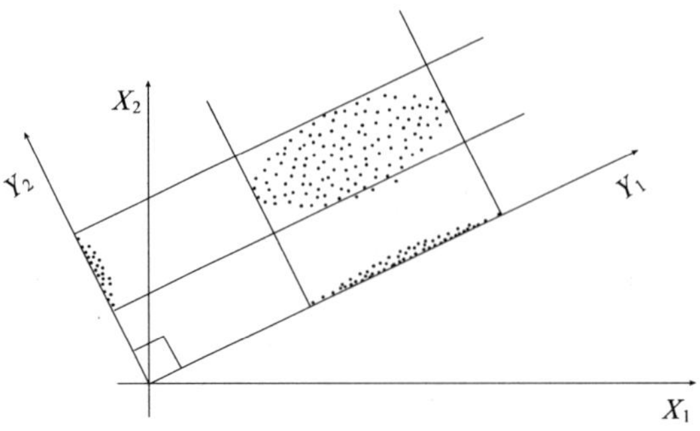

▌그림 2-2▐

자료가 [그림 2-2]와 같이 X_1과 X_2축 위에 표현된다고 하자. [그림 2-2]와 같이 X_1과 X_2 축을 회전시켜 윤곽점들과 평행되고 직각되는 새로운 Y_1과 Y_2축을 얻었다고 하자. 이 때 확률표본 자료는 직교한 좌표에 투영되어 Y_1과 Y_2축의 값들이 얻어지게 된다. 이런 방법으로 새로운 Y_1과 Y_2축을 얻을 수 있다면, 이러한 축을 주성분(principal component)이라고 한다. 그리고 자료에 대하여 새롭게 설정된 주된 축인 주성분 Y_1의 값들을 첫 번째 주성분의 점수(score)라고 하며, Y_1축과 직각을 이루고 자료에 대하여 종축이 되는 Y_2값들을 두번째 주성분의 점수라고 한다. Y_1축 값들의 제곱합은 투영된 다른 좌표 Y_2의 제곱합들보다 크다. 만약 다차원의 확률표본의 X축들을 회전시켜 윤곽점들과 평행하고 직각을 이루는 새로운 Y축을 (예를 들어 Y_1, Y_2, Y_3, Y_4) 얻었다고 가정한다면, Y_2축 값들의 제곱합은 Y_1축 값들의 제곱합보다 작으며, Y_1축에 직교한 다른 좌표 Y_3, Y_4의 제곱합들보다 크다. 그리고 Y_3축의 값들의 제곱합은 Y_1과 Y_2축에 직교한 다른 좌표 Y_4의 제곱합보다 크다. 그러므로 확률표본 자료를 새로운 Y축들로 설명하는 것이 보다 명확하며, Y_3축보다는 Y_2축이, Y_2축보다는 Y_1축으로 설명하는 비율이 높다고 말할 수 있다. 따라서 적은 수의 Y축들로 다변량 자료를 설명하는 것이 가능해진다.

이와 같은 상황을 2차원에서 $p(\geq 3)$차원까지 확대할 수 있으며 이런 자료의 분석을 주성분분석(principal component analysis)이라고 한다.

주성분분석의 중요한 목적은 다음과 같다.

1. 다변량 자료의 구조를 파악하여 탐색적(exploratory)으로 자료분석한다.
2. 다차원 자료를 소수의 주성분으로 축소(reduction)한다.
3. 다차원 자료를 주성분으로 자료를 묘사(description)한다.
4. 주성분의 점수 값들을 이용하여 2차원 그림으로 표현을 가능하게 한다.
5. 주성분을 2차원 그림으로 표현하여 자료의 정규성 검정과 이상값 식별을 가능하게 한다.

즉, 주성분분석은 다차원 변수들을 축소 요약하여 차원을 단순화하고 상관관계가 존재하는 변수들의 구조를 분석하고자 하는 것이다.

2.2 주성분 이론

p개의 확률벡터로 구성된 p차원의 다변량 자료 $\boldsymbol{X}=(\boldsymbol{x}_1\ \boldsymbol{x}_2\ \cdots\ \boldsymbol{x}_p)$를 고려하자. 계수벡터 $\boldsymbol{l}_i=(l_{1i}\ l_{2i}\ \ldots\ l_{pi})$와 확률벡터의 선형결합으로 이루어진 주성분 $Y_i=l_{1i}\boldsymbol{x}_1+l_{2i}\boldsymbol{x}_2+\cdots+l_{pi}\boldsymbol{x}_p$의 분산과 Y_i와 Y_j의 공분산은 각각 다음과 같다.

$$
\begin{aligned}
Var(Y_i) &= \boldsymbol{l}'_i\boldsymbol{\Sigma}\,\boldsymbol{l}_i \\
Cov(Y_i, Y_j) &= \boldsymbol{l}'_i\boldsymbol{\Sigma}\,\boldsymbol{l}_j
\end{aligned}
$$

제1주성분의 분산은 최대가 되며 다른 주성분들과는 상관되지 않아야 하므로 서로 다른 두 주성분 간의 공분산은 0이어야 한다. 그러므로 제1주성분은 단위벡터를 계수로 갖는 일차결합으로서 그 분산이 최대가 되는 선형결합이고, 제2주성분은 제1주성분과의 공분산이 0이 되는 일차결합 중에서 분산이 최대인 선형결합이다. 그리고 같은 방법으로 제3주성분은 처음 두 개의 주성분과의 공분산이 모두 0이며 분산이 최대인 선형결합이다. 이런 과정을 반복하여 p개의 주성분을 구할 수 있다.

이론적인 공분산행렬 $\boldsymbol{\Sigma}$로부터 정확한 주성분을 계산하는 방법은 다음과 같다.

$\boldsymbol{\Sigma}$의 고유값(eigenvalues)은 $\lambda_1 \geq \lambda_2 \geq \cdots \geq \lambda_p \geq 0$을 만족하며 각 고유값에 대응하는 고유벡터(eigenvector)를 $\boldsymbol{e}_1,\ \boldsymbol{e}_2,\ \ldots,\ \boldsymbol{e}_p$라고 하자. 이때

$$
\begin{aligned}
&\boldsymbol{e}_i'\boldsymbol{e}_i = 1 \\
&\boldsymbol{e}_i'\boldsymbol{e}_j = 0 \quad (i \neq j) \\
&\boldsymbol{\Sigma}\boldsymbol{e}_i = \lambda_i\boldsymbol{e}_i\,,\ \text{여기서}\ \boldsymbol{e}_j = (e_{1j},\ldots,e_{pj})'
\end{aligned} \tag{2-1}
$$

의 성격을 만족하며 분광분해이론(Spectral Decomposition Theorem: SDT)에 의해 $\boldsymbol{\Sigma}=\sum_{i=1}^{p}\lambda_i\boldsymbol{e}_i\boldsymbol{e}_i'$을 만족하여 만약 $\lambda_{k+1},\ \ldots,\ \lambda_p$의 값이 매우 작아 0에 가까울 때 $\boldsymbol{\Sigma}$를 $\sum_{i=1}^{k}\lambda_i\boldsymbol{e}_i\boldsymbol{e}_i'$로 대체할 수 있다. 여기에서 첫번째 주성분은

$$
Y_1 = \boldsymbol{e}_1'\boldsymbol{X} = \sum_{i=1}^{p} e_{i1}X_i \tag{2-2}
$$

이며 j번째 주성분은 다음과 같이 얻을 수 있다.

$$Y_j = \boldsymbol{e}_j{}'\boldsymbol{x} = \sum_{i=1}^{p} e_{ij} x_i \tag{2-3}$$

이때

$$\begin{aligned}
E(Y_1) &= \boldsymbol{e}_1{}'\boldsymbol{\mu} = \sum_{i=1}^{p} e_{i1}\mu_i \\
V(Y_1) &= \boldsymbol{e}_1{}'\boldsymbol{\Sigma}\boldsymbol{e}_1 = \lambda_1 \\
E(Y_2) &= \boldsymbol{e}_2{}'\boldsymbol{\mu} \\
V(Y_2) &= \boldsymbol{e}_2{}'\boldsymbol{\Sigma}\boldsymbol{e}_2 = \lambda_2 \\
Cov(Y_1, Y_2) &= \boldsymbol{e}_1{}'\boldsymbol{\Sigma}\boldsymbol{e}_2 = \lambda\boldsymbol{e}_1{}'\boldsymbol{e}_2 = 0
\end{aligned}$$

이다. 따라서 위 결과들을 확장하여 일반화시키면 다음과 같다.

$$\begin{aligned}
E(Y_j) &= \boldsymbol{e}_j{}'\boldsymbol{\mu} \\
V(Y_j) &= \lambda_j \\
Cov(Y_i, Y_j) &= 0 \qquad (i \neq j)
\end{aligned} \tag{2-4}$$

한가지 중요한 점은 $\boldsymbol{X}$변수의 분산합은 다음과 같이 주성분 $\boldsymbol{Y}$들의 분산합과 같다는 사실이다.

$$\sum_{i=1}^{p} V(X_i) = tr(\boldsymbol{\Sigma}) = \sum_{i=1}^{p} \lambda_i = \sum_{i=1}^{p} V(Y_i)$$

이 사실로부터 j번째 주성분이 총분산을 설명하는 비율, 즉 총분산 중 j번째 주성분에 의한 설명비율은

$$\frac{V(Y_i)}{\sum_{i=1}^{p} V(Y_i)} = \frac{\lambda_i}{\sum_{i=1}^{p} \lambda_i} \tag{2-5}$$

이며, 처음부터 j번째 주성분까지에 의해 설명되는 비율 즉, 총분산 중 j번째 주성분까지 누적설명비율은

$$\frac{\sum_{i=1}^{j} V(Y_i)}{\sum_{i=1}^{p} V(Y_i)} = \frac{\sum_{i=1}^{j} \lambda_i}{\sum_{i=1}^{p} \lambda_i} \tag{2-6}$$

이다. 따라서 처음부터 소수인 $k(<p)$개의 주성분이 총분산의 큰 비율을 차지한다면 대응하는 k개의 주성분을 관심있게 관찰하여야 하며 큰 정보의 손실 없이 p차원의 자료 대신에 k차원으로 축소 변형된 자료를 이용하여 분석할 수 있다. 여기에서 우리는 새로 선정된 변수 $Y_1, \ldots, Y_k$가 $\boldsymbol{X}$의 선형결합이므로 $\boldsymbol{Y}$변수를 의미있고 유용하게 해석하는 것에 관심을 가져야 한다.

2.3 표본 주성분

일반적으로 공분산행렬 $\boldsymbol{\Sigma}$는 알려져 있지 않으므로 확률표본으로부터 추정되어야만 한다. 추정 공분산행렬 $\boldsymbol{S}$는 다음과 같이 구하며

$$\boldsymbol{S} = \frac{1}{n-1}\sum_{j=1}^{n}(\boldsymbol{X}_j - \overline{\boldsymbol{X}})(\boldsymbol{X}_j - \overline{\boldsymbol{X}})'$$

추정 공분산행렬 $\boldsymbol{S}$로부터 구한 고유값과 고유백터를 각각 다음과 같이 정의하자.

$$\widehat{\lambda_1} \geq \widehat{\lambda_2} \geq \cdots \geq \widehat{\lambda_p} \geq 0$$
$$\widehat{e_1}, \widehat{e_2}, \ldots, \widehat{e_p}$$

여기에서 i번째 표본주성분을 다음과 같이 얻을 수 있다.

$$\widehat{Y_i} = \widehat{e_i}'\boldsymbol{X} \qquad\qquad i = 1, \ldots, p$$

추정된 표본주성분의 중요한 성질 :

1. $\widehat{V}(\widehat{Y_j}) = \widehat{\lambda_j}$
2. $\widehat{Cov}(\widehat{Y_i}, \widehat{Y_j}) = 0$
3. j번째 표본주성분이 총 분산을 설명하는 비율
$$\widehat{\lambda_j} / \sum_{i=1}^{p}\widehat{\lambda_i}$$
4. j번째 표본주성분과 k번째 확률변수 X_k간의 추정된 상관계수
$$Y_{\widehat{Y_j}, X_k} = \frac{\widehat{e_{kj}}\sqrt{\widehat{\lambda_j}}}{\sqrt{S_{kk}}}$$

자료분석 방법 중 주성분분석을 위하여 처음부터 k번째까지의 주성분을 구해야 하며,

표본의 각각 자료 벡터들의 처음부터 k번째 주성분까지의 점수를 계산하여야 하는데 j번째 주성분 점수 계산은 다음과 같다.

$$\boldsymbol{Y}_j = \begin{pmatrix} Y_{1j} \\ \vdots \\ Y_{kj} \end{pmatrix} = \begin{pmatrix} \hat{e}_1' \boldsymbol{X}_j \\ \vdots \\ \hat{e}_k' \boldsymbol{X}_j \end{pmatrix} = \begin{pmatrix} \hat{e}_1' \\ \vdots \\ \hat{e}_k \end{pmatrix} \boldsymbol{X}_j \tag{2-7}$$

2.4 통계적 추론

추정된 고유값 $\hat{\lambda}_i$ $(i = 1,\ ...,\ p)$는 근사적으로 독립이며 다음과 같은 분포를 따른다.

$$\hat{\lambda}_i \sim N(\lambda_i,\ \frac{2}{n}\lambda_i^2)$$

따라서 공분산행렬 $\boldsymbol{\Sigma}$의 고유값 λ_i의 $(1-\alpha)100\%$ 신뢰구간은 다음과 같이 구해진다.

$$\frac{\hat{\lambda}_i}{(1 + z_{\alpha/2}\sqrt{2/n})} \le \lambda_i \le \frac{\hat{\lambda}_i}{(1 - z_{\alpha/2}\sqrt{2/n})} \tag{2-8}$$

대표본에서 추정된 고유값 $\hat{\lambda}_i$은 대응하는 고유벡터 $\hat{e}_i$의 원소들과 독립적인 분포를 갖고 있으며, 추정된 고유벡터 e_i의 근사분포는 다음과 같다.

$$\sqrt{n}(\hat{e}_i - e_i) \sim N_p(0,\ \boldsymbol{E}_i),$$

여기서 $\boldsymbol{E}_i = \lambda_i \sum_{k \ne i} \frac{\lambda_k}{(\lambda_k - \lambda_i)^2} e_k e_k'$

고유벡터 추론에 관한 설명은 이 책의 수준을 벗어나므로 생략한다. 다만 위의 추론에 대하여는 확률변수 $\boldsymbol{X}$들이 p변량 정규분포를 따른다는 가정 하에서 설명되었다는 것을 상기하기 바란다.

2.5 표준화 자료의 주성분분석

주성분분석은 변수들의 측정단위의 변환에 대하여 불변이라는 사실을 주목하여야 한다. 따라서 앞에서 살펴본 내용에서 확률표본 자료 $\boldsymbol{X}$의 공분산행렬 $\boldsymbol{\Sigma}$대신에 표준화된 변수 $\boldsymbol{Z}$의 공분산행렬인 상관계수행렬 $\boldsymbol{R}$을 기반으로 두고 주성분분석을 시작하여 보자. 표준화된 표본자료의 표본공분산행렬인 표본상관계수행렬을 $\hat{\boldsymbol{R}}$이라 하자. $\hat{\boldsymbol{R}}$의 고유값과 고유벡터를 각각 $\widehat{\lambda_1} \geq \widehat{\lambda_2} \geq \cdots \geq \widehat{\lambda_p} \geq 0$와 $\hat{\boldsymbol{e}}_1$, $\hat{\boldsymbol{e}}_2$, ..., $\hat{\boldsymbol{e}}_p$라고 하자. 그러면 표준화된 변수 $\boldsymbol{Z}$에 대한 j번째 주성분은 다음과 같이 설정된다.

$$\widehat{Y}_j = \hat{e}_j{}' \boldsymbol{Z} = \sum_{i=1}^{p} e_{ij} Z_i \tag{2-9}$$

이때 $\widehat{Y}_j$의 추정 분산과 공분산에 관한 성질은 다음과 같다.

$$\begin{aligned} &\widehat{V}(\widehat{Y}_j) = \widehat{\lambda}_j \\ &\widehat{Cov}(\widehat{Y}_i, \widehat{Y}_j) = 0, \qquad (i \neq j) \end{aligned} \tag{2-10}$$

그리고 추정 상관계수는

$$r_{\widehat{Y}_j, Z_k} = \widehat{e_{kj}} \sqrt{\widehat{\lambda}_j} \tag{2-11}$$

이다. 따라서 주성분에서 가장 큰 계수를 가진 표준화된 변수가 해당되는 주성분과 가장 높은 상관관계를 갖고 있다고 볼 수 있다. 표준화된 변수들의 표본분산의 합은

$$\sum_{i=1}^{p} \widehat{V}(Z_i) = tr(\hat{\boldsymbol{R}}) = \sum_{i=1}^{p} \widehat{\lambda}_i = p$$

이며 j번째 표본주성분이 총분산합을 설명하는 비율은 $\widehat{\lambda}_j / p$이다.

2.6 Scree Plot

Scree는 자갈 투성이의 산비탈을 의미하며 표본공분산행렬 $\boldsymbol{S}$와 표본상관계수행렬 $\hat{\boldsymbol{R}}$의 고유값 $\widehat{\lambda_1} \geq \widehat{\lambda_2} \geq \cdots \geq \widehat{\lambda_p} \geq 0$을 그 순서와 대응되게 배열하여 작성한 도형 기법이다. 즉 각 좌표들은 $\{(i, \lambda_i),\ i = 1, \ldots, p\}$로 구성되며 일반적으로 어떤 i번째 값 왼쪽까지 급격한 하강을 보이고 그 이후 오른쪽에서는 작은 기울기를 갖고 평평한 직선 모양을 띠게 된다면, 이때 이 팽팽한 부분을 Scree라고 부르는데 이런 Scree가 발생하면 적절한 인자의 개수 m을 $i-1$로 설정한다. 이와 관련해서는 뒤에 토론되는 예제들을 참고하기 바란다. 그리고 주성분분석에서 Scree plot을 그리는 SAS 프로그램을 <프로그램 2-1>과 <프로그램 2-2>에 작성하였다. 이 Scree plot은 인자분석에서도 같은 원리의 방법으로 쓰인다.

2.7 예제

1. 예제 1

본서에서는 1장에서 소개한 도시별 복지기능 특성자료와 국내 상위기업 재무자료에 대하여 주성분분석을 한다. 우선 도시별 복지기능 특성자료를 주성분분석하기 위한 SAS 프로그램과 결과는 다음과 같다.

프·로·그·램 2-1 도시별 복지기능 특성자료의 주성분 분석

```
PROC PRINCOMP DATA=city OUT=prinout OUTSTAT=prinstat ;
VAR X1-X7;
RUN;

PROC PLOT DATA=prinout;
PLOT prin2*prin1='*'/
     VPOS=20 HPOS=40 VAXIS=-4 TO 4 HAXIS=-4 TO 4;
RUN;

DATA prinstat;  SET prinstat;
IF _TYPE_ = 'EIGENVAL';
VAL=X1; I=1; OUTPUT;
VAL=X2; I=2; OUTPUT;
VAL=X3; I=3; OUTPUT;
VAL=X4; I=4; OUTPUT;
VAL=X5; I=5; OUTPUT;
VAL=X6; I=6; OUTPUT;
VAL=X7; I=7; OUTPUT;
RUN;

PROC PLOT DATA=prinstat;
PLOT VAL*I='*'/ VPOS=20 HPOS=40 VREF=1 ;
RUN;
```

결과 2-1 도시별 복지기능 특성자료의 주성분 자료분석 결과

주성분 분석

The PRINCOMP Procedure

Observations	70
Variables	7

Simple Statistics							
	X1	X2	X3	X4	X5	X6	X7
Mean	302870.7286	54.85714286	15.45714286	347.7285714	2797.800000	786.7000000	245.9428571
StD	245538.8539	54.96831385	13.06248718	306.0677164	2221.185077	536.8572085	227.3690026

Correlation Matrix								
		X1	X2	X3	X4	X5	X6	X7
X1	총인구	1.0000	-.0824	0.4763	0.9545	0.8812	0.6187	0.9483
X2	문화재	-.0824	1.0000	0.0359	-.0761	0.0129	0.1969	-.1299
X3	문화공간	0.4763	0.0359	1.0000	0.4676	0.4968	0.4681	0.3915
X4	체육시설	0.9545	-.0761	0.4676	1.0000	0.8520	0.6596	0.9044
X5	총병상수	0.8812	0.0129	0.4968	0.8520	1.0000	0.6546	0.8443
X6	사회복지시설수용인원	0.6187	0.1969	0.4681	0.6596	0.6546	1.0000	0.6453
X7	보육시설	0.9483	-.1299	0.3915	0.9044	0.8443	0.6453	1.0000

Eigenvalues of the Correlation Matrix				
	Eigenvalue	Difference	Proportion	Cumulative
1	4.51052226	3.38995304	0.6444	0.6444
2	1.12056922	0.41596162	0.1601	0.8044
3	0.70460760	0.31882795	0.1007	0.9051
4	0.38577965	0.22218671	0.0551	0.9602
5	0.16359294	0.07381785	0.0234	0.9836
6	0.08977509	0.06462185	0.0128	0.9964
7	0.02515324		0.0036	1.0000

Eigenvectors								
		Prin1	Prin2	Prin3	Prin4	Prin5	Prin6	Prin7
X1	총인구	0.452521	-.117263	-.136768	0.245497	0.222112	0.017095	-.808006
X2	문화재	-.011817	0.898752	-.272527	0.321576	0.103327	0.049331	0.036231
X3	문화공간	0.280150	0.201104	0.912700	0.174373	0.089260	0.083198	0.052498
X4	체육시설	0.448083	-.095108	-.133148	0.120168	0.342153	-.691631	0.403219
X5	총병상수	0.435637	0.010337	-.087069	0.192784	-.869836	-.055218	0.075512
X6	사회복지시설수용인원	0.362905	0.320883	-.006034	-.867233	-.013727	-.029561	-.110194
X7	보육시설	0.440843	-.161037	-.220580	0.047072	0.241144	0.712795	0.403270

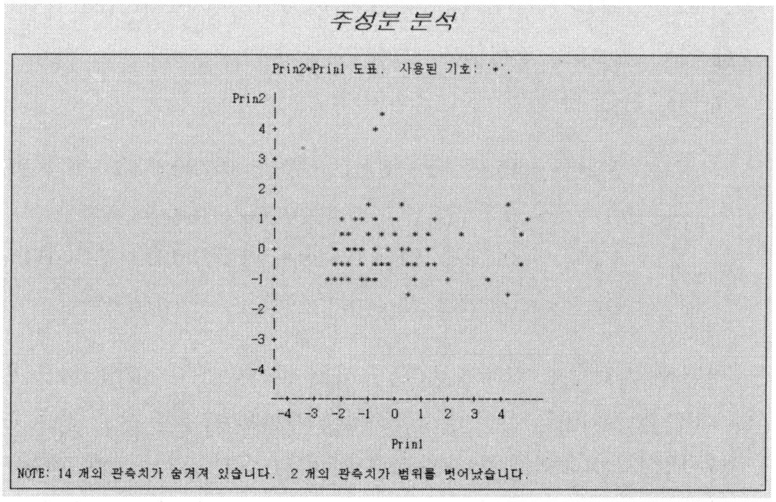

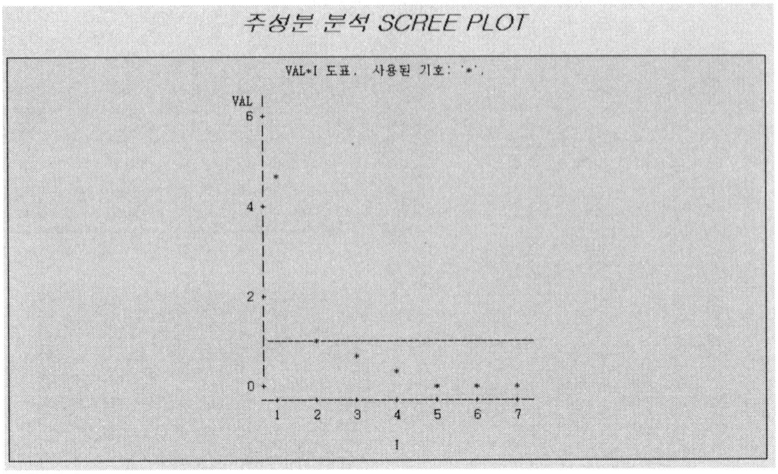

도시별 복지기능 특성자료를 주성분분석한 SAS 결과를 바탕으로 다음과 같은 결론을 유도할 수 있다.

주성분분석 결과 고유값 1이상인 두 개의 주성분을 확인할 수 있다. 두번째 주성분의 고유값은 1.206으로 1보다 약간 크고 세번째 주성분의 고유값은 0.7046으로 두번째 주성분의 고유값과 큰 차이를 갖고 있다. 세번째 주성분까지의 누적설명비율은 90% 이상으로 충분한 설명력을 갖고 있으나, 두번째까지의 주성분에 대한 누적설명 비율이 약 80%로 비교적 충분하다고 판단된다.

또한 Scree plot을 살펴보면 두번째 주성분의 고유값부터 급격하게 감소하여 한 개의 주성분을 선택할 수도 있지만 고유값의 크기와 누적설명비율등을 고려하여 1이상인 경우에 대한 두 개의 주성분을 고려하도록 한다.

두 주성분은 다음과 같이 표현되며,

$$
\begin{aligned}
Y_1 &= 0.4525\,X1 - 0.0118\,X2 + 0.2802\,X3 + 0.4481\,X4 \\
&\quad + 0.4356\,X5 + 0.3629\,X6 + 0.4408\,X7 \\
Y_2 &= -\,0.1173\,X1 + 0.8988\,X2 + 0.2011\,X3 - 0.0951\,X4 \\
&\quad + 0.0103\,X5 + 0.3209\,X6 - 0.1610\,X7
\end{aligned}
$$

첫번째 주성분인 제1주성분 Y_1에서는 문화재 변수이외의 다른 변수들의 계수들은 0보다 큰 값을 가지며 문화재 변수만이 0에 가까운 계수를 갖고 있다. 두번째 주성분인 제2주성분 Y_2에서는 문화재 변수만이 큰 양의 값을 갖고 있으므로 제2주성분은 문화재 변수의 성격을 대변하고 제1주성분은 문화재 이외의 변수들에 대한 전체적인 설명을 한다고 해석할 수 있다. 그리고 제1주성분과 제2주성분을 이차원 평면에 그린 도표를 살펴보면, 제1주성분의 설명력은 제2주성분의 설명력보다 대단히 크다는 사실을 유도할 수 있다.

첫번째 주성분 Y_1과 두번째 주성분 Y_2의 값을 크기순으로 배열하여 각각의 주성분

값이 큰 경우와 작은 경우에 대응하는 7개의 변수들의 값이 어떤 가를 확인하고자 한다. 첫번째와 두번째 주성분의 값을 크기순으로 정렬하고 이에 대응하는 변수들의 값을 나타내는 프로그램과 그 결과는 다음과 같다.

프·로·그·램 2-1a 도시별 복지기능 특성자료의 주성분 분석 추가

```
PROC SORT   DATA=prinout;
by descending prin1 ;
run ;
PROC PRINT  data=prinout;
var  prin1 X0 X01 X1-X7 prin2 ;
run ;
PROC SORT   DATA=prinout;
by descending prin2;
run ;
PROC PRINT  data=prinout;
var   prin2   X0 X01 X1-X7 prin1;
run ;
```

결과 2-1a 도시별 복지기능 특성자료의 주성분 자료분석 추가결과

주성분 분석

OBS	Prin1	X0	X01	X1	X2	X3	X4	X5	X6	X7	Prin2
1	6.71885	경기도	수원시	1098449	32	27	1658	7811	1892	943	-0.79284
2	5.77073	경기도	고양시	951001	37	35	1028	9380	1709	887	-0.38416
3	4.90541	경기도	용인시	854054	95	18	780	6341	2667	888	0.98356
4	4.79969	경기도	성남시	979035	44	24	1210	7170	1549	624	-0.42864
5	4.67565	전라북도	전주시	639922	80	25	1010	9499	1872	678	0.56512
				중략							
66	-2.19864	경상북도	문경시	76497	68	6	55	1114	186	34	0.05160
67	-2.27151	강원도	삼척시	72431	43	6	94	407	202	34	-0.36106
68	-2.27905	강원도	태백시	50730	12	6	75	861	184	22	-0.85180
69	-2.28567	경기도	과천시	72382	12	13	41	12	127	52	-0.80308
70	-2.58387	충청남도	계룡시	42941	8	0	60	99	131	45	-1.05271

주성분 분석

OBS	Prin2	X0	X01	X1	X2	X3	X4	X5	X6	X7	Prin1
1	4.32430	경상북도	안동시	169719	289	11	163	2995	1339	87	-0.55792
2	4.23968	경상북도	경주시	277185	315	11	281	1971	703	139	-0.72263
3	1.67427	충청남도	공주시	126542	139	8	146	3175	1021	70	-0.90709
4	1.50380	강원도	강릉시	219067	114	43	313	2786	772	146	0.16667
5	1.49360	충청북도	청주시	644223	78	79	716	5410	1769	507	4.20858
				중략							
66	-1.12468	경기도	군포시	280801	7	8	325	1365	343	208	-0.87811
67	-1.15831	경기도	구리시	197132	9	6	277	1576	119	148	-1.37227
68	-1.22092	경기도	시흥시	413749	6	9	575	3130	662	424	0.73518
69	-1.29023	경기도	부천시	884976	2	20	962	8712	1109	595	4.13548
70	-1.29356	경기도	의정부시	435401	17	5	248	4348	370	584	0.55992

첫번째 주성분 Y_1의 값이 큰 순서로 다섯개의 도시를 살펴보면, 경기도에 있는 수원, 고양, 용인, 성남시 순이고 값이 제일 작은 도시는 충남 계룡, 경기 과천, 강원 태백, 삼척, 문경시이다. 그리고 두번째 주성분 Y_2의 값이 큰 다섯 개의 도시를 살펴보면, 경북 안동, 경주, 충남 공주, 강원 강릉, 충북 청주시 순이고, 값이 작은 다섯 도시는 모두 경기도인데 의정부, 부천, 시흥, 구리, 군포시이다.

2. 예제 2

본서에서 다룰 두 종류의 실제 예제 중에서 두번째 예제인 국내 상위기업 재무자료를 주성분분석하기 위한 SAS 프로그램은 다음과 같으며 결과 파일이 크기 때문에 본서에 추가하지 않는다.

프·로·그·램 2-2 국내 상위기업 재무자료의 주성분 분석

```
PROC PRINCOMP data=finance OUT=prinout OUTSTAT=prinstat;
BY group ;
VAR list sale operating ordinary net_profit
        total_asset capital_stock o_capita;
RUN;
PROC PLOT DATA=prinout ;   BY group;
PLOT prin2*prin1='*'
    / VPOS=20 HPOS=40 VAXIS=-4 TO 4 HAXIS=-4 TO 4 ;
RUN;
DATA prinstat;  SET prinstat;  BY group;
IF _TYPE_ = 'EIGENVAL' ;
VAL=list;           I=1; OUTPUT;
VAL=sale;           I=2; OUTPUT;
VAL=operating;      I=3; OUTPUT;

VAL=ordinary;       I=4; OUTPUT;
VAL=net_profit;     I=5; OUTPUT;
VAL=total_asset;    I=6; OUTPUT;
VAL=capital_stock;  I=7; OUTPUT;
VAL=o_capita;       I=8; OUTPUT;
RUN;
PROC PLOT DATA=prinstat;  BY group;
PLOT VAL*I='*'/ VPOS=20 HPOS=40 VREF=1;
RUN;
```

독자는 국내 상위기업 재무자료를 주성분분석한 <프로그램 2-2>를 실행하여 얻은 SAS 결과를 바탕으로 다음과 같은 결론을 유도할 수 있다.

주성분 분석 결과 SK그룹의 경우 고유값 1이상인 두 개의 주성분으로 축약할 수 있으며 누적설병 비율은 약 87%로 충분한 설명력을 갖고 있다. 또한 Scree Plot에서 한 개의 주성분을 선택할 수 있다고 보이지만 고유값 1이상인 경우 두 개의 주성분을 고려할 수 있기에 두 개의 주성분을 선택하도록 한다. 그러므로 두 개의 주성분을 다음과 같이 나타낼 수 있다.

$$\begin{aligned} Y_1 = & 0.23\,\text{list} + 0.34\,\text{sale} + 0.40\,\text{operating} + 0.40\,\text{ordinary} \\ & + 0.41\,\text{net profit} + 0.41\,\text{total asset} + 0.14\,\text{capitalstock} \\ & + 0.41\,\text{ocapita} \end{aligned}$$

$$\begin{aligned} Y_2 = & 0.43\,\text{list} + 0.14\,\text{sale} - 0.19\,\text{operating} - 0.21\,\text{ordinary} \\ & - 0.21\,\text{net profit} + 0.02\,\text{total asset} + 0.81\,\text{capitalstock} \\ & - 0.07\,\text{ocapita} \end{aligned}$$

그러므로 제1주성분은 당해년도 성과 주성분이고, 제2주성분은 주식상장 여부 및 자본금과 관련된 주식상장 주성분임을 확인할 수 있다.

삼성그룹의 경우 1이상인 고유값은 하나이지만 1에 매우 근접한 두번째 고유값까지 주성분에 포함시키면 두 개 주성분의 누적설명비율은 약 83%로 충분한 설명력을 갖고 있다. 따라서 두 개의 주성분을 고려하는 것이 바람직하다. 두 개의 주성분은 다음과 같이 나타낼 수 있다.

$$\begin{aligned} Y_1 = & 0.16\,\text{list} + 0.42\,\text{sale} + 0.41\,\text{operating} + 0.41\,\text{ordinary} \\ & + 0.41\,\text{net profit} + 0.33\,\text{total asset} + 0.12\,\text{capitalstock} \\ & + 0.42\,\text{ocapita} \\ \mathrm{Y}_2 = & 0.63\,\text{list} - 0.02\,\text{sale} - 0.14\,\text{operating} - 0.14\,\text{ordinary} \\ & - 0.15\,\text{net profit} + 0.08\,\text{total asset} + 0.73\,\text{capitalstock} \\ & - 0.07\,\text{ocapita} \end{aligned}$$

여기서도 SK 그룹과 같이 제1주성분은 당해년도 경영활동에 따른 성과 주성분이고, 제2주성분은 주식상장 여부 및 자본금과 관련된 주식상장 주성분임을 확인할 수 있다.

현대그룹의 경우 고유값 1이상인 한 개의 주성분으로 축약할 수 있으며 누적설명 비율은 약 86%로 충분한 설명력을 갖고 있다. Scree plot을 통해서도 동일한 결론을 유도할 수 있다. 한 개의 주성분은 다음과 같이 나타낼 수 있다.

$$\begin{aligned} \mathrm{Y}_1 = & 0.25\,\text{list} + 0.38\,\text{sale} + 0.38\,\text{operating} + 0.37\,\text{ordinary} \\ & + 0.37\,\text{net profit} + 0.36\,\text{total asset} + 0.32\,\text{capitalstock} \\ & + 0.37\,\text{ocapita} \end{aligned}$$

제1주성분은 전반적 재무 주성분으로 상장여부를 제외한 모든 변수를 의미한다.

프·로·그·램 2-1

```
GET
  FILE='G:\city.sav'.
DATASET NAME 데이터집합1 WINDOW=FRONT.

FACTOR
  /VARIABLES 총인구 문화재 문화공간 체육시설 총병상수 사회복지시설수용인원 보
육시설
  /MISSING LISTWISE
  /ANALYSIS 총인구 문화재 문화공간 체육시설 총병상수 사회복지시설수용인원 보
육시설
  /PRINT INITIAL CORRELATION EXTRACTION
  /PLOT ROTATION
  /CRITERIA MINEIGEN(1) ITERATE(25)
  /EXTRACTION PC
  /ROTATION NOROTATE
  /METHOD=CORRELATION.
```

프·로·그·램 2-2 SK

```
GET
  FILE='G:\finance.sav'.
DATASET NAME 데이터집합1 WINDOW=FRONT.

FACTOR
  /VARIABLES list sale operating ordinary net_profit total_asset
capital_stock o_capita
  /MISSING LISTWISE
  /ANALYSIS list sale operating ordinary net_profit total_asset
capital_stock o_capita
  /SELECT=group('sk')
  /PRINT INITIAL EXTRACTION
  /PLOT ROTATION
  /CRITERIA MINEIGEN(1) ITERATE(25)
  /EXTRACTION PC
  /ROTATION NOROTATE
  /METHOD=CORRELATION.
```

연습 문제

1. 다음의 자료는 Burns & Harman(1966)에 의해 조사 분석된 것으로 L.A.시를 세분한 작은 지역 1169 중에서 67개의 변수를 가진 자료로부터 12개 지역과 5개의 변수를 표본으로 취한 자료이다. 선택된 사회경제적 현상을 나타내는 5개 변수는 총인구($X1$), 평균교육기간($X2$), 총고용인원($X3$), 건강사업 종사인원($X4$), 그리고 평균주택가격($X5$)이며, 이들 5개 변수들 사이의 관계를 주성분분석하여라.

$X1$	$X2$	$X3$	$X4$	$X5$
5.935	14.2	2.265	2.27	2.91
1.523	13.1	0.597	0.75	2.62
2.599	12.7	1.237	1.11	1.72
4.009	15.2	1.649	0.81	3.02
4.687	14.7	2.312	2.59	2.22
8.044	15.6	3.641	4.51	2.36
2.766	13.3	1.244	1.03	1.97
6.538	17.0	2.618	2.39	1.85
6.451	12.9	3.147	2.52	2.01
3.314	12.2	1.606	2.18	1.82
3.777	13.0	2.119	2.83	1.80
1.530	13.8	0.798	0.84	4.25
2.768	13.6	1.336	1.75	2.64
6.585	14.9	2.763	1.91	3.17

2. 남자 국제육상 기록 자료이다. 주성분분석하여라.

$X1 = 100\text{m}$(초), $X2 = 200\text{m}$(초), $X3 = 400\text{m}$(초), $X4 = 800\text{m}$(분),
$X5 = 1500\text{m}$(분), $X6 = 5000\text{m}$(분), $X7 = 10,000\text{m}$(분), $X8 =$ 마라톤(분)

국가	$X1$	$X2$	$X3$	$X4$	$X5$	$X6$	$X7$	$X8$
Argentina	10.39	20.81	46.84	1.81	3.70	14.04	29.36	137.72
Australia	10.31	20.06	44.84	1.74	3.57	13.28	27.66	128.30
Austria	10.44	20.81	46.82	1.79	3.60	13.26	27.72	135.90
Belgium	10.34	20.68	45.04	1.73	3.60	13.22	27.45	129.95
Bermuda	10.28	20.58	45.91	1.80	3.75	14.68	30.55	146.62
Brazil	10.22	20.43	45.21	1.73	3.66	13.62	28.62	133.13
Burma	10.64	21.52	48.30	1.80	3.85	14.45	30.28	139.95
Canada	10.17	20.22	45.68	1.76	3.63	13.55	28.09	130.15
Chile	10.34	20.80	46.20	1.79	3.71	13.61	29.30	134.03
China	10.51	21.04	47.30	1.81	3.73	13.90	29.13	133.53

Colombia	10.43	21.05	46.10	1.82	3.74	13.49	27.88	131.35
Cook Islands	12.18	23.20	52.94	2.02	4.24	16.70	35.38	164.70
Costa Rica	10.94	21.90	48.66	1.87	3.84	14.03	28.81	136.58
Czechoslovakia	10.35	20.65	45.64	1.76	3.58	13.42	28.19	134.32
Denmark	10.56	20.52	45.89	1.78	3.61	13.50	28.11	130.78
Dominica	10.14	20.65	46.80	1.82	3.82	14.91	31.45	154.12
Finland	10.43	20.69	45.49	1.74	3.61	13.27	27.52	130.87
France	10.11	20.38	45.28	1.73	3.57	13.34	27.97	132.30
German(Demo)	10.12	20.33	44.87	1.73	3.56	13.17	27.42	129.92
Germany(Federal)	10.16	20.37	44.50	1.73	3.53	13.21	27.61	132.23
Britain	10.11	20.21	44.93	1.70	3.51	13.01	27.51	129.13
Greece	10.22	20.71	46.56	1.78	3.64	14.59	28.45	134.60
Guatemala	10.98	21.82	48.40	1.89	3.80	14.16	30.11	139.33
Hungary	10.26	20.62	46.02	1.77	3.62	13.49	28.44	132.58
India	10.60	21.42	45.73	1.76	3.73	13.77	28.81	131.98
Indonesia	10.59	21.49	47.80	1.84	3.92	14.73	30.79	148.83
Ireland	10.61	20.96	46.30	1.79	3.56	13.32	27.81	132.35
Israel	10.71	21.00	47.80	1.77	3.72	13.66	28.93	137.55
Italy	10.01	19.72	45.26	1.73	3.60	13.23	27.52	131.08
Japan	10.34	20.81	45.86	1.79	3.64	13.41	27.72	128.63
Kenya	10.46	20.66	44.92	1.73	3.55	13.10	27.38	129.75
Korea	10.34	20.89	46.90	1.79	3.77	13.96	29.23	136.25
Rep Korea	10.91	21.94	47.30	1.85	3.77	14.13	29.67	130.87
Luxembourg	10.35	20.77	47.40	1.82	3.67	13.64	29.08	141.27
Malaysia	10.40	20.92	46.30	1.82	3.80	14.64	31.01	154.10
Mauritius	11.19	22.45	47.70	1.88	3.83	15.06	31.77	152.23
Mexico	10.42	21.30	46.10	1.80	3.65	13.46	27.95	129.20
Netherlands	10.52	20.95	45.10	1.74	3.62	13.36	27.61	129.02
New Zealand	10.51	20.88	46.10	1.74	3.54	13.21	27.70	128.98
Norway	10.55	21.16	46.71	1.76	3.62	13.34	27.69	131.48
New Guinea	10.96	21.78	47.90	1.90	4.01	14.72	31.36	148.22
Philippines	10.78	21.64	46.24	1.81	3.83	14.74	30.64	145.27
Poland	10.16	20.24	45.36	1.76	3.60	13.29	27.89	131.58
Portugal	10.53	21.17	46.70	1.79	3.62	13.13	27.38	128.65
Rumania	10.41	20.98	45.87	1.76	3.64	13.25	27.67	132.50
Singapore	10.38	21.28	47.40	1.88	3.89	15.11	31.32	157.77
Spain	10.42	20.77	45.98	1.76	3.55	13.31	27.73	131.57
Sweden	10.25	20.61	45.63	1.77	3.61	13.25	27.94	130.63
Switzerland	10.37	20.46	45.78	1.78	3.55	13.22	27.91	131.20
Taipei	10.59	21.29	46.80	1.79	3.77	14.07	30.07	139.27
Thailand	10.39	21.09	47.91	1.83	3.85	15.23	32.56	149.90
Turkey	10.71	21.43	47.60	1.79	3.67	13.56	28.58	131.50
USA	9.93	19.75	43.86	1.73	3.53	13.20	27.43	128.22
USSR	10.07	20.00	44.60	1.75	3.59	13.29	27.53	130.55
Western Samoa	10.82	21.86	49.00	2.02	4.24	16.28	34.71	161.83

3. 88명의 학생들에게 5과목의 시험을 실시하였다. 그 중 세 과목($y1$, $y2$, $y3$)는 OPEN BOOKS 시험을 실시하였다. 다음의 자료에 대하여 주성분분석을 실시하여라.

$x1\ x2\ y1\ y2\ y3$	$x1\ x2\ y1\ y2\ y3$	$x1\ x2\ y1\ y2\ y3$
77 82 67 67 81	63 78 80 70 81	75 73 71 66 81
55 72 63 70 68	63 63 65 70 63	53 61 72 64 73
51 67 65 65 68	59 70 68 62 56	62 60 58 62 70
64 72 60 62 45	52 64 60 63 54	55 67 59 62 44
50 50 64 55 63	65 63 58 56 37	31 55 60 57 73
60 64 56 54 40	44 69 53 53 53	42 69 61 55 45
62 46 61 57 45	31 49 62 63 62	44 61 52 62 46
49 41 61 49 64	12 58 61 63 67	49 53 49 62 47
54 49 56 47 53	54 53 46 59 44	44 56 55 61 36
18 44 50 57 81	46 52 65 50 35	32 45 49 57 64
30 69 50 52 45	46 49 53 59 37	40 27 54 61 61
31 42 48 54 68	36 59 51 45 51	56 40 56 54 35
46 56 57 49 32	45 42 55 56 40	42 60 54 49 33
40 63 53 54 25	23 55 59 53 44	48 48 49 51 37
41 63 49 46 34	46 52 53 41 40	

제3장

인자분석

3.1 인자분석

많은 변수들로 이루어져 있는 복잡한 자료의 구조적 관계를 단순하게 설명하기 위하여 어떤 논리적 과정이 필요한가를 오래동안 연구해 왔다. 만약 변수들 중 일부가 같은 뿌리를 갖고 있어서 같은 뿌리를 갖고 있는 변수들의 상관계수들을 통하여 집단화할 수 있다면 변수들의 복잡한 구조가 단순화 될 것이다. 알려져 있지 않은 공통의 뿌리(인자, 요인)들을 찾아 그 인자들의 선형결합으로 측정된 큰 표본자료의 복잡한 관계를 표현하고 설명하고자 하는 통계적 분석 기법을 인자분석(factor analysis) 또는 요인분석이라고 한다.

인자분석은 복잡하고 큰 p차원의 다변량 자료를 정보의 손실을 최소화하면서 p보다 작은 m개의 소수의 공통인자(common factor)로 전체 자료를 설명한다. 즉 변수들의 복잡한 상관관계와 직접적으로 해석하기 어려운 여러 변수들의 구조적 연관관계를 인자분석을 통해서 변수들의 저변에 깔려 있는 구조를 이해하기 위하여 상대적으로 독립이며 개념상으로 의미를 부여할 수 있는 소수의 공통인자로 구조를 쉽게 파악하고 자료를 축약하는 기법이다.

예제를 통하여 상세한 분석 기법들이 소개되겠지만 고등학교 시험과목 중 대표적인 국어, 수학, 사회, 과학 과목 성적 점수 자료에 대한 인자분석의 사례를 소개해 보자. 네 과목의 국어, 수학, 사회, 과학 점수를 인자분석을 실시하면 존재하는 하나의 인자는 문과 성향(국어와 사회)이고 다른 하나의 인자는 이과 성향(수학과 과학)이다. 문과 성향을 나타내는 국어와 사회의 평균점수와 이과 성향을 나타내는 수학과 과학의 평균점수를 사용하면, 네 과목의 성적으로 분석하는 것보다 간편하게 비교분석할 수 있다.

3.2 인자모형

p변량 확률벡터 $\boldsymbol{X}$의 평균벡터는 $\boldsymbol{\mu}$이고 공분산행렬은 $\boldsymbol{\Sigma}$라고 하자. 그리고 $\boldsymbol{X}$는 몇 개의 관찰되지 않는 공통인자 $F_1, \ldots, F_m$ $(m < p)$에 선형적인 일차함수 관계를 갖고 있다. 이때 인자분석 모형식은 다음과 같이 정의된다.

$$\begin{aligned} X_1 - \mu_1 &= l_{11}F_1 + l_{12}F_2 + \cdots + l_{1m}F_m + \epsilon_1 \\ &\vdots \\ X_p - \mu_p &= l_{p1}F_1 + l_{p2}F_2 + \cdots + l_{pm}F_m + \epsilon_p \end{aligned}$$

이를 행렬로 표시하면

$$\boldsymbol{X} - \boldsymbol{\mu} = \boldsymbol{L}_{(p \times m)} \boldsymbol{F}_{(m \times 1)} + \boldsymbol{\epsilon}_{(p \times 1)} \tag{3-1}$$

이다. 여기에서 $\boldsymbol{\epsilon} = (\epsilon_1, \ldots, \epsilon_p)'$는 오차벡터 또는 공통인자들에 의하여 설명되지 않는 변동을 나타내는 특수한 인자(specific factor)라고 하고, 계수 l_{ij}는 i번째 인자 변수에 관한 j번째 공통인자 F_j의 중요성 또는 공통인자 F_j와 확률변수 X_i와의 상관관계 정도를 나타내는 인자적재(factor loading)라고 하며, 행렬 $\boldsymbol{L}$은 인자적재행렬이라고 불린다. 또한 인자모형의 가정으로는 다음과 같다.

$$Cov(\boldsymbol{\epsilon}, \boldsymbol{F}) = 0,$$

$$E(\boldsymbol{\epsilon}) = 0, \quad V(\boldsymbol{\epsilon}) = \Psi = \begin{pmatrix} \Psi_1 & 0 & \cdots & 0 \\ 0 & \Psi_2 & \cdots & 0 \\ \vdots & \vdots & & \vdots \\ 0 & 0 & \cdots & \Psi_p \end{pmatrix} \tag{3-2}$$

$$E(\boldsymbol{F}) = 0, \quad V(\boldsymbol{F}) = \boldsymbol{I}_m = \begin{pmatrix} 1 & 0 & \cdots & 0 \\ 0 & 1 & \cdots & 0 \\ \vdots & & & \\ 0 & 0 & \cdots & 1 \end{pmatrix} \tag{3-3}$$

여기서 Ψ는 대각행렬이며 ϵ_i와 F_i들은 독립적이라는 사실에 주의하여야 한다.
이와 같은 모형을 직교인자모형(orthogonal factor model)이라고 하며 그 외의 인자모형은 사각인자모형(oblique factor model)이라고 불린다. 이때 직교인자모형은 유일하게 존재한다는 점을 명심하자.

직교인자모형의 공분산 구조를 간단히 살펴보기 위하여 $\boldsymbol{X}$의 공분산행렬을 살펴보면 다음과 같다.

$$\Sigma = V(\boldsymbol{X}) = V(\boldsymbol{LF} + \epsilon) = \boldsymbol{LL}' + \Psi \tag{3-4}$$

그러므로 X_i의 분산과 X_i와 X_j의 공분산은 다음과 같다.

$$V(X_i) = \sum_{j=1}^{m} l_{ij}^2 + \Psi_i \qquad (i = 1, \ldots, p)$$

$$Cov(X_i, X_j) = \sum_{k=1}^{m} l_{ik} l_{kj} \qquad (i \neq j)$$

그리고 $\boldsymbol{X}$와 공통인자 $\boldsymbol{F}$의 공분산은 $Cov(\boldsymbol{\epsilon}, \boldsymbol{F}) = 0$이기 때문에

$$Cov(\boldsymbol{X}, \boldsymbol{F}) = Cov(\boldsymbol{LF}, \boldsymbol{F}) = \boldsymbol{L} \tag{3-5}$$

이 성립되고, i, $j = 1$, ..., p에 대하여

$$Cov(X_i, F_j) = l_{ij}$$

을 나타낸다.

i번째 변수 X_i의 분산이 m개인 공통인자 $F_1, \ldots, F_m$에 의하여 설명되는 비율을 i번째 공통성(communality) 또는 공통분산(common variance)이라고 하며, X_i의 분산 중 ϵ_i항과 연관되어 나타나는 부분을 유일성 또는 특수분산(또는 특정분산)이라고 불린다.

$$\begin{aligned} V(X_i) &= \text{공통분산} + \text{특수분산} \\ &= \sum_{j=1}^{m} l_{ij}^2 + \Psi_i \\ &\equiv h_i^2 + \Psi_i \end{aligned}$$

즉 X_i의 분산에서 공통성을 h_i^2로 나타내며 특수분산을 Ψ_i로 표현한다.

3.3 추정방법

크기가 n인 표본자료 $\boldsymbol{X} = (\boldsymbol{X}_1, \boldsymbol{X}_2, \ldots, \boldsymbol{X}_n)'$ 중에서 $\boldsymbol{X}_j = (x_{1j}, \ldots, x_{pj})$를 얻었다고 하자. 이때의 표본공분산행렬은 $\boldsymbol{S} = \dfrac{1}{n-1} \sum_{j=1}^{n} (\boldsymbol{X}_j - \overline{\boldsymbol{X}})(\boldsymbol{X}_j - \overline{\boldsymbol{X}})'$이다. 표준화된 변량 $\boldsymbol{Z}_j = ((X_{1j} - \overline{X_1}) / \sqrt{s_{11}}, \ldots, (X_{pj} - \overline{X_p}) / \sqrt{s_{pp}})'$를 사용한다면 표본상관계수행렬 $\hat{\boldsymbol{R}}$을

S 대신 사용한다. 공통인자들에 대한 점수(score)를 추정하는 방법은 세 가지로 집약시킬 수 있다.

1. 주성분 방법(principal component method)
2. 주인자 방법(principal factor method)
3. 최대가능도 방법(maximum likelihood method)

1. 주성분 방법

공분산행렬 Σ를 주성분분석에서 실시한 분광분해(또는 스펙트럼 분해, spectral decomposition)를 하면 다음과 같다.

$$\begin{aligned}\Sigma &= \sum_{j=1}^{p} \lambda_j \boldsymbol{e}_j \boldsymbol{e}_j{}' \\ &= \left(\sqrt{\lambda_1}\,\boldsymbol{e}_1\ \sqrt{\lambda_2}\,\boldsymbol{e}_2 \cdots\ \sqrt{\lambda_p}\,\boldsymbol{e}_p\right)\begin{pmatrix}\sqrt{\lambda_1}\,\boldsymbol{e}_1 \\ \sqrt{\lambda_2}\,\boldsymbol{e}_2 \\ \vdots \\ \sqrt{\lambda_p}\,\boldsymbol{e}_p\end{pmatrix}\end{aligned} \tag{3-6}$$

여기서 $\lambda_1 \geq \lambda_2 \geq \cdots \geq \lambda_p \geq 0$와 $\boldsymbol{e}_j$는 Σ의 고유값과 고유벡터이다. 이때, $\sum_{j=m+1}^{p} \lambda_j$가 비교적 0에 가깝다면 Σ는 다음과 같이 대체되고 간주된다.

$$\begin{aligned}\Sigma &\simeq \sum_{j=1}^{m} \lambda_j \boldsymbol{e}_j \boldsymbol{e}_j{}' \\ &\equiv \boldsymbol{LL}'\end{aligned} \tag{3-7}$$

여기서 $\boldsymbol{L}=(\sqrt{\lambda_1}\,\boldsymbol{e}_1, \sqrt{\lambda_2}\,\boldsymbol{e}_2, \ldots, \sqrt{\lambda_m}\,\boldsymbol{e}_m)$이며 인자모형의 공분산구조로부터 특수분산행렬 Ψ를 다음과 같이 정의한다.

$$\Psi = \Sigma - \boldsymbol{LL}' \tag{3-8}$$

따라서 특수분산은 다음과 같이 유도할 수 있다.

$$\begin{aligned}\Psi_i &= \sigma_{ii} - \sum_{j=1}^{m} l_{ij}^2 \\ &= \sigma_{ii} - \sum_{j=1}^{m} \lambda_j e_{ij}^2\end{aligned} \tag{3-9}$$

인자적재행렬 $\boldsymbol{L}$과 특수분산행렬 Ψ를 추정하기 위해서는 표본공분산행렬 $\boldsymbol{S}$와 표본상관행렬 $\hat{\boldsymbol{R}}$의 고유값과 고유벡터를 추정함으로 구할 수 있다. 즉

$$\hat{\boldsymbol{L}}= (\sqrt{\widehat{\lambda_1}}\,\widehat{e_1}, \sqrt{\widehat{\lambda_2}}\,\widehat{e_1}, \ldots, \sqrt{\widehat{\lambda_m}}\,\widehat{e_m}) \tag{3-10}$$

$$\hat{\Psi}= \boldsymbol{S}-\hat{\boldsymbol{L}}\hat{\boldsymbol{L}}' \tag{3-11}$$

그러므로 추정 특수분산과 추정 공통분산은 다음과 같다.

$$\widehat{\Psi}_i= S_{ii} - \sum_{j=1}^{m} \widehat{\lambda}_j \hat{e}_{ij}^2$$

$$\hat{h}_i = \sum_{j=1}^{m} \hat{l}_{ij}^2 = \sum_{j=1}^{m} \hat{\lambda}_j \hat{e}_{ij}^2 = S_{ii} - \widehat{\Psi}_i$$

이때 k번째 인자에 의해 설명되는 총 분산의 기여도(비율)는 다음과 같이 정의된다.

$$\frac{\lambda_k}{tr(\boldsymbol{S})} = \frac{\lambda_k}{\sum_{i=1}^{p} \lambda_i} \quad (\boldsymbol{S}\text{사용시}) \tag{3-12}$$

$$\frac{\lambda_k}{p} \quad (\hat{\boldsymbol{R}}\text{사용시})$$

2. 주인자 방법

표본상관계수행렬 $\hat{\boldsymbol{R}}$을 고려하고, 인자모형으로부터 다음을 유도할 수 있다. $\hat{\boldsymbol{R}}$에서 대각행렬인 특수분산행렬 Ψ를 뺀 행렬을 고려하자.

$$\boldsymbol{L}\boldsymbol{L}' = \hat{\boldsymbol{R}} - \Psi = \begin{pmatrix} h_1^2 \; r_{12} \cdots r_{1p} \\ r_{21} \; h_2^2 \cdots r_{2p} \\ \vdots \\ r_{p1} \; r_{p2} \cdots \; h_p^2 \end{pmatrix} \tag{3-13}$$

여기서 $h_i^2 = 1 - \Psi_i$. 특수분산의 초기 추정값 Ψ_i와 공통성에 대한 초기 추정값 $(h_i^{*2}, \ldots, h_p^{*2})$을 구했다고 가정하자. 그러면

$$\begin{pmatrix} h_1^{*2} \; r_{12} \cdots r_{1p} \\ r_{21} \; h_2^{*2} \cdots r_{2p} \\ \vdots \\ r_{p1} \; r_{p2} \cdots h_p^{*2} \end{pmatrix} = \boldsymbol{L}^* \boldsymbol{L}^{*\prime} \tag{3-14}$$

로 분해될 수 있으며 여기서 $\boldsymbol{L}^* = [\sqrt{\widehat{\lambda_1^*}}\,\widehat{\boldsymbol{e}_1^*}, \ldots, \sqrt{\widehat{\lambda_m^*}}\,\widehat{\boldsymbol{e}_m^*}]$이므로

$$\Psi_i^* = 1 - \sum_{j=1}^{m} \hat{\lambda}_j^* \widehat{e_{ij}^{2*}}$$

$$\hat{h}_i^{*2} = \sum_{j=1}^{m} \hat{l}_{ij}^{*2} = \sum_{j=1}^{m} \hat{\lambda}_j^* \hat{e}_{ij}^{*2} = 1 - \Psi_i^* \quad (3\text{-}15)$$

를 유도할 수 있다. 따라서 이러한 관계를 다음과 같은 반복과정을 통해 구하면 h_i^2과 인자적재 계수들이 수렴하고 이러한 수렴값으로 추정값을 대체할 수 있다.

1. 초기값으로 $h_i^* = 1 - \frac{1}{r^{ii}}$ 그리고 $\Psi_i^* = \frac{1}{r^{ii}}$를 사용한다. 여기서 r^{ii}는 $\hat{\boldsymbol{R}}$의 역행렬의 $(i,\ i)$ 원소이며 이는 X_i 변수의 나머지 변수들에 대한 다중상관계수 (multiple correlation coefficient, $\sqrt{R^2}$)이다.
2. 위의 관계를 통하여 새로운 h_i^*값과 인자적재 계수를 수렴할 때까지 반복적으로 구한다.

이 방법에서는 음의 고유값이 발생할 수 있다는 점을 비롯해 m의 선정에 많은 문제점이 발생할 수 있다.

3. 최대가능도 방법

가능도함수를 사용할 때 필요한 가정은 정규성이다. 즉 공통인자 $\boldsymbol{F}$와 특수인자 ϵ가 정규분포를 따른다고 가정하는 경우에 이 방법을 사용한다.

$$\boldsymbol{X}_j = \boldsymbol{L}\boldsymbol{F}_j + \epsilon_j\,,$$

여기서

$$\begin{aligned} \boldsymbol{F}_1, \ldots, \boldsymbol{F}_m &\sim N(0, \boldsymbol{I}_m) \\ \epsilon_1, \ldots, \epsilon_m &\sim N(0, \Psi) \end{aligned} \quad (3\text{-}16)$$

그리고 ϵ_i와 $\boldsymbol{F}_i$는 독립적이다. 확률표본은 정규분포를 따르므로

$$\boldsymbol{X}_1, \ldots, \boldsymbol{X}_n \sim N_p(\boldsymbol{\mu}, \Sigma) \quad (3\text{-}17)$$

$\boldsymbol{X} - \boldsymbol{\mu}$의 가능도함수를 유도할 수 있다. 가능도함수는 Σ에 의존하며, $\Sigma = \boldsymbol{L}\boldsymbol{L}' + \Psi$의 관계에 의해 $\boldsymbol{L}$과 Ψ에 의존한다. 인자적재행렬의 선정의 문제점을 해결하기 위하여 즉,

유일한 해를 구하기 위한 조건으로 대각행렬인 Δ을 만족하는 $\boldsymbol{L}$과 Ψ을 추정한다.

$$\boldsymbol{L}'\Psi^{-1}\boldsymbol{L} = \Delta$$

그러면 최대가능도추정량은 다음과 같다.

$$\hat{\boldsymbol{L}} = (\hat{l}_{ij})$$
$$\hat{\Psi} = (\hat{\Psi}_i)$$
$$\hat{\mu} = \overline{\boldsymbol{X}}$$

최대가능도추정량 $\hat{\boldsymbol{L}}$, $\hat{\Psi}$은 수치적이며 반복적인 계산이 필요하므로 많은 계산과정이 필요하다.

최대가능도방법에 의한 인자분석 결과에서 m개의 공통인자가 있는 인자모형에 대한 추정 공통분산은

$$\hat{h}_i^2 = \sum_{k=1}^{m} \hat{l}_{ik}^2$$

이며, k번째 인자에 의한 총 표본분산의 기여도 비율은 다음과 같다.

$$\frac{\sum_{i=1}^{p} \hat{l}_{ij}^2}{tr(\boldsymbol{S})} \quad (\boldsymbol{S} \text{ 사용시}), \qquad \frac{\sum_{i=1}^{p} \hat{l}_{ij}^2}{p} \quad (\hat{\boldsymbol{R}} \text{ 사용시}) \tag{3-18}$$

최대가능도 추정방법에서 공통성의 값이 1 또는 1이상인 경우에는 특수분산값이 0이거나 음수값을 갖는 상황이 발생한다. 그 원인으로는 자료의 크기가 작거나, 공통인자의 수를 적당하지 않게 설정하거나 또는 공통성의 초기값을 부적절하게 설정하는 경우 등이다. 이런 경우를 Heywood 또는 Ultra Heywood 상황이라고 하며 Heywood 상황이 발생했을 경우, 인자 분석 과정에서 추정이 더 이상 진행되지 않고 종료되어 적절한 인자분석 결과를 얻을 수 없다. 이런 Heywood 상황에서 얻은 결과는 적절하지 않기 때문에 최대가능도 방법이외의 다른 추정방법들과 비교하여 결론을 유도하는 것을 추천한다.

SAS에서는 PROC FACTOR 과정을 사용해 인자분석을 할 수 있으며, PROC FACTOR문에 METHOD=PRIN(주성분방법), METHOD=PRINIT(주인자방법), 그리고 METHOD=ML(최대가능도방법)을 선택할 수 있다. 특히 최대가능도방법을 사용할 때는 METHOD=ML 다음에 'HEY'를 추가하여 Heywood 상황이라도 계속 진행하여 결과를 유도하라는 선택사양을 추가하는 것이 좋다. 그러나 Heywood 상황에서 얻은 결과를 신뢰하기 이전에 다른 추정방법들과 비교하여 최종적인 결론을 유도해야 한다.

3.4 가설검정

공통인자의 개수로 m이 적절한지에 관한 대표본 검정방법을 소개한다. 가설은 다음과 같으며

H_0 : 인자의 수가 m이다. 즉, $\boldsymbol{\Sigma}_{(p\times p)} = \boldsymbol{L}_{(p\times m)}\boldsymbol{L}'_{(m\times p)} + \Psi_{(p\times p)}$

H_1 : 인자의 수가 m이 아니다. 즉, $\boldsymbol{\Sigma} \neq \boldsymbol{L}\,\boldsymbol{L}' + \Psi$

위의 가설에 대하여 가능도비 검정법을 수행한다. 검정통계량은

$$n\left(\ln\frac{|\hat{\boldsymbol{L}}\hat{\boldsymbol{L}}' + \hat{\Psi}|}{\left|\frac{(n-1)}{n}\boldsymbol{S}\right|}\right) + n\left[tr\left([\hat{\boldsymbol{L}}\hat{\boldsymbol{L}}' + \hat{\Psi}]^{-1}\frac{(n-1)}{n}\boldsymbol{S}\right) - p\right] \tag{3-19}$$

이며 이는 자유도 $\frac{1}{2}((p-m)^2 - p - m)$의 χ^2분포를 따른다. 유의수준 α의 가능도비검정의 기각역은

$$\left(n-1-\frac{2p+4m-5}{6}\right)\ln\left(\frac{|\hat{\boldsymbol{L}}\hat{\boldsymbol{L}}' + \hat{\Psi}|}{\left|\frac{n-1}{n}\boldsymbol{S}\right|}\right) > \chi^2_{((p-m)^2-p-m)/2,\alpha)} \tag{3-20}$$

이다. 이때 자유도가 양의 값을 갖기 위해서 $\frac{1}{2}(2p+1-\sqrt{8p+1}) > m$을 만족해야 한다.

3.5 인자회전

일반적으로 공통인자의 개수가 $m(>1)$인 인자모형에서 인자적재행렬 $\boldsymbol{L}$은 유일하지 않다. $\boldsymbol{T}\boldsymbol{T}' = \boldsymbol{I}_m$, $\boldsymbol{T}'\boldsymbol{T} = \boldsymbol{I}_n$을 만족하는 직교행렬 $\boldsymbol{T}_{(m\times n)}$을 고려하자. 모형식 (3-1)은 다음과 같이 변환되며,

$$\begin{aligned}\boldsymbol{X} - \mu &= \boldsymbol{L}\boldsymbol{F} + \epsilon = \boldsymbol{L}\boldsymbol{T}\boldsymbol{T}'\boldsymbol{F} + \epsilon \\ &\equiv \boldsymbol{L}^*\boldsymbol{F}^* + \epsilon\end{aligned}$$

여기서 $\boldsymbol{L}^*$은 새로운 인자적재행렬이고 새로운 공통인자 $\boldsymbol{F}^*$의 평균벡터와 공분산행렬은 공통인자 $\boldsymbol{F}$의 평균벡터와 공분산행렬과 동일하므로 직교인자모형의 가정을 만족한다.

인자적재행렬 $\boldsymbol{L}$과 인자적재행렬을 직교변환한 $\boldsymbol{L}^*$은 서로 다르지만 동일한 공분산행

렬 Σ를 생성한다. 여기에서는 표본공분산행렬 S를 분해하여 살펴보자.

$$\begin{aligned} S &= \hat{L}\hat{L}' + \hat{\Psi} = \hat{L}TT'\hat{L}' + \hat{\Psi} \\ &= \hat{L}^*\hat{L}^{*\prime} + \hat{\Psi} \end{aligned} \tag{3-21}$$

$\hat{L}$과 $\hat{L}^*$가 서로 다른데도 불구하고 동일한 S를 형성시키며 이는 어떤 직교행렬 T에 대해서도 성립한다. 이를 인자적재행렬의 비유일성이라고 하며 이는 인자적재행렬을 회전시킴으로서 공통인자에 대한 개념상 해석이 가능한 구조로 변형시키는 데 응용할 수 있다.

인자회전 방법으로는 직교회전(orthogonal rotation)과 사각회전(oblique rotation)이 있다. 직교회전은 공통인자의 축들이 서로 직각이 되게 나타나도록 회전시키는 방법으로 많이 사용한다. 직교회전 방법에는 인자적재행렬에서 열을 단순화시키는 Varimax 방법과 행을 단순화하는 Quartimax 방법 그리고 행과 열을 절충하여 단순화시킨 Equimax 방법으로 총 세 가지가 있다. 사각회전은 공통인자의 축들이 직각되지 않더라도 단순구조를 갖도록 직각이 아닌 사각(oblique)으로 회전시키는 방법이다. 이론상 의미있는 인자들이나 그 구조를 발견하고자 할 때 쓰인다. 사각회전 방법으로 구한 인자적재행렬에서 공통인자의 해석은 쉽게 할 수 있지만, 인자들 사이의 상관관계를 설명하기에 복잡한 문제가 발생한다. 이런 문제점 때문에 일반적으로는 직교회전 방법을 선호한다. 사각회전 방법으로는 PROMAX 방법이 있다. 사각회전의 회전이라는 단어는 직교회전에서의 회전의 의미와 다르게 해석하여야 하며 저자의 견해로는 사각회전에서 회전이라는 단어를 잘못 사용하였다고 생각된다.

본서에서는 가장 많이 쓰이는 방법으로 Varimax 방법을 소개하고자 한다.

Varimax 방법

회전 후 j번째 인자에 관한 i번째 변수의 측정된 적재를

$$\tilde{l}^*_{ij} = \hat{l}^*_{ij} / \hat{h}_i \tag{3-22}$$

라고 하자. 이때 Varimax 방법은 인자적재의 제곱을 가능한 넓게 분포하도록 하여 다음을 최대화시키는 직교변환을 구하는 방법이다.

$$\begin{aligned} V &= \frac{1}{p}\sum_{j=1}^{m}[\sum_{i=1}^{p}\tilde{l}^{*4}_{ij} - \frac{1}{p}[\sum_{i=1}^{p}\tilde{l}^{*}_{ij}]^2] \\ &\propto \sum_{j=1}^{m} (j\text{번째 인자에 관한 측정된 적재의 제곱의 분산}) \end{aligned} \tag{3-23}$$

이는 작은 공통인자가 구조설명에 있어서 많은 비중을 나타내는 의미를 갖고 있다.

3.6 인자 점수의 추정

인자점수(factor score)는 관찰될 수 없고, 가설적인 공통인자를 추정한 값이다. 각 객체별 m개의 인자들에 대한 점수가 필요한 이유는 첫째, 원 자료의 차원보다 축소된 차원으로 구성된 인자들을 통하여 각 객체들을 검토하기 위해서이며 둘째, 유도된 인자점수를 후속적인 통계분석에서 구체적인 개념을 가진 새로운 변수로 이용하기 위함이다. 추정하는 방법으로는 가중최소제곱 방법(weighted least squares method)과 회귀 방법(regression method)이 있다.

1. 가중최소제곱 방법

인자모형식 (3-1)에서

$$\boldsymbol{X}_j - \mu = \boldsymbol{L}\boldsymbol{F}_j + \epsilon_j,\ j = 1,\ \ldots,\ m$$

$V(\epsilon) = \Psi = \begin{pmatrix} \Psi_1 & 0 & \cdots & 0 \\ 0 & \Psi_2 & \cdots & 0 \\ & \vdots & & \\ 0 & 0 & \cdots & \Psi_p \end{pmatrix}$이므로 j번째 표본관측값에 대한 인자점수 벡터 $\boldsymbol{F}_j$의 가중최소제곱추정량은 다음과 같다.

$$\hat{\boldsymbol{F}}_j = (\hat{\boldsymbol{L}}'\hat{\Psi}^{-1}\hat{\boldsymbol{L}})^{-1}\hat{\boldsymbol{L}}'\hat{\Psi}^{-1}(\boldsymbol{X}_j - \overline{\boldsymbol{X}}) \tag{3-24}$$

또한 인자적재를 주성분방법으로 구했다면 일반 최소제곱법을 사용할 수 있다. 그리고 특수분산값들이 거의 동등($\hat{\Psi}_1 = \hat{\Psi}_2 = \cdots = \hat{\Psi}_p$)하다면 최소제곱법을 이용한 추정량은 가중최소제곱 추정량과 근사하며 추정량은 다음과 같다.

$$\hat{\boldsymbol{F}}_j = (\hat{\boldsymbol{L}}'\hat{\boldsymbol{L}})^{-1}\hat{\boldsymbol{L}}'(\boldsymbol{X}_j - \overline{\boldsymbol{X}}) \tag{3-25}$$

$$= \begin{pmatrix} \dfrac{1}{\sqrt{\hat{\lambda}_1}} e_1'(\boldsymbol{X}_j - \overline{\boldsymbol{X}}) \\ \vdots \\ \dfrac{1}{\sqrt{\hat{\lambda}_m}} e'_m(\boldsymbol{X}_j - \overline{\boldsymbol{X}}) \end{pmatrix}$$

2. 회귀 방법

인자적재의 추정방법 중 최대가능도 방법과 유사하게 $(\boldsymbol{X}_j - \mu)$와 $\boldsymbol{F}_j$의 결합분포로 다변량 정규성을 가정한다. 즉

$$\begin{pmatrix} \boldsymbol{X}_j - \mu \\ \boldsymbol{F}_j \end{pmatrix} \sim N_{p+m}(0, \boldsymbol{\Sigma}^*),$$

여기서 $\boldsymbol{\Sigma}^* = \begin{pmatrix} \boldsymbol{LL}' + \Psi & \boldsymbol{L} \\ \boldsymbol{L}' & \boldsymbol{I}_m \end{pmatrix}$

$\boldsymbol{X}_j - \mu = (\boldsymbol{x}_j - \mu)$가 주어졌을 때 $\boldsymbol{F}_j$의 조건부평균은

$$E(\boldsymbol{F}_j \mid \boldsymbol{x}_j - \mu) = \boldsymbol{L}'(\boldsymbol{LL}' + \Psi)^{-1}(\boldsymbol{x}_j - \mu)$$

이며 여기서 $\boldsymbol{L}'(\boldsymbol{LL}' + \Psi)^{-1}$ 벡터를 회귀계수라고 한다. 그러므로 인자점수의 추정량은

$$\hat{\boldsymbol{F}}_j = \hat{\boldsymbol{L}}'(\hat{\boldsymbol{L}}\hat{\boldsymbol{L}}' + \hat{\Psi})^{-1}(\boldsymbol{x}_j - \overline{\boldsymbol{X}}) \tag{3-26}$$

이며 인자의 수 m의 결정과정에서 발생할 수 있는 오류를 줄이기 위하여 $\hat{\boldsymbol{L}}\hat{\boldsymbol{L}}' + \hat{\Psi}$ 대신에 표본공분산행렬 $\boldsymbol{S}$로 대체한다. 따라서

$$\hat{\boldsymbol{F}}_j = \hat{\boldsymbol{L}}'\boldsymbol{S}^{-1}(\boldsymbol{x}_j - \overline{\boldsymbol{X}}), \ j = 1, \ \ldots, \ m \tag{3-27}$$

이며 상관계수행렬 $\hat{\boldsymbol{R}}$을 사용하였다면 다음과 같다.

$$\hat{\boldsymbol{F}}_j = \hat{\boldsymbol{L}}'\hat{\boldsymbol{R}}^{-1}(\boldsymbol{x}_j - \overline{\boldsymbol{X}}) \tag{3-28}$$

3.7 인자분석의 전략

앞에서 서술한 내용을 자료분석에 더욱 더 잘 활용하기 위해서는 다음과 같은 분석전략을 세워야 한다.

1. 주성분방법을 이용하여 인자분석을 실시
   가. 인자의 수 m을 결정
   나. 인자 점수를 그림으로 표현하여 특이한 관측값을 발견하여 관찰
   다. Varimax 회전을 실시
2. Varimax 회전과 함께 최대가능도방법 실시
3. 위의 1과 2과정을 통하여 구한 인자적재 값을 비교하며 인자점수의 그림표를 비교하여 전반적인 해를 비교
4. 다른 인자의 수로 위의 과정들을 반복하여 비교

3.8 예제

1. 예제 1

이와 같은 이론적 설명을 배경으로 본서에서는 도시별 복지기능 특성자료와 국내 상위 기업 재무자료를 통하여 인자분석 방법을 숙지하여 보자. 우선 도시별 복지기능 특성자료를 인자분석하기 위한 SAS 프로그램과 결과는 다음과 같다.

프·로·그·램 3-1 도시별 복지기능 특성자료의 인자분석

```
PROC FACTOR DATA=city    METHOD=prin   ROTATE=VARIMAX
            SCREE PLOT ;
VAR X1-X7;
RUN;
PROC FACTOR DATA=city    METHOD=ML  ROTATE=VARIMAX HEY
            SCREE PLOT ;
VAR X1-X7;
RUN;
PROC FACTOR DATA=city    METHOD=prinit  ROTATE=VARIMAX
            SCREE PLOT ;
VAR X1-X7;
RUN;
```

결과 3-1 도시별 복지기능 특성자료의 인자분석 결과

인자분석

The FACTOR Procedure

Initial Factor Method: Principal Components

Prior Communality Estimates: ONE

Eigenvalues of the Correlation Matrix: Total = 7 Average = 1				
	Eigenvalue	Difference	Proportion	Cumulative
1	4.51052226	3.38995304	0.6444	0.6444
2	1.12056922	0.41596162	0.1601	0.8044
3	0.70460760	0.31882795	0.1007	0.9051
4	0.38577965	0.22218671	0.0551	0.9602
5	0.16359294	0.07381785	0.0234	0.9836
6	0.08977509	0.06462185	0.0128	0.9964
7	0.02515324		0.0036	1.0000

2 factors will be retained by the MINEIGEN criterion.

The FACTOR Procedure
Initial Factor Method: Principal Components

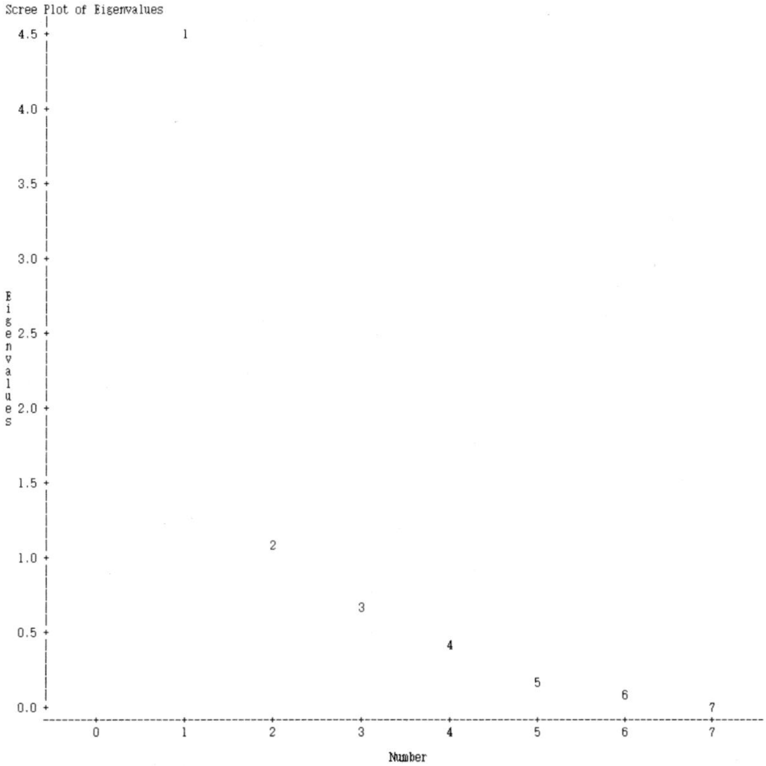

Factor Pattern			
		Factor1	Factor2
X1	총인구	0.96106	-0.12413
X2	문화재	-0.02510	0.96139
X3	문화공간	0.59498	0.21288
X4	체육시설	0.95164	-0.10068
X5	총병상수	0.92521	0.01094
X6	사회복지시설수용인원	0.77074	0.33968
X7	보육시설	0.93626	-0.17047

Variance Explained by Each Factor	
Factor1	Factor2
4.5105223	1.1205692

Final Community Estimates: Total = 5.631091						
X1	X2	X3	X4	X5	X6	X7
0.93905074	0.90577623	0.39932215	0.91575230	0.85612654	0.70941759	0.90564595

```
                          The FACTOR Procedure
                 Initial Factor Method: Principal Components

Plot of Factor Pattern for Factor1 and Factor2

                               Factor1
                                  1
                             G A  E
                                 .9

                                 .8
                                          F
                                 .7

                                 .6    C

                                 .5

                                 .4

                                 .3

                                 .2
                                                                   F
                                 .1                                a
                                                                   c
-1 -.9-.8-.7-.6-.5-.4-.3-.2-.1   0 .1 .2 .3 .4 .5 .6 .7 .8 .9 1.0t
                                                               B   o
                                -.1                                r
                                                                   2
                                -.2

                                -.3

                                -.4

                                -.5

                                -.6

                                -.7

                                -.8

                                -.9

                                 -1

     X1=A      X2=B      X3=C      X4=A      X5=E      X6=F      X7=G
```

인자분석

The FACTOR Procedure

Rotation Method: Varimax

Rotated Factor Pattern			
		Factor1	Factor2
X1	총인구	0.96231	-0.11405
X2	문화재	-0.03507	0.95108
X3	문화공간	0.59272	0.21911
X4	체육시설	0.95264	-0.09070
X5	총병상수	0.92504	0.02064
X6	사회복지시설수용인원	0.76714	0.34774
X7	보육시설	0.93800	-0.16064

Orthogonal Transformation Matrix		
	1	2
1	0.99995	0.01048
2	-0.01048	0.99995

Variance Explained by Each Factor	
Factor1	Factor2
4.5101498	1.1209417

Final Communality Estimates: Total = 5.631091						
X1	X2	X3	X4	X5	X6	X7
0.93905074	0.90577623	0.39932215	0.91575230	0.85612654	0.70941759	0.90564595

The FACTOR Procedure
Rotation Method: Varimax

Plot of Factor Pattern for Factor1 and Factor2

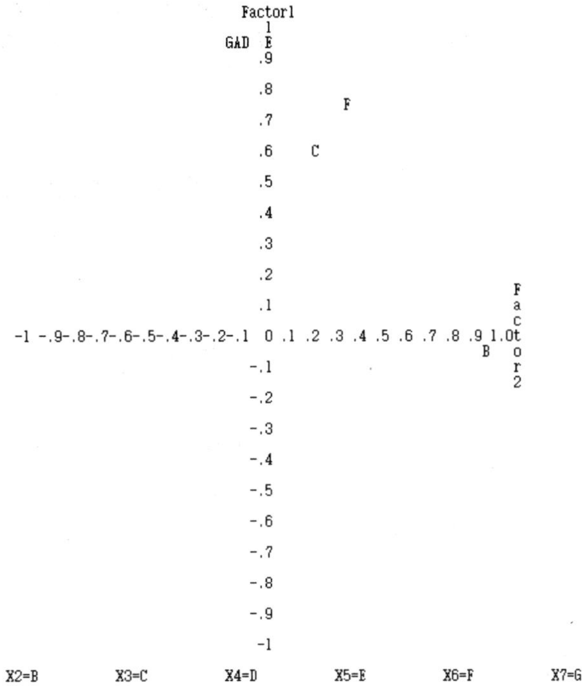

<주성분법>

도시별 복지기능 특성자료를 인자분석한 SAS 결과를 바탕으로 다음과 같은 결론을 유도할 수 있다.

주성분방법에 의하여 표본상관행렬에서 7개 고유값이 추정되었고 그 합은 7이다. 첫번째 추정된 고유값은 4.51이고 변수들의 총분산 중 첫번째 인자에 의해 설명되는 비율은 약 64%이다. 또한 두번째 추정된 고유값은 1.12이고 총분산 중 두번째 인자에 의해 설명되는 비율은 약 16%이다. 따라서 2개의 공통인자에 의해 설명되어지는 누적 설명비율은 약 80%이다.

첫번째 인자의 추정된 인자적재를 살펴보면 문화재 변수를 제외한 나머지 변수가 모두 양의 값을 가지며 두번째 인자의 추정된 인자적재를 살펴보면 문화재 변수만이 높은 양의 값을 가지고 있으므로 나머지 변수들과의 연관성이 떨어지므로 제거할 수 있다고 판단된다.

또한 Final Communality Estimates는 각 변수의 분산에 대한 공통성의 추정치를 나타내는데 일반적으로 최초인자 추출 후 각 변수들의 공통성 추정치는 적어도 0.4 이상이 되어야 인자를 사용하는데 적합한 것으로 알려져 있으므로 위 결과에 의하면 2개 공통인자를 포함한 인자모형이 적합한 것으로 판단된다.

인자분석

The FACTOR Procedure

Initial Factor Method: Maximum Likelihood

Prior Communality Estimates: SMC						
X1	X2	X3	X4	X5	X6	X7
0.96226577	0.19282947	0.35481113	0.92077916	0.80138685	0.61003130	0.92076917

Preliminary Eigenvalues: Total = 55.1334803 Average = 7.87621148				
	Eigenvalue	Difference	Proportion	Cumulative
1	54.3873246	53.2636466	0.9865	0.9865
2	1.1236780	0.7799935	0.0204	1.0068
3	0.3436846	0.2778449	0.0062	1.0131
4	0.0658397	0.0238705	0.0012	1.0143
5	0.0419692	0.2561410	0.0008	1.0150
6	-0.2141718	0.4006722	-0.0039	1.0112
7	-0.6148440		-0.0112	1.0000

2 factors will be retained by the PROPORTION criterion.

The FACTOR Procedure
Initial Factor Method: Maximum Likelihood

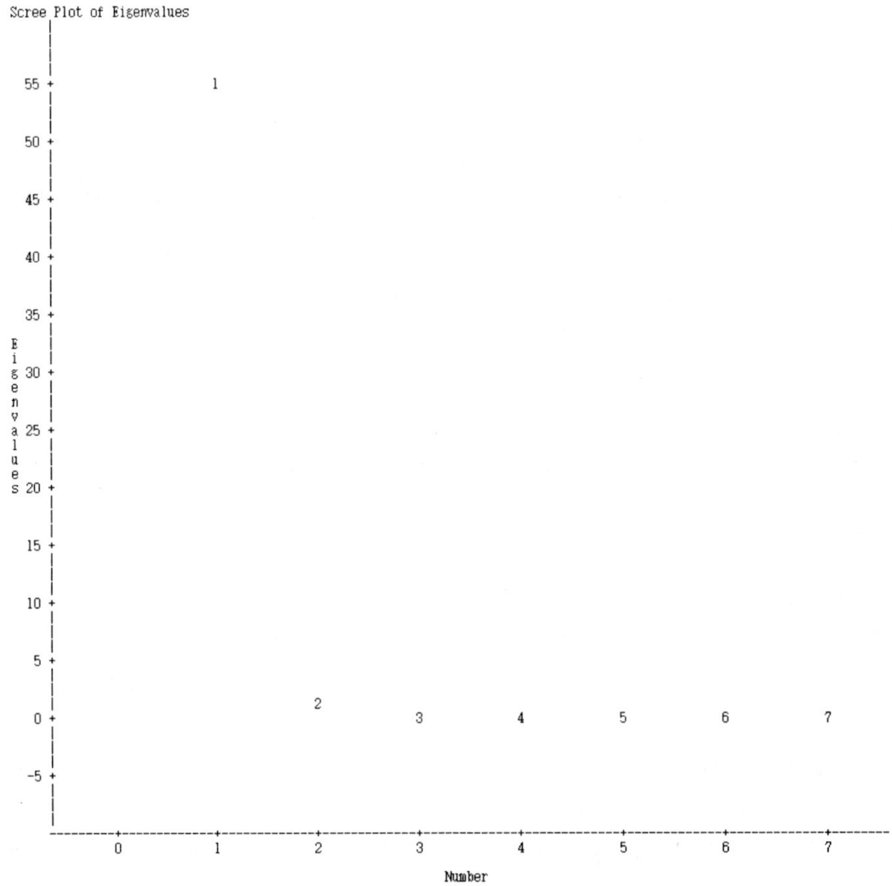

Iteration	Criterion	Ridge	Change	Communalities						
1	0.2989002	0.0000	0.0489	0.99374	0.24169	0.32935	0.91799	0.81909	0.64992	0.90371
2	0.2498049	0.0000	0.1654	0.99870	0.12406	0.29290	0.91803	0.81005	0.81536	0.90109
3	0.2300301	0.0000	0.0960	1.00000	0.10617	0.28144	0.91691	0.80331	0.91140	0.90080
4	0.2173728	0.0000	0.0886	1.00000	0.09308	0.27335	0.91645	0.79880	1.00000	0.90118
5	0.2160477	0.0000	0.0133	1.00000	0.10637	0.27556	0.91874	0.79596	1.00000	0.90492
6	0.2160477	0.0000	0.0000	1.00000	0.10637	0.27556	0.91874	0.79596	1.00000	0.90492

Convergence criterion satisfied.

Significance Tests Based on 70 Observations			
Test	DF	Chi-Square	Pr > ChiSq
H0: No common factors	21	499.4080	<.0001
HA: At least one common factor			
H0: 2 Factors are sufficient	8	13.9351	0.0835
HA: More factors are needed			

Chi-Square without Bartlett's Correction	14.907293
Akaike's Information Criterion	-1.092707
Schwarz's Bayesian Criterion	-19.080669
Tucker and Lewis's Reliability Coefficient	0.967435

Squared Canonical Correlations	
Factor1	Factor2
1.0000000	1.0000000

Eigenvalues of the Weighted Reduced Correlation Matrix: Total = 1.1796E-16 Average = 2.3592E-17		
	Eigenvalue	Difference
1	Infty	Infty
2	Infty	Infty
3	0.42748108	0.35295623
4	0.07452485	0.07650971
5	-.00198487	0.05784991
6	-.05983478	0.38035151
7	-.44018628	

Factor Pattern			
		Factor1	Factor2
X1	총인구	0.00000	1.00000
X2	문화재	0.31557	-0.08240
X3	문화공간	0.22077	0.47625
X4	체육시설	0.08788	0.95447
X5	총병상수	0.13917	0.88125
X6	사회복지시설수용인원	0.78562	0.61871
X7	보육시설	0.07459	0.94834

Variance Explained by Each Factor		
Factor	Weighted	Unweighted
Factor1	0.4271966	0.79817761
Factor2	24.7960342	4.20336742

Final Communality Estimates and Variable Weights		
Total Communality: Weighted = 25.223231 Unweighted = 5.001545		
Variable	Communality	Weight
X1	1.00000000	Infty
X2	0.10637205	1.1190339
X3	0.27555522	1.3803674
X4	0.91873622	12.3056053
X5	0.79596469	4.9011124
X6	1.00000000	Infty
X7	0.90491686	10.5171118

```
                                 The FACTOR Procedure
                          Initial Factor Method: Maximum Likelihood

Plot of Factor Pattern for Factor1 and Factor2

                                        Factor1
                                           1

                                          .9

                                          .8                 F

                                          .7

                                          .6

                                          .5

                                          .4

                                        B .3

                                          .2             C
                                                               E     F
                                          .1                    D    a
                                                                G    c
             -1 -.9-.8-.7-.6-.5-.4-.3-.2-.1  0 .1 .2 .3 .4 .5 .6 .7 .8 .9 1A0t
                                                                     o
                                         -.1                         r
                                                                     2
                                         -.2

                                         -.3

                                         -.4

                                         -.5

                                         -.6

                                         -.7

                                         -.8

                                         -.9

                                          -1

     X1=A        X2=B        X3=C        X4=D        X5=E        X6=F        X7=G
```

인자분석

The FACTOR Procedure

Rotation Method: Varimax

Rotated Factor Pattern			
		Factor1	Factor2
X1	총인구	0.99568	-0.09283
X2	문화재	-0.05275	0.32185
X3	문화공간	0.49469	0.17560
X4	체육시설	0.95851	-0.00110
X5	총병상수	0.89036	0.05677
X6	사회복지시설수용인원	0.68896	0.72480
X7	보육시설	0.95117	-0.01376

Orthogonal Transformation Matrix		
	1	2
1	0.09283	0.99568
2	0.99568	-0.09283

Variance Explained by Each Factor		
Factor	Weighted	Unweighted
Factor1	25.0469438	4.32976031
Factor2	0.1762871	0.67178472

Final Community Estimates and Variable Weights		
Total Communality: Weighted = 25.223231 Unweighted = 5.001545		
Variable	Communality	Weight
X1	1.00000000	Infty
X2	0.10637205	1.1190339
X3	0.27555522	1.3803674
X4	0.91873622	12.3056053
X5	0.79596469	4.9011124
X6	1.00000000	Infty
X7	0.90491686	10.5171118

The FACTOR Procedure
Rotation Method: Varimax

Plot of Factor Pattern for Factor1 and Factor2

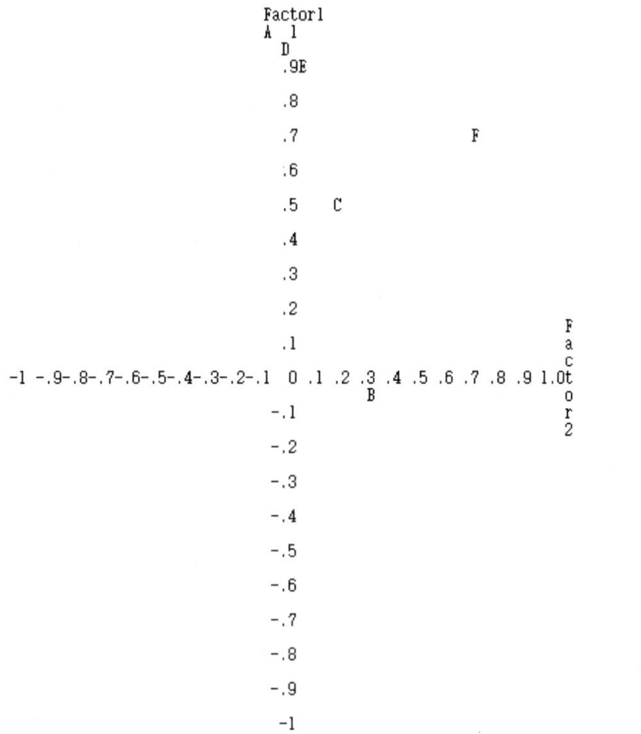

X1=A　X2=B　X3=C　X4=D　X5=E　X6=F　X7=D

<최대가능도법>

최대가능도법에 의하여 적절한 공통인자의 수를 결정하기 위한 검정을 시행해보자. 자유도가 양수가 되기 위한 공통인자의 수 m은 다음과 같은 계산으로 정해지는데 $m < 0.5(2\cdot 7+1-\sqrt{8\cdot 7+1}) = 3.725$이므로 세 개 이하의 검정만 가능하다. 따라서 검정통계량의 p-값을 살펴본 결과 2개 공통인자로 충분함을 알 수 있다.

상관행렬에서 최대가능도법에 의하여 추정된 최초 인자적재행렬으로서 주축인자법에 의하여 추정된 인자적재행렬과 비교하면 약간 다른 것을 알 수 있다. 주축인자법에서는 첫번째 인자는 첫번째 변수에 가장 큰 적재를 가지고 있으나, 최대가능도법에서 구한 첫번째 인자는 여섯번째 변수에 가장 큰 적재를 가지고 있음을 알 수 있다.

인자분석

The FACTOR Procedure

Initial Factor Method: Iterated Principal Factor Analysis

Prior Communality Estimates: ONE

Preliminary Eigenvalues: Total = 7 Average = 1				
	Eigenvalue	Difference	Proportion	Cumulative
1	4.51052226	3.38995304	0.6444	0.6444
2	1.12056922	0.41596162	0.1601	0.8044
3	0.70460760	0.31882795	0.1007	0.9051
4	0.38577965	0.22218671	0.0551	0.9602
5	0.16359294	0.07381785	0.0234	0.9836
6	0.08977509	0.06462185	0.0128	0.9964
7	0.02515324		0.0036	1.0000

2 factors will be retained by the MINEIGEN criterion.

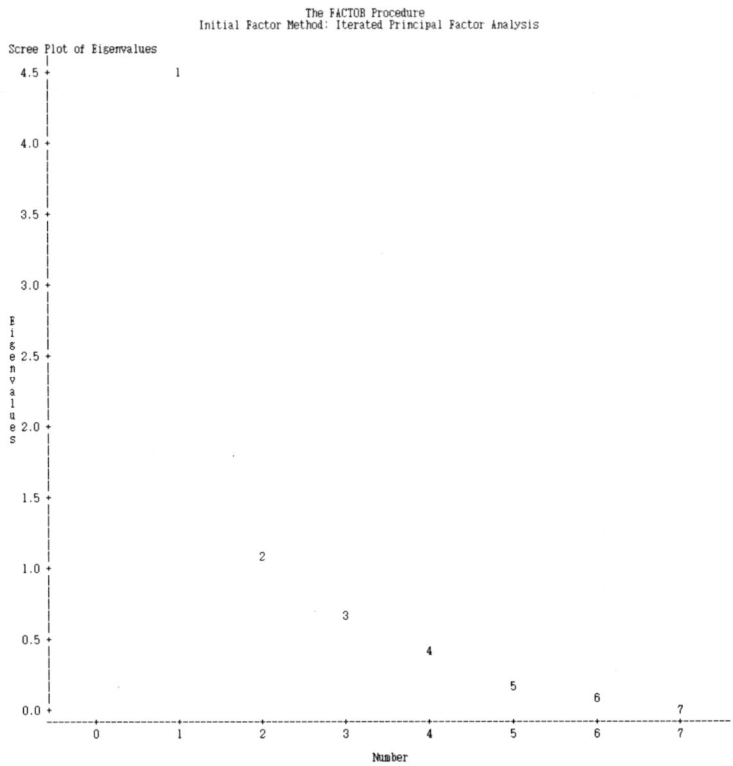

Iteration	Change	Communalities						
1	0.6007	0.93905	0.90578	0.39932	0.91575	0.85613	0.70942	0.90565
2	0.1162	0.94215	0.88312	0.28317	0.91035	0.83281	0.61105	0.89128
3	0.0325	0.94888	0.87026	0.26820	0.91330	0.82937	0.57868	0.88990
4	0.0106	0.95262	0.85961	0.26647	0.91523	0.82888	0.56837	0.88993
5	0.0101	0.95439	0.84947	0.26637	0.91609	0.82879	0.56556	0.89006
6	0.0101	0.95522	0.83937	0.26650	0.91644	0.82874	0.56524	0.89021
7	0.0102	0.95565	0.82913	0.26666	0.91658	0.82870	0.56579	0.89039
8	0.0104	0.95591	0.81872	0.26684	0.91664	0.82866	0.56667	0.89062
9	0.0106	0.95611	0.80809	0.26703	0.91669	0.82863	0.56768	0.89087
10	0.0109	0.95628	0.79724	0.26723	0.91670	0.82859	0.56879	0.89114
11	0.0111	0.95645	0.78615	0.26745	0.91672	0.82856	0.56995	0.89143
12	0.0113	0.95662	0.77481	0.26767	0.91674	0.82852	0.57119	0.89174
13	0.0116	0.95679	0.76321	0.26791	0.91676	0.82848	0.57248	0.89206
14	0.0119	0.95698	0.75133	0.26816	0.91679	0.82844	0.57385	0.89240
15	0.0122	0.95717	0.73916	0.26843	0.91681	0.82839	0.57529	0.89275
16	0.0125	0.95738	0.72669	0.26871	0.91683	0.82835	0.57681	0.89313
17	0.0128	0.95761	0.71391	0.26902	0.91686	0.82829	0.57841	0.89352
18	0.0131	0.95784	0.70079	0.26934	0.91689	0.82824	0.58012	0.89393
19	0.0135	0.95810	0.68732	0.26968	0.91692	0.82818	0.58193	0.89437
20	0.0138	0.95837	0.67348	0.27005	0.91695	0.82811	0.58385	0.89483
21	0.0142	0.95866	0.65927	0.27044	0.91698	0.82804	0.58589	0.89532
22	0.0146	0.95898	0.64465	0.27087	0.91701	0.82796	0.58808	0.89584
23	0.0150	0.95932	0.62961	0.27132	0.91705	0.82788	0.59041	0.89638
24	0.0155	0.95969	0.61413	0.27181	0.91708	0.82779	0.59291	0.89696
25	0.0159	0.96008	0.59821	0.27233	0.91712	0.82768	0.59559	0.89758
26	0.0164	0.96051	0.58182	0.27290	0.91716	0.82757	0.59847	0.89823
27	0.0169	0.96098	0.56496	0.27351	0.91721	0.82745	0.60156	0.89893
28	0.0173	0.96149	0.54761	0.27417	0.91725	0.82731	0.60490	0.89966
29	0.0178	0.96205	0.52980	0.27489	0.91730	0.82715	0.60850	0.90044
30	0.0183	0.96265	0.51152	0.27566	0.91735	0.82698	0.61239	0.90127

Convergence criterion satisfied.

ERROR: Maximum iterations exceeded.

Eigenvalues of the Reduced Correlation Matrix: Total = 5.02012968 Average = 0.71716138				
	Eigenvalue	Difference	Proportion	Cumulative
1	4.33426414	3.66071510	0.8634	0.8634
2	0.67354904	0.55888078	0.1342	0.9975
3	0.11466826	0.07984692	0.0228	1.0204
4	0.03482134	0.02356940	0.0069	1.0273
5	0.01125194	0.03699525	0.0022	1.0296
6	-.02574331	0.09693841	-0.0051	1.0244
7	-.12268172		-0.0244	1.0000

Factor Pattern			
		Factor1	Factor2
x1	총인구	0.97456	-0.11267
x2	문화재	-0.02731	0.71458
x3	문화공간	0.50802	0.13256
x4	체육시설	0.95481	-0.07541
x5	총병상수	0.90781	0.06355
x6	사회복지시설수용인원	0.71509	0.31785
x7	보육시설	0.93720	-0.15143

Variance Explained by Each Factor	
Factor1	Factor2
4.3342641	0.6735490

Final Communality Estimates: Total = 5.007813						
x1	x2	x3	x4	x5	x6	x7
0.96265019	0.51151504	0.27565789	0.91734807	0.82698007	0.61238975	0.90127217

```
                         The FACTOR Procedure
          Initial Factor Method: Iterated Principal Factor Analysis

Plot of Factor Pattern for Factor1 and Factor2

                                  Factor1
                                A     1
                                G D
                                     .9E

                                     .8
                                                F
                                     .7

                                     .6

                                     .5   C

                                     .4

                                     .3

                                     .2
                                                          F
                                     .1                   a
                                                          c
 -1 -.9-.8-.7-.6-.5-.4-.3-.2-.1  0 .1 .2 .3 .4B.5 .6 .7 .8 .9 1.0t
                                                          o
                                    -.1                   r
                                                          2
                                    -.2

                                    -.3

                                    -.4

                                    -.5

                                    -.6

                                    -.7

                                    -.8

                                    -.9

                                     -1

      X1=A      X2=B      X3=C      X4=D      X5=E      X6=F      X7=G
```

인자분석

The FACTOR Procedure

Rotation Method: Varimax

Orthogonal Transformation Matrix		
	1	2
1	0.99985	-0.01706
2	0.01706	0.99985

Rotated Factor Pattern			
		Factor1	Factor2
x1	총인구	0.97259	-0.12928
x2	문화재	-0.01511	0.71504
x3	문화공간	0.51021	0.12387
x4	체육시설	0.95338	-0.09169
x5	총병상수	0.90859	0.03805
x6	사회복지시설수용인원	0.72041	0.30561
x7	보육시설	0.93448	-0.16739

Variance Explained by Each Factor	
Factor1	Factor2
4.3331987	0.6746145

Final Communality Estimates: Total = 5.007813						
x1	x2	x3	x4	x5	x6	x7
0.96265019	0.51151504	0.27565789	0.91734807	0.82698007	0.61238975	0.90127217

```
                                          The FACTOR Procedure
                                        Rotation Method: Varimax

          Plot of Factor Pattern for Factor1 and Factor2

                                            Factor1
                                           A   1
                                          G  D
                                                .9 E

                                                .8

                                                .7          F

                                                .6

                                                .5    C

                                                .4

                                                .3

                                                .2
                                                                         F
                                                .1                       a
                                                                         c
                         -1 -.9-.8-.7-.6-.5-.4-.3-.2-.1  0 .1 .2 .3 .4 .5 .6 .7 .8 .9 1.0t
                                                              B          o
                                               -.1                       r
                                                                         2
                                               -.2

                                               -.3

                                               -.4

                                               -.5

                                               -.6

                                               -.7

                                               -.8

                                               -.9

                                                -1

              X1=A          X2=B          X3=C          X4=D          X5=E          X6=F          X7=G
```

<주인자법>

반복주축인자방법에 의한 인자분석 결과는 주성분 방법과 차이가 난다. 이 방법에서 축소된 표본상관행렬로 구한 고유값은 5.02이다.

반복적인 주축인자방법에 의하여 추정된 인자적재 값은 앞에서 살펴본 주성분방법의 결과와 비슷한 결과를 도출해 낼 수 있음을 알 수 있다.

2. 예제 2

본서에서 다룰 두번째 예제인 국내 상위기업 재무자료를 인자분석하기 위한 SAS 프로그램은 다음과 같으며 이 결과는 본서에 삽입하지 않기로 하고 독자 스스로 프로그램을 실행시키고 그 결과를 바탕으로 분석한 것을 참조 바란다.

프·로·그·램 3-2 **국내 상위기업 재무자료의 인자분석**

```
PROC FACTOR data=finance   method=prin   nfactor=2
            rotate=varimax   scree plot  ;
BY group ;
VAR list sale operating ordinary net_profit total_asset
   capital_stock o_capita;
RUN ;

PROC FACTOR data=finance   method=prinit  nfactor=2
            rotate=varimax   scree plot  ;
BY group ;
VAR list sale operating ordinary net_profit total_asset
   capital_stock o_capita;
RUN ;

PROC FACTOR data=finance   method=ML   HEY  nfactor=2
            rotate=varimax   scree plot  ;
BY group ;
VAR list sale operating ordinary net_profit total_asset
   capital_stock o_capita;
RUN ;
```

국내 상위기업 재무자료를 주성분 분석한 SAS 결과를 바탕으로 다음과 같은 결론을 유도할 수 있다.

SK그룹의 경우 주성분방법에 의하여 표본상관행렬에서 8개 고유값이 추정되었고 그 합은 8이다. 첫번째 추정된 고유값은 5.86이고 변수들의 총분산 중 첫번째 인자에 의해 설명되는 비율은 약 73%이다. 또한 두번째 추정된 고유값은 1.13이며 두번째 인자에 의해 총분산이 설명되는 비율은 약 14%이다. 따라서 2개의 공통인자에 의해 총분산이 설명되는 누적 설명비율은 약 87%이며 충분히 큰 설명력을 갖고 있으므로 2개의 인자를 선택하기로 한다.

Scree Plot을 보면 두번째 인자에서 급격히 꺾여 1개의 인자를 선택할 수 있다고 볼 수 있으나 추정된 고유값이 1 이상인 것으로 2개를 선택했기 때문에 2개의 인자로 분석을 하기로 한다.

첫번째 인자의 추정된 인자적재를 살펴보면 모두 양의 값을 가지며 당해연도 성과 주성분이라 할 수 있고, 두번째 인자의 추정된 인자적재를 살펴보면 주식상장 여부 및 자본금과 관련된 주식상장 성분이라고 할 수 있다. 인자1과 인자2의 패턴을 그림으로 나타낸 결과를 통해 인자성분에 관해 쉽게 확인할 수 있다. 또한 'Final Communality Estimates'는 각 변수가 분산에 대하여 갖고 있는 공통성의 추정치를 나타내는데 일반적으로 최초인자 추출 후 각 변수들의 공통성 추정치는 적어도 0.4 이상이 되어야 인자를 사용하는 것이 적합하다고 알려져 있으므로 위 결과에 의하면 2개 공통인자를 포함한 인자모형이 적합한 것으로 판단된다.

회전된 인자적재행렬을 살펴보면 회전하기 전과 크게 다르지 않음을 볼 수 있으므로 당해연도 성과 주성분과 주식상장 여부 및 자본금과 관련된 주식상장 주성분으로 볼 수 있겠다.

회전한 후 인자적재에서 구한 공통성은 회전하기 전 인자적재에서 얻은 공통성과 같음을 알 수 있다. 따라서 인자를 회전할 때 공통성은 변하지 않으며, 인자의 설명력도 변하지 않음을 알 수 있다.

삼성그룹의 경우 주성분방법에 의하여 표본상관행렬에서 8개 고유값이 추정되었고 그 합은 8이다. 첫번째 추정된 고유값은 5.65이고 변수들의 총분산 중 첫번째 인자에 의해 설명되어지는 비율은 약 70%이다. 두번째 추정된 고유값은 0.99이므로 고유값 1보다 작으나 두번째 인자를 선택하게 되면 설명비율이 약 13%로 누적 설명비율이 높아지므로 두번째 인자도 선택하기로 한다. 따라서 2개의 공통인자에 의해 설명되어지는 누적 설명비율은 약 83%이며 2개의 인자를 선택하기로 한다.

Scree Plot을 확인하면 두번째 인자에서 급격히 꺾여 1개의 인자를 선택할 수 있다고 볼 수 있으나 누적 설명비율을 고려하여 2개를 선택하였기에 2개의 인자로 분석을 진행하도록 한다.

첫번째 인자의 추정된 인자적재를 살펴보면 상장여부와 자본금을 제외한 나머지 모두 큰 값을 가지므로 당해연도 경영활동에 따른 성과 주성분이라 할 수 있고 두번째 인자의 추정된 인자적재를 살펴보면 주식상장 자본금 주성분이라 할 수 있겠다. 인자1과 인자2의 패턴을 그림으로 나타낸 결과 인자성분에 관해 쉽게 확인할 수 있다. 또한 'Final Communality Estimates'는 각 변수의 분산에 대한 공통성의 추정치를 나타내는데 일반적으로 최초인자 추출 후 각 변수들의 공통성 추정치는 적어도 0.4 이상이 되어야 인자를 사용하는데 있어서 적합한 것으로 알려져 있으므로 위 결과에 의하면 2개 공통인자를 포함한 인자모형이 적절한 것으로 판단된다.

회전된 인자적재행렬을 살펴보면 회전하기 전과 크게 다르지 않음을 볼 수 있다.

현대자동차그룹의 경우 주성분방법에 의하여 표본상관행렬에서 8개 고유값이 추정되었고 그 합은 8이다. 첫번째 추정된 고유값은 6.88이고 변수들의 총분산 중 첫번째 인자에 의해 설명되어지는 비율은 약 86%이다. 따라서 1개의 인자에 의해 설명되어지는 누적 설명비율 또한 약 86%이며 충분히 큰 설명력을 갖고 있으므로 잠정적으로 1개의 인자를 선택하기로 한다.

Scree Plot에서 두번째 인자에서 급격히 꺾여 1개의 인자를 선택할 수 있다고 볼 수 있으나 인자의 패턴을 자세히 살펴보기 위해 2개의 인자로 설정하여 살펴보겠다.

첫번째 인자의 추정된 인자적재를 살펴보면 상장여부를 제외한 나머지 변수들이 모두 큰 값을 가지므로 전반적 재무 주성분이라 할 수 있고 두번째 인자의 추정된 인자적재를 살펴보면 상장여부 변수만이 포함되어 있으므로 상장여부 변수를 제외한 1개의 주성분으로 설명이 가능하다고 말할 수 있겠다. 인자1과 인자2의 패턴을 그림으로 나타낸 결과를 통해 인자성분에 관해 쉽게 확인할 수 있다.

SK그룹의 경우 반복적인 주축인자방법에 의한 인자분석 결과를 보면, 주성분방법과 차이가 난다. 이 방법에서 축소된 표본상관행렬에서 구한 고유값의 합은 6.63이다. 설명비율과 누적설명비율에 의하면 모든 표준화변수들의 공통분산은 두 개 인자에 의하여 설명된다고 볼 수 있다. 추정된 인자적재값은 주성분방법과 약간 다르나 주성분방법에서의 인자1과 인자2의 인자성분은 크게 다르지 않음을 알 수 있다.

삼성그룹의 경우 축소된 표본상관행렬에서 구한 고유값의 합은 5.96이다. 설명비율과 누적설명비율에 의하면 모든 표준화변수들의 공통분산은 한 개 인자에 의하여 설명된다고 볼 수 있으나, 인자1과 인자2의 패턴을 그림으로 나타낸 결과를 보면 주성분방법과 동일하게 인자1과 인자2의 두 개의 성분으로 나누는 것이 적절하다고 생각된다.

현대자동차그룹의 경우 축소된 표본상관행렬에서 구한 고유값의 합은 6.97이다. 설명비율과 누적설명비율에 의하면 모든 표준화변수들의 공통분산은 한 개 인자에 의하여 설명된다고 볼 수 있으며 주성분방법의 결과와 다르지 않음을 알 수 있다.

SK그룹의 경우 최대가능도법에 의한 인자분석 결과를 살펴보자. 상관행렬에서 최대가능도법에 의하여 추정된 인자적재행렬을 보면 매출액 변수에 가장 큰 적재를 가지고 있는 부분에서 차이가 나며 인자성분은 크게 다르지 않음을 알 수 있다. 적절한 공통인자의 수를 위한 검정을 해보면 자유도가 양수가 되기 위한 공통인자의 수는 $m < 0.5(2 \cdot 8 + 1 - \sqrt{8 \cdot 8 + 1})$ $= 4.47$이므로 네 개 이하의 검정만 가능하며 검정통계량의 p-값이 매우 작으므로 더 많은 인자가 필요하나 앞의 누적설명비율을 살펴보면 1~2개의 인자만으로 충분한 설명력을 가지므로 여기선 2개의 인자를 선택하기로 한다.

삼성그룹과 현대자동차그룹의 경우 앞에서 행했던 분석방법의 결과와 크게 다르지 않음을 볼 수 있다.

3. 예제 3

모 고등학교 학생 220명의 6과목(국어, 영어, 국사, 물리, 대수학, 기하학)의 성적에 대한 상관행렬을 구했다. 자료는 <프로그램 3-3>에 수록되어 있으며, 인자분석을 통해 6개 변수의 공통인자를 찾아보고 자료를 분석해 보자.

프·로·그·램 3-3

```
DATA EXAM(TYPE=CORR);
     _TYPE_='CORR';
  INPUT  _NAME_ $ X1 - X6;
LABEL X1='국어'
       X2='영어'
       X3='국사'
       X4='물리'
       X5='대수학'
       X6='기하학';
CARDS;
x1 1.000  .     .     .     .     .
x2  .439 1.000  .     .     .     .
x3  .410  .351 1.000  .     .     .
x4  .288  .354  .164 1.000  .     .
x5  .329  .320  .190  .595 1.000  .
x6  .248  .329  .181  .470  .464 1.000
;

PROC FACTOR SCREE ROTATE=VARIMAX PLOT;
RUN;

PROC FACTOR NFACTOR=4  ROTATE=VARIMAX;
RUN;
```

SAS의 인자분석에서는 기본적인 추정방법으로 주성분방법을 사용한다. 주성분분석방법을 사용할 때는 PROC FACTOR문의 선택사양에 METHOD=PRIN 그리고 최대가능도방법을 사용할 때는 METHOD=ML을 표시한다. 그리고 일반적으로 인자로 추출되는 고유값은 1 이상으로 되기 때문에(또는 'MINEIGEN=' 으로 설정할 수 있다) 위 결과에서는 두 개의 인자를 선정했다. 이것은 Scree Plot을 통해 살펴봐도 명확하게 알 수 있다. 두 인자에 대응하는 고유값은 각각 2.73과 1.13으로 그 합은 3.86이며 이 두 인자에 의해 설명되는 총 분산의 비율은 3.86/6=0.6438로 약 64%이상이다. 출력 결과로부터 공통인자들의 점수(Score)로 변수를 나타내면 다음과 같다.

$$
\begin{aligned}
X_1 &= 0.66F_1 + 0.45F_2 \\
X_2 &= 0.69F_1 + 0.29F_2 \\
X_3 &= 0.52F_1 + 0.64F_2 \\
X_4 &= 0.74F_1 - 0.41F_2 \\
X_5 &= 0.74F_1 - 0.38F_2 \\
X_6 &= 0.68F_1 - 0.36F_2
\end{aligned}
$$

여기에서 첫번째 공통인자 F_1의 인자점수(계수)들은 모두 높은 양의 값을 갖고 있으므로 이것은 전반적인 학생들의 성적, 능력으로 평가 해석할 수 있으며, 두번째 인자 F_2의 인자점수들을 살펴보면 국어, 영어, 국사 변수는 양수의 값을 반면에 물리, 대수학, 기하학 변수는 음수의 값을 갖고 있다. 따라서 두번째 인자는 문과적 성향과 이과적 성향의 능력을 구조적으로 나타내고 있다. 그러나 이러한 해석을 보다 명확하게 하고자 인자의 회전을 varimax 방법으로 구현하여 보았다. 첫번째와 두번째 인자 각각이 총 분산을 설명하는 비율은 2.09/6=0.348 그리고 1.77/6=0.295이며 이 두 인자에 의해 설명되는 총 분산의 비율은 3.86/6=0.6438(64%)으로 인자 회전하기 전의 값과 동일하다.

그리고 varimax 방법을 통해 구한 공통인자들의 점수(Score)로 변수를 나타내면 다음과 같다.

$$
\begin{aligned}
X_1 &= 0.23F_1 + 0.76F_2 \\
X_2 &= 0.35F_1 + 0.66F_2 \\
X_3 &= \qquad\quad\;\; 0.82F_2 \\
X_4 &= 0.83F_1 + 0.15F_2 \\
X_5 &= 0.81F_1 + 0.18F_2 \\
X_6 &= 0.75F_1 + 0.15F_2
\end{aligned}
$$

직교회전 후의 인자 점수들을 살펴보면 회전 전의 값들에 비하여 0 또는 1에 가까운 값을 갖고 있다. 이는 인자들의 구조가 간단해져서 해석이 용이해졌다는 의미를 갖고 있다. 국어, 영어, 국사 변수에서는 두번째 공통인자 계수가 큰 값을 갖고 있으며, 반면에 물리, 대수학, 기하학 변수에서는 첫번째 공통인자 계수가 큰 값을 갖고 있는 것으로 판단되었다. 이는 첫번째 공통인자는 수리적인 능력을 그리고 두번째 공통인자는 문과적인 능력을 나타낸다고 해석할 수 있다. 이것은 두 인자를 각 축으로 하여 그린 그림을 통해 살펴보면 쉽게 이해할 수 있다.

회전하기 전이나 회전 후의 방법에 의한 두 개의 공통인자들에 의해 설명되는 각 변수의 분산은 X_1이 63.4%, X_2가 55.8%, X_3이 67.4%, X_4가 71.6%, X_5가 69.4%, 그리고 X_6가 58.6%로 동일하다.

공통인자를 두 개가 아닌 4개로 늘려 인자분석을 실시해보면 4개의 공통인자가 총 분산을 설명하는 비율은 84.7%로, 공통인자의 수가 두 개일때의 64.3%보다 증가했지만 공통인자 F_3과 F_4의 점수들을 해석하는 것은 명확하지 않다. 또한 varimax 방법을 통해 구한 인자 점수도 마찬가지이며 여기서 우리는 이 자료에 대한 인자분석은 공통의 인자가 두 개인 인자모형과 직교인자모형으로 결정할 수 있다.

4. 예제 4

고객 선호도를 조사한 자료이다. 고객에게 신제품의 5가지 특징에 대한 설문을 7점 척도로 등급을 나누어 조사하였다. 그리고 수집한 자료를 이용하여 특징의 상관행렬을 구하였다. 인자분석을 통해 5개 변수의 공통인자를 찾아보고 자료의 구조를 설명하여 보자.

프·로·그·램 3-4

```
DATA MARKET(TYPE=CORR);
    _TYPE_='CORR';
     INPUT _NAME_ $ X1-X5;
LABEL X1='TASTE' X2='GOOD BUY FOR MONEY' X3='FLAVOR'
      X4='SUITABLE FOR SNACK' X5='PROVIDES LOTS OF ENERGY';
CARDS;
X1 1.00  .02  .96  .42  .01
X2  .02 1.00  .13  .71  .85
X3  .96  .13 1.00  .50  .11
X4  .42  .71  .50 1.00  .79
X5  .01  .85  .11  .79 1.00
;

PROC FACTOR SCREE ROTATE=VARIMAX PLOT;
RUN;

PROC FACTOR METHOD=ML SCREE ROTATE=VARIMAX PLOT;
RUN;
```

Scree Plot을 통해 살펴보거나 고유값을 살펴보면 명확하게 공통인자가 두 개 존재하는 것을 쉽게 파악할 수 있다. 두 인자에 의해 설명되는 총 분산의 비율은 4.659(final communality estimates)/5＝0.93으로 약 93%이다. 출력 결과로부터 공통인자들의 점수(Score)로 변수를 나타내면 다음과 같다.

$$
\begin{aligned}
X_1 &= 0.56F_1 + 0.82F_2 \\
X_2 &= 0.78F_1 - 0.52F_2 \\
X_3 &= 0.65F_1 + 0.75F_2 \\
X_4 &= 0.94F_1 - 0.10F_2 \\
X_5 &= 0.80F_1 - 0.54F_2
\end{aligned}
$$

그리고 varimax 방법을 통해 회전시킨 후의 공통인자들의 점수로 변수를 나타내면 다음과 같다.

$$
\begin{aligned}
X_1 &= 0.02F_1 + 0.99F_2 \\
X_2 &= 0.94F_1 - 0.01F_2 \\
X_3 &= 0.13F_1 + 0.98F_2 \\
X_4 &= 0.84F_1 + 0.43F_2 \\
X_5 &= 0.97F_1 - 0.02F_2
\end{aligned}
$$

여기에서 변수 $X2$, $X4$, $X5$는 첫 직교인자에 의해 정의되고, 변수 $X1$과 $X3$은 두번째 직교인자에 의해 정의된다. 다만 변수 $X4$는 두번째 인자에 의해 설명되지만 그보다도 첫번째 인자에 의해 더 잘 설명된다. 독자는 예제 1에서 인자들을 상세히 설명한 것과 유사하게 여기에서도 변수들을 잘 파악하여 공통인자의 의미를 잘 해석해 주기 바란다.

또한 <프로그램 3-4>에서는 최대가능도방법으로도 분석을 실시하였으며 varimax법으로 회전시킨 후의 결과는 주성분방법에 의한 결과와 유사함을 알 수 있다.

프·로·그·램 3-1 인자분석(주성분법)

```
FACTOR
  /VARIABLES 총인구 문화재 문화공간 체육시설 총병상수 사회복지시설수용인원
보육시설
  /MISSING LISTWISE
  /ANALYSIS 총인구 문화재 문화공간 체육시설 총병상수 사회복지시설수용인원
보육시설
  /PRINT INITIAL KMO AIC EXTRACTION ROTATION
  /PLOT EIGEN ROTATION
  /CRITERIA MINEIGEN(1) ITERATE(25)
  /EXTRACTION PC
  /CRITERIA ITERATE(25)
  /ROTATION VARIMAX
  /METHOD=CORRELATION.
```

프·로·그·램 3-1 인자분석(최대가능도법)

```
FACTOR
  /VARIABLES 총인구 문화재 문화공간 체육시설 총병상수 사회복지시설수용인원 보
육시설
  /MISSING LISTWISE
  /ANALYSIS 총인구 문화재 문화공간 체육시설 총병상수 사회복지시설수용인원 보
육시설
  /PRINT INITIAL KMO AIC EXTRACTION ROTATION
  /PLOT EIGEN ROTATION
  /CRITERIA MINEIGEN(1) ITERATE(25)
  /EXTRACTION ML
  /CRITERIA ITERATE(25)
  /ROTATION VARIMAX.
```

프·로·그·램 3-1 인자분석(주축인자법)

```
GET
  FILE='G:\city.sav'.
DATASET NAME 데이터집합1 WINDOW=FRONT.

FACTOR
  /VARIABLES 총인구 문화재 문화공간 체육시설 총병상수 사회복지시설수용인원 보
육시설
  /MISSING LISTWISE
  /ANALYSIS 총인구 문화재 문화공간 체육시설 총병상수 사회복지시설수용인원 보
육시설
```

```
  /PRINT INITIAL KMO AIC EXTRACTION ROTATION
  /PLOT EIGEN ROTATION
  /CRITERIA MINEIGEN(1) ITERATE(25)
  /EXTRACTION PAF
  /CRITERIA ITERATE(25)
  /ROTATION VARIMAX
  /METHOD=CORRELATION.
```

프·로·그·램 3-2 인자분석(주성분법-sk)

```
GET
  FILE='G:\finance_sk.sav'.
DATASET NAME 데이터집합1 WINDOW=FRONT.

FACTOR
  /VARIABLES list sale operating ordinary net_profit total_asset
capital_stock o_capita
  /MISSING LISTWISE
  /ANALYSIS list sale operating ordinary net_profit total_asset
capital_stock o_capita
  /PRINT INITIAL KMO AIC EXTRACTION ROTATION
  /PLOT EIGEN ROTATION
  /CRITERIA FACTORS(2) ITERATE(25)
  /EXTRACTION PC
  /CRITERIA ITERATE(25)
  /ROTATION VARIMAX
  /METHOD=CORRELATION.
```

프·로·그·램 3-2 인자분석(주축인자법-삼성)

```
GET
  FILE='G:\finance_samsung.sav'.
DATASET NAME 데이터집합1 WINDOW=FRONT.

FACTOR
  /VARIABLES list sale operating ordinary net_profit total_asset
capital_stock o_capita
  /MISSING LISTWISE
  /ANALYSIS list sale operating ordinary net_profit total_asset
capital_stock o_capita
  /PRINT INITIAL KMO AIC EXTRACTION ROTATION
  /PLOT EIGEN ROTATION
  /CRITERIA FACTORS(2) ITERATE(25)
  /EXTRACTION PAF
  /CRITERIA ITERATE(25)
  /ROTATION VARIMAX
  /METHOD=CORRELATION.
```

프·로·그·램 3-2 인자분석(최대가능도법-삼성)

```
GET
  FILE='G:\finance_samsung.sav'.
DATASET NAME 데이터집합1 WINDOW=FRONT.

FACTOR
  /VARIABLES list sale operating ordinary net_profit total_asset
capital_stock o_capita
  /MISSING LISTWISE
  /ANALYSIS list sale operating ordinary net_profit total_asset
capital_stock o_capita
  /PRINT INITIAL KMO AIC EXTRACTION ROTATION
  /PLOT EIGEN ROTATION
  /CRITERIA FACTORS(2) ITERATE(25)
  /EXTRACTION ML
  /CRITERIA ITERATE(25)
  /ROTATION VARIMAX.
```

프·로·그·램 3-3

```
MATRIX DATA VARIABELS = X1 TO X6.

BEGIN DATA.
1.000
 .439 1.000
 .410  .351 1.000
 .288  .354  .164 1.000
 .329  .320  .190  .595 1.000
 .248  .329  .181  .470  .464 1.000
END DATA.

FACTOR
  /VARIABLES X1 TO X6
  /PRINT UNIVARIATE INITIAL CORRELATION ROTATION
  /PLOT EIGEN ROTATION
  /CRITERIA MINEIGEN(1) ITERATE(25)
  /EXTRACTION PC
  /CRITERIA ITERATE(25)
  /ROTATION VARIMAX .
```

프·로·그·램 3-4

```
MATRIX DATA VARIABELS = X1 TO X5.

BEGIN DATA.
1.00
 .02 1.00
```

```
 .96  .13 1.00
 .42  .71  .50 1.00
 .01  .85  .11  .79 1.00
END DATA.

FACTOR
  /VARIABLES X1 TO X5
  /PRINT UNIVARIATE INITIAL CORRELATION ROTATION
  /PLOT EIGEN ROTATION
  /CRITERIA MINEIGEN(1) ITERATE(25)
  /EXTRACTION PC
  /CRITERIA ITERATE(25)
  /ROTATION VARIMAX.
```

연습 문제

1. 예제 1과 2의 자료분석에서 Quartimax와 Equimax 방법을 사용하여 분석하고 그 결과를 비교하여라.

2. 예제 1과 2의 자료분석에서 가중최소제곱법과 회귀방법에 의한 추정량을 비교하여라.

3. 연습문제 2.1의 자료에 대하여 인자분석을 실시하여라.

4. 연습문제 2.2의 자료에 대하여 인자분석을 실시하여라.

5. 연습문제 2.3의 자료에 대하여 인자분석을 실시하여라.

6. 연습문제 2.4의 자료에 대하여 인자분석을 실시하여라.

제4장

경로분석

4.1 경로분석

모집단을 구성하는 변수들의 유전적 특징간의 인과관계를 설명하고자 하는 방법을 경로분석(path analysis)이라고 한다. 경로분석의 목적은 변수들간에 원인과 결과 관계를 나타내는 모형을 설정해서 관측된 자료에 대하여 상관관계를 설명하는 데 있다. 유의한 상관계수가 인과관계를 의미하지 않는다는 사실은 상관관계의 설명에서 강조되고 있다. 이에 대한 재미있는 예제로 연도별 바나나 수입량과 이혼율의 자료를 상관분석을 실시하면 바나나 수입량과 이혼율은 양의 상관계수를 나타내는 것을 들 수 있다. 그러나 두 변수 사이에 인과관계가 존재한다고 판단할 수 없다.

변수 X_1이 다른 변수 X_2를 선행할 때 "X_1은 X_2를 유발한다." 또는 "X_1은 X_2의 원인이다."라고 제언할 수 있으며 이를 $X_1 \rightarrow X_2$라고 화살표를 사용하여 표기한다. 이런 관계에 오차 ε_2를 포함한다면 경로그림(path diagram)은 다음과 같다.

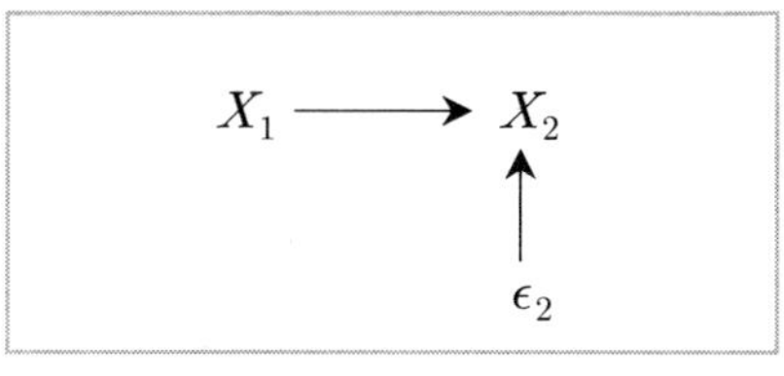

▌그림 4-1▐

이에 대한 모형은

$$X_2 = \beta_0 + \beta X_1 + \varepsilon_2 \tag{4-1}$$

와 같이 선형모형으로 표현되며 여기서 X_1은 다른 변수에 의해 영향받지 않는 원인변수(causal variable) 또는 외생변수(exogenous variable)라고 한다. 또한 $Cov(X_1, \varepsilon_2) = 0$의 가정을 필요로 한다.

식 (4-1)의 회귀모형을 표준화시키면

$$\frac{X_2 - \mu_2}{\sqrt{\sigma_{22}}} = \beta_1 \sqrt{\frac{\sigma_{11}}{\sigma_{22}}} \frac{X_1 - \mu_1}{\sqrt{\sigma_{11}}} + \sqrt{\frac{\sigma_{\varepsilon\varepsilon}}{\sigma_{22}}} \frac{\varepsilon_2}{\sqrt{\sigma_{\varepsilon\varepsilon}}} \tag{4-2}$$

또는

$$Z_2 = P_{21} Z_1 + P_{21} \epsilon_2 \tag{4-3}$$

여기서 모수 P를 경로계수(path coefficient)라고 하며, 인과모형 식 (4-3)에서 다음과 같은 관계를 쉽게 유도할 수 있다.

$$\begin{aligned} \rho_{12} = Corr(X_1, X_2) &= Corr(Z_1, Z_2) = P_{21} \\ 1 = V(Z_2) &= P_{21}^2 (Z_1) + P_{2\epsilon_2}^2 V(\epsilon_2) \\ &= P_{21}^2 + P_{2\epsilon_2}^2 \end{aligned}$$

다음으로 변수 X_1과 X_2사이의 상관관계에 영향을 주는 공통인자, 예를 들어 F_3을 포함하는 인자모형을 고려하여 보자. X_1과 X_2의 상관계수는 무의미한 값을 가졌으며 원인과 결과의 관계를 갖지 못하였을 때 경로그림은 다음과 같이 표현된다.

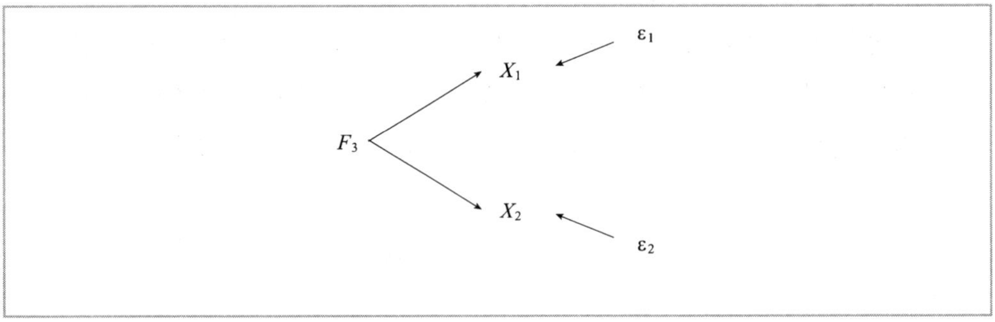

▌그림 4-2▐

표준화된 변수를 사용하여 (선형) 인자모형식을 유도하면

$$\begin{aligned} Z_1 &= P_{13}F_3 + P_{1\varepsilon_1}\varepsilon_1 \\ Z_2 &= P_{23}F_3 + P_{2\varepsilon_2}\varepsilon_2 \end{aligned} \tag{4-4}$$

이며 여기서 ε_1과 ε_2는 표준화된 오차이며 F_3와 상관관계가 없다. 이제, 상관계수와 경로계수와의 관계를 살펴보자.

$$\begin{aligned} \rho_{12} &= Corr(X_1, X_2) = Corr(Z_1, Z_2) = P_{13}P_{23} \\ 1 &= Var(Z_1) = P_{12}^2 + P_{1\varepsilon_1}^2 \\ 1 &= Var(Z_2) = P_{23}^2 + P_{2\varepsilon_2}^2 \\ \rho_{13} &= Corr(Z_1, F_3) = P_{13} \\ \rho_{23} &= Corr(Z_2, F_3) = P_{23} \end{aligned}$$

경로분석은 두 가지 중요한 요소를 갖고 있다. 첫째로 경로그림이며, 둘째로는 관측된 상관계수를 구조를 설명하는 경로계수의 합으로 분해 설명한다.

4.2 경로그림의 구성

대부분의 일반 자료들은 다른 변수들에 의하여 영향을 받지 않는 변수(외생변수)들과 다른 변수들의 영향을 받는 변수(내생변수)들로 구성된다. 그리고 후자인 종속변수들에 오차항이 추가로 연계된다고 가정한다. 이런 자료들과 가정 하에서 경로그림은 다음과 같이 구성된다.

1. 원인을 나타내는 변수들로부터 종속(내생)변수까지 (직선)화살표(→)를 그린다.
2. 오차항부터 종속변수까지 (직선)화살표(→)를 그린다.
3. 상관관계가 존재하는 독립(외생)변수들의 쌍(pair)에 곡선 화살표를 그리며 이때, 화살표에는 양쪽 방향에 화살촉(↔)을 그려야 한다.

경로그림을 구성할 때 일반적으로 각 변수들은 평균이 0이고 분산이 1로 표준화된 변수를 사용하는 것이 관례이다. 이를 위해서는 다음과 같이 표준화 작업을 한다.

$$\frac{Y-\mu_Y}{\sqrt{\sigma_{YY}}}=\beta_1\frac{\sqrt{\sigma_{11}}}{\sqrt{\sigma_{YY}}}\frac{X_1-\mu_1}{\sqrt{\sigma_{11}}}+\cdots$$

$$+\beta_p\frac{\sqrt{\sigma_{pp}}}{\sqrt{\sigma_{YY}}}+\frac{X_p-\mu_p}{\sqrt{\sigma_{pp}}}+\frac{\sqrt{\sigma_{\epsilon\epsilon}}}{\sqrt{\sigma_{YY}}}\frac{\epsilon}{\sqrt{\sigma_{\epsilon\epsilon}}} \tag{4-5}$$

또는

$$Y_s=P_{Y1}Z_1+\cdots+P_{YP}Z_P+P_{Y\varepsilon}\varepsilon_s \tag{4-6}$$

여기서 $k=1,\ ...,\ p$에 대한 경로계수는

$$P_{Yk}=\beta_k\sqrt{\sigma_{kk}}\,/\,\sqrt{\sigma_{YY}} \tag{4-7}$$

이며 이는 표준화된 독립변수의 회귀계수이다. Z_k를 원인변수라고 할 때 외생변수들간의 상관관계는 양방향의 화살표로 나타내며 각각의 Z_k변수로부터 Y까지는 한쪽 방향의 화살표로 그림을 그린다. $p=3$인 경우의 경로그림을 그리면 [그림 4-3]과 같다.

다음으로 공통인자가 하나인 인자분석 모형을 경로그림으로 표현하여 보자. 세 개의 반응변수 Z_1, Z_2, Z_3의 인자모형은 다음과 같다.

$$\begin{aligned} Z_1&=P_{1F}F+P_{1\varepsilon_1}\varepsilon_1 \\ Z_2&=P_{2F}F+P_{2\varepsilon_2}\varepsilon_2 \\ Z_3&=P_{3F}F+P_{3\varepsilon_3}\varepsilon_3, \end{aligned} \tag{4-8}$$

여기서 F, ϵ_1, ϵ_2, ϵ_3은 모두 상관관계가 존재하지 않으며, 이때 경로그림은 [그림 4-4]와 같다.

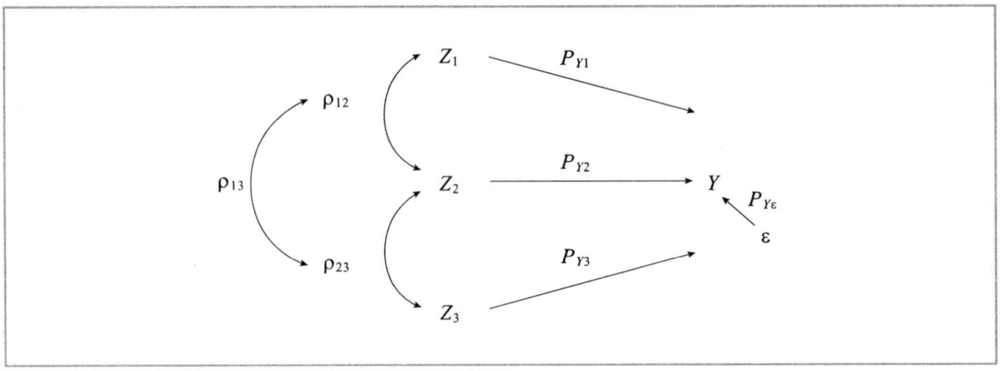

▌그림 4-3▐

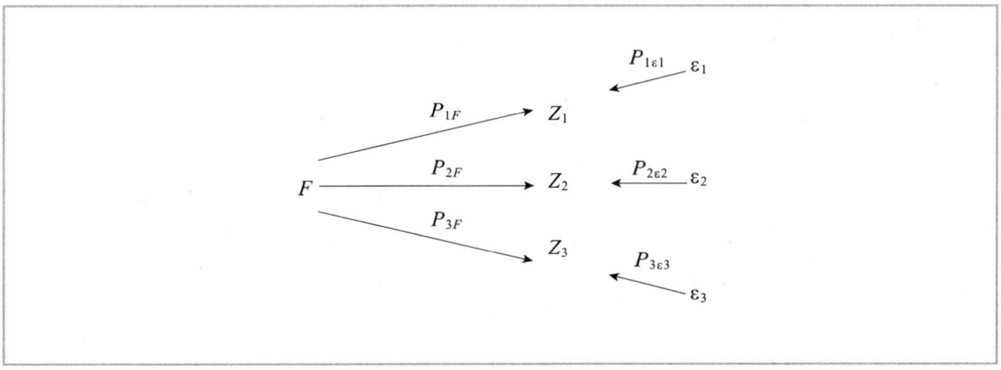

그림 4-4

4.3 상관계수의 분해

경로계수의 추정은 변수들간의 직접 또는 간접적인 영향력을 설명해 준다. 인과관계를 나타내는 선형모형으로부터 경로계수와 상관계수와의 관계를 나타내는 표현식을 구할 수 있다.

우선 모형 (4-6)을 고려하자. 이는 다중회귀모형의 표준화된 형태를 가지고 있으며 임의의 $k=1, \ldots, p$에 대하여 Y와 Z_k 간의 상관계수는

$$\rho_{Yk} = Corr(Y, Z_k) = Cov(\sum_{i=1}^{p} P_{Yi} Z_i, Z_k) = \sum_{i=1}^{p} P_{Yi}\, \rho_{ik} \qquad (4\text{-}9)$$

로 분해되며, Y의 총분산은 다음과 같이 분해된다.

$$\begin{aligned} 1 = Var(Y) &= Var(\sum_{i=1}^{p} P_{Yi} Z_i + P_{Y\epsilon}) \qquad (4\text{-}10) \\ &= \sum_{i=1}^{p}\sum_{k=1}^{p} P_{Yi}P_{ik}P_{Yk} + P_{Y\epsilon}^2 \\ &= \sum_{i=1}^{p} P_{Yi}^2 + 2\sum_{i=1}^{p}\sum_{k=i+1}^{p} P_{Yi}P_{ik}P_{Yk} + P_{Y\epsilon}^2 \end{aligned}$$

Y의 총 분산은 (1) 경로계수로 직접 구한 분산 비율과 (2) 독립변수들간의 상호관계에 기인한 분산 비율과 (3) 오차항에 기인한 분산 비율의 합으로 나타낸다.

4.4 예제

1. 예제 1

위에서 언급한 이론적 설명을 배경으로 본서에서는 도시별 복지기능 특성자료와 국내 상위기업 재무자료를 통하여 경로분석을 실시하자. 우선 도시별 복지기능 특성자료를 경로분석하기 위한 SAS 프로그램과 결과는 다음과 같다.

프·로·그·램 4-1 도시별 복지기능 특성자료의 경로분석

```
PROC REG DATA=city ;
MODEL    X5 =  X1  X6  X7 ;
RUN ;
PROC CORR  DATA=city ;
VAR  X5  X1  X6  X7 ;
RUN ;
```

결과 4-1 도시별 복지기능 특성자료의 경로분석 결과

경로분석

The REG Procedure

Model: MODEL1

Dependent Variable: X5 총병상수

Number of Observations Read	70
Number of Observations Used	70

Analysis of Variance					
Source	DF	Sum of Squares	Mean Square	F Value	Pr > F
Model	3	270975877	90325292	85.84	<.0001
Error	66	69446880	1052225		
Corrected Total	69	340422757			

Root MSE	1025.78041	R-Square	0.7960
Dependent Mean	2797.80000	Adj R-Sq	0.7867
Coeff Var	36.66382		

Parameter Estimates						
Variable	Label	DF	Parameter Estimate	Standard Error	t Value	Pr > |t|
Intercept	Intercept	1	100.58940	232.93482	0.43	0.6673
X1	총인구	1	0.00713	0.00159	4.50	<.0001
X6	사회복지시설수용인원	1	0.74031	0.30124	2.46	0.0166
X7	보육시설	1	-0.18320	1.76135	-0.10	0.9175

경로분석

CORR 프로시저

4 Variables:	X5 X1 X6 X7

단순 통계량							
변수	N	평균	표준편차	합	최소값	최대값	라벨
X5	70	2798	2221	195846	12.00000	9499	총병상수
X1	70	302871	245539	21200951	42941	1098449	총인구
X6	70	786.70000	536.85721	55069	119.00000	2667	사회복지시설수용인원
X7	70	245.94286	227.36900	17216	22.00000	943.00000	보육시설

피어슨 상관 계수, N = 70 H0: Rho=0 가정하에서 Prob > |r|				
	X5	X1	X6	X7
X5 총병상수	1.00000	0.88125 <.0001	0.65457 <.0001	0.84432 <.0001
X1 총인구	0.88125 <.0001	1.00000	0.61871 <.0001	0.94834 <.0001
X6 사회복지시설수용인원	0.65457 <.0001	0.61871 <.0001	1.00000	0.64535 <.0001
X7 보육시설	0.84432 <.0001	0.94834 <.0001	0.64535 <.0001	1.00000

도시별 복지기능 특성자료를 경로분석한 SAS 결과를 바탕으로 $b_1 = 0.007$, $b_2 = 0.74$, $b_3 = -0.18$ 그리고 $\rho_{Y1} = 0.88$, $\rho_{Y2} = 0.655$, $\rho_{Y3} = 0.84$, $\rho_{12} = 0.62$, $\rho_{13} = 0.95$, $\rho_{23} = 0.65$ 임을 알 수 있다. 식 (4-7)의 관계를 살펴보아도

$$
\begin{aligned}
P_{Y1} &= 0.007\,\frac{245539}{2221} = 0.7739 \\
P_{Y2} &= 0.74\,\frac{536.9}{2221} = 0.1789 \\
P_{Y3} &= -0.18\,\frac{227.4}{2221} = -0.00001
\end{aligned}
$$

이 성립함을 보았다. 또한 식 (4-9)를 이용해도 P_{Y1}, P_{Y2}, 그리고 P_{Y3}을 구할 수 있는데 연립방정식은 다음과 같다.

$$
\begin{aligned}
0.882 &= P_{Y1} + 0.619\,P_{Y2} + 0.948\,P_{Y3} \\
0.655 &= 0.619\,P_{Y1} + P_{Y2} + 0.645\,P_{Y3} \\
0.844 &= 0.948\,P_{Y1} + 0.645\,P_{Y2} + P_{Y3}
\end{aligned}
$$

그리고 모형 (4-6)에서 $P_{Y\varepsilon} = \dfrac{\sqrt{\sigma_{\varepsilon\varepsilon}}}{\sqrt{\sigma_{YY}}}$ 는 $\sqrt{(1025.8/2221)} = 0.46$ 을 이용하거나 식 (4-10)을 이용하여 $P_{Y\varepsilon} = 0.46$ 을 구할 수 있다.

2. 예제 2

본서에서 다룰 두번째 예제인 국내 상위기업 재무자료를 경로분석하기 위한 SAS 프로그램은 다음과 같으며, 독자 스스로 프로그램을 실행시키고 그 결과를 바탕으로 분석한 것을 참조하기 바란다.

프·로·그·램 4-2 국내 상위기업 재무자료의 경로분석

```
DATA finance;
SET  finance;
t_capita = total_asset - o_capita;
LABEL sale='매출액' t_capita='타인자본' o_capita='자기자본';
RUN ;
PROC REG data=finance ;
by group;
MODEL   sale=  t_capita  o_capita ;
RUN ;
PROC CORR data=finance ;
by group;
VAR sale  t_capita  o_capita ;
RUN ;
```

국내 상위기업 재무자료를 경로분석한 SAS 결과를 바탕으로 SK그룹은 $b_1 = 3.344$, $b_2 = -0.955$, 그리고 $\rho_{Y1} = 0.935$, $\rho_{Y2} = 0.751$, $\rho_{12} = 0.881$ 임을 알 수 있다. 식 (4-7)을 이용해서

$$P_{Y1} = 3.344\frac{2212424}{6052006} = 1.2225$$
$$P_{Y2} = -0.955\frac{2066956}{6052006} = -0.3262$$

이 성립함을 확인할 수 있다. 또한 식 (4-9)를 이용해도 P_{Y1}, P_{Y2}를 구할 수 있는데 이를 위한 연립방정식은 다음과 같다.

$$0.935 = P_{Y1} + 0.881\,P_{Y2}$$
$$0.751 = 0.881\,P_{Y1} + P_{Y2}$$

그리고 모형 (4-6)에서 $P_{Y\varepsilon} = \frac{\sqrt{\sigma_{\varepsilon\varepsilon}}}{\sqrt{\sigma_{YY}}}$는 $\sqrt{(1962884/6052006)} = 0.57$을 이용하거나 식 (4-10)을 이용하여 $P_{Y\varepsilon} = 0.57$을 구할 수 있다.

또한, 삼성그룹은 $b_1 = 0.048$, $b_2 = 1.379$, 그리고 $\rho_{Y1} = 0.407$, $\rho_{Y2} = 0.989$, $\rho_{12} = 0.361$임을 알 수 있다. 식 (4-7)의 관계를 살펴봐도

$$
\begin{aligned}
P_{Y1} &= 0.048 \frac{17462323}{14919795} = 0.0562 \\
P_{Y2} &= 1.379 \frac{10487263}{14919795} = 0.9693
\end{aligned}
$$

이 성립한다. 또한 식 (4-9)을 이용하면 P_{Y1}, P_{Y2}를 구할 수 있는데 이를 구하기 위한 연립방정식은 다음과 같다.

$$
\begin{aligned}
0.407 &= \quad\quad\; P_{Y1} + 0.361\, P_{Y2} \\
0.989 &= 0.361\, P_{Y1} + \quad\quad\; P_{Y2}
\end{aligned}
$$

그리고 모형 (4-6)에서 $P_{Y\varepsilon}$는 $\sqrt{(2006537/14919795)} = 0.37$이 되고 식 (4-10)을 이용하면 $P_{Y\varepsilon} = 0.37$임을 다시 한 번 확인할 수 있다.

마지막으로 현대자동차그룹은 $b_1 = 0.109$, $b_2 = 1.368$, 그리고 $\rho_{Y1} = 0.708$ $\rho_{Y2} = 0.962$, $\rho_{12} = 0.705$가 된다. 식 (4-7)을 통해서

$$
\begin{aligned}
P_{Y1} &= 0.109 \frac{3713296}{6797575} = 0.0595 \\
P_{Y2} &= 1.368 \frac{4568380}{6797575} = 0.9194
\end{aligned}
$$

이 성립함을 알 수 있다. 식 (4-9)를 이용해서 P_{Y1}, P_{Y2}를 구하기 위한 연립방정식은 다음과 같다.

$$
\begin{aligned}
0.708 &= \quad\quad\; P_{Y1} + 0.705\, P_{Y2} \\
0.962 &= 0.705\, P_{Y1} + \quad\quad\; P_{Y2}
\end{aligned}
$$

그리고 모형 (4-6)에서 $P_{Y\varepsilon} = \dfrac{\sqrt{\sigma_{\varepsilon\varepsilon}}}{\sqrt{\sigma_{YY}}}$는 $\sqrt{(1883339/6797575)} = 0.53$이 된다. 또는 식 (4-10)을 이용하여 $P_{Y\varepsilon} = 0.53$을 구할 수 있다.

3. 예제 3

다음은 재고 관리하는 회사가 컴퓨터 구매를 하고자 할 때 어떤 종류의 컴퓨터가 적절한 용량을 갖고 있는지에 관하여 조사한 자료이다. 경로분석을 하기 위한 SAS 프로그램은 다음과 같고, 결과를 바탕으로 분석한 것을 참조하기 바란다.

프·로·그·램 4-3

```
DATA COMPUTER; INPUT X1 X2 Y;
LABEL X1=' 고객 수'
      X2='품목 수'
      Y ='CPU 시간';
CARDS;
 123.5 2.108 141.5
 146.1 9.213 168.9
 133.9 1.905 154.8
 128.5  .815 146.5
 151.5 1.061 172.8
 136.2 8.603 160.1
  92.0 1.125 108.5
;

PROC REG; MODEL Y=X1 X2;
RUN;

PROC CORR ;
RUN;
```

결과를 통해 $b_1 = 1.08$, $b_2 = 0.42$ 그리고 $\rho_{Y1} = 0.997$, $\rho_{Y2} = 0.45$, $\rho_{12} = 0.39$를 얻었고, 식 (4-7)을 이용하면,

$$P_{Y1} = 1.08\frac{19.42}{21.63} = 0.969$$
$$P_{Y2} = 0.42\frac{3.70}{21.63} = 0.071$$

가 되는 것을 알 수 있다. 또한 식 (4-9)를 이용해도 P_{Y1}과 P_{Y2}를 구할 수 있는데 이는 다음의 연립방정식의 해가 된다.

$$\begin{aligned} 0.997 &= P_{Y1} + 0.39\,P_{Y2} \\ 0.45 &= 0.39\,P_{Y1} + P_{Y2} \end{aligned}$$

그리고 식 (4-10)을 이용하여 $P_{Y\varepsilon} = 0.057$을 구할 수 있다.

공통인자가 하나인 인자모형 (4-9)를 고려해 보자. 반응변수간의 상관계수의 분해는

$i,\ j=1,2,3\ (i\neq j)$에 대하여

$$\begin{aligned}\rho_{ij} &= Corr(Z_i, Z_j) = Cov(P_{iF}F+P_{i\varepsilon_i}\varepsilon_i, P_{jF}+P_{j\varepsilon_j}\varepsilon_j)\\ &= P_{iF}P_{jF}\end{aligned}$$

이며, $i=1,\ 2,\ 3$에 대하여 Z_i의 총 분산은 다음과 같이 분해된다.

$$\begin{aligned}1 &= Var(Z_i) = Var(P_{iF}F+P_{i\varepsilon_i}\varepsilon_i)\\ &= P_{iF}^2+P_{i\varepsilon_i}^2\end{aligned}$$

따라서 관측된 상관계수를 이용하여 경로계수를 구할 수 있다.

프·로·그·램 4-1

```
GET
  FILE='G:\city.sav'.
DATASET NAME 데이터집합1 WINDOW=FRONT.

REGRESSION
  /DESCRIPTIVES MEAN STDDEV CORR SIG N
  /MISSING LISTWISE
  /STATISTICS COEFF OUTS R ANOVA ZPP
  /CRITERIA=PIN(.05) POUT(.10)
  /NOORIGIN
  /DEPENDENT 총병상수
  /METHOD=ENTER 총인구 사회복지시설수용인원 보육시설.
```

프·로·그·램 4-2

```
GET
  FILE='G:\finance.sav'.
DATASET NAME 데이터집합1 WINDOW=FRONT.

COMPUTE t_capita=total_asset - o_capita.
EXECUTE.

REGRESSION
  /DESCRIPTIVES MEAN STDDEV CORR SIG N
  /SELECT=group EQ 'sk'
  /MISSING LISTWISE
  /STATISTICS COEFF OUTS R ANOVA ZPP
  /CRITERIA=PIN(.05) POUT(.10)
  /NOORIGIN
  /DEPENDENT sale
  /METHOD=ENTER t_capita o_capita.

REGRESSION
  /DESCRIPTIVES MEAN STDDEV CORR SIG N
  /SELECT=group EQ '삼성'
  /MISSING LISTWISE
  /STATISTICS COEFF OUTS R ANOVA ZPP
  /CRITERIA=PIN(.05) POUT(.10)
  /NOORIGIN
  /DEPENDENT sale
  /METHOD=ENTER t_capita o_capita.

REGRESSION
  /DESCRIPTIVES MEAN STDDEV CORR SIG N
  /SELECT=group EQ '현대'
```

```
  /MISSING LISTWISE
  /STATISTICS COEFF OUTS R ANOVA ZPP
  /CRITERIA=PIN(.05) POUT(.10)
  /NOORIGIN
  /DEPENDENT sale
  /METHOD=ENTER t_capita o_capita.
```

프·로·그·램 4-3

```
DATA LIST FREE / X1 X2 Y.
BEGIN DATA.
123.5 2.108 141.5  146.1 9.213 168.9  133.9 1.905 154.8  128.5  .815
146.5
151.5 1.061 172.8  136.2 8.603 160.1   92.0 1.125 108.5
END DATA.

REGRESSION
  /DEPENDENT Y
  /METHOD=ENTER X1 X2.

CORRELATIONS
  /VARIABLES = X1 X2 Y
  /PRINT=TWOTAIL SIG.
```

연습 문제

1. 3장의 예제 1의 자료에 대하여 인자모형에 관한 경로분석을 시행하여라.

제5장

정준상관분석

5.1 정준상관분석

정준상관분석(正準相關分析: canonical correlation analysis)은 변수들의 집합들에 관한 관계를 측정하고 설명할 때 쓰이는 통계적 기법이다. 전형적인 예제로는 대학교 입학 전 성적 변수들과 입학 후의 성적 변수들 사이의 관계 연구와, 여러 경제 현상을 나타내는 변수들과 정부의 정책 변수들 사이의 관계 연구를 예제로 들 수 있다.

정준상관분석은 변수 집단의 선형결합과 다른 변수 집단의 선형결합과의 상관관계에 관심을 갖는다. 우선 자료를 구성하는 변수들 중에서 가장 큰 상관계수를 갖는 한 쌍의 선형결합을 구한다. 다음으로 처음 정한 한 쌍과 상관관계가 거의 존재하지 않는 다른 쌍들 중에서 가장 큰 상관계수를 갖고 있는 한 쌍의 선형결합을 구한다. 이런 과정을 계속 반복하여 구한 선형결합의 쌍들을 정준변수(canonical variables)라고 하며 이들의 상관계수를 정준상관계수(canonical correlation coefficient)라고 한다.

정준상관계수는 두 집단의 변수들 사이의 연관성을 측정해 준다. 최대화한 측면에서 살펴보면 두 집단의 변수들 사이의 다차원 관계를 정준변수의 소수의 쌍으로 집약시켜 표현한다는 의미를 갖고 있다.

5.2 정준상관모형

확률벡터 $\boldsymbol{X}$는 $(p\times 1)$의 확률벡터 $\boldsymbol{X}^{(1)}$과 $(q\times 1)$의 확률벡터 $\boldsymbol{X}^{(2)}$로 분할된 $((p+q)\times 1)$벡터이다. 여기에서 $p<q$라고 가정하자. 그리고 $\boldsymbol{X}$의 모평균벡터 $\mu=\begin{pmatrix}\boldsymbol{\mu}^{(1)}\\ \boldsymbol{\mu}^{(2)}\end{pmatrix}$이며 공분산행렬 $\Sigma=\begin{pmatrix}\Sigma_{11} & \Sigma_{12}\\ \Sigma_{21} & \Sigma_{22}\end{pmatrix}$로 분할되었다고 하자. 우리가 관심을 갖고 있는 두 변수 집합들 사이의 연관성에 관한 정보는 $\boldsymbol{\Sigma}_{12}$이며 $\boldsymbol{\Sigma}_{12}$를 구성하는 $p\times q$개의 공분산들보다 소수의 공분산(상관계수)을 선정하고, 선정된 공분산들을 사용하여 $\boldsymbol{X}^{(1)}$과 $\boldsymbol{X}^{(2)}$들간의 연관성을 요약하는 것이 정준상관분석의 주임무이다.

계수벡터 $\boldsymbol{a}$와 $\boldsymbol{b}$에 대하여 변수 집합들의 다음과 같은 선형결합 V와 W를 고려하자.

$$V=\boldsymbol{a}'\boldsymbol{X}^{(1)}$$
$$W=\boldsymbol{b}'\boldsymbol{X}^{(2)}$$

V와 W 각각의 분산과 공분산은

$$V(V)=\boldsymbol{a}'\Sigma_{11}\boldsymbol{a},\ \ V(W)=\boldsymbol{b}'\Sigma_{22}\boldsymbol{b},\ \ Cov(V,W)=\boldsymbol{a}'\Sigma_{12}\boldsymbol{b}$$

이므로 다음과 같은 V와 W의 상관계수를 최대화하는 계수벡터 $\boldsymbol{a}$와 $\boldsymbol{b}$를 구하면 된다.

$$Corr(V,W)=\frac{\boldsymbol{a}'\Sigma_{12}\boldsymbol{b}}{\sqrt{\boldsymbol{a}'\Sigma_{11}\boldsymbol{a}}\sqrt{\boldsymbol{b}'\Sigma_{22}\boldsymbol{b}}} \tag{5-1}$$

정준변수의 첫번째 쌍 $(V_1,\ W_1)$은 상관계수 (5-1)을 최대화하며 각각 분산 1을 갖는다. 정준변수의 두번째 쌍 $(V_2,\ W_2)$는 첫번째 정준변수의 쌍과 독립적인 관계를 갖는 가운데 상관계수 (5-1)을 최대화하고 각각 분산 1을 가지며 정준변수의 k번째 쌍 $(V_k,\ W_k)$은 처음부터 $k-1$단계까지 구한 정준변수의 쌍과 독립적인 관계를 가지고 상관계수 (5-1)을 최대화하며 각각의 분산 1을 갖는다. 정준변수의 k개의 쌍을 갖고 있는 상관계수를 k차 정준상관관계라고 하며 결과를 증명 없이 서술한다.

$$\max\ Corr(V_1,W_1)=\rho_1^{*}$$

위 관계를 만족하는 첫번째 정준변수 V_1과 W_1은

$$\begin{aligned} V_1 &= \boldsymbol{e}_1{}'\Sigma_{11}{}^{-1/2}\boldsymbol{X}^{(1)} \qquad (\boldsymbol{a}_1=\Sigma_{11}^{-1/2}\boldsymbol{e}_1)\\ W_1 &= \boldsymbol{f}_1{}'\Sigma_{22}{}^{-1/2}\boldsymbol{X}^{(2)} \qquad (\boldsymbol{b}_1=\Sigma_{22}{}^{-1/2}\boldsymbol{f}_1)\end{aligned} \tag{5-2}$$

이다. 그리고 $k(k=2,\cdots,p)$번째 정준변수는

$$\begin{aligned} V_k &= \boldsymbol{e}_k{}'\boldsymbol{\Sigma}_{11}{}^{-1/2}\boldsymbol{X}^{(1)} \qquad (\boldsymbol{a}_k=\boldsymbol{\Sigma}_{11}{}^{-1/2}\boldsymbol{e}_k) \\ W_k &= \boldsymbol{f}_k{}'\boldsymbol{\Sigma}_{11}{}^{-1/2}\boldsymbol{X}^{(2)} \qquad (\boldsymbol{b}_k=\boldsymbol{\Sigma}_{22}{}^{-1/2}\boldsymbol{f}_k) \end{aligned} \tag{5-3}$$

이고 이때 선행된 $k-1$개의 정준변수들과 독립적인 관계를 가지며 $Corr(V_k, W_k)=\rho_k^*$를 최대화시켜 준다. 여기에서 $\rho_1^{*2} \geq \rho_2^{*2} \geq \cdots \geq \rho_p^{*2} \geq 0$는 $\boldsymbol{\Sigma}_{11}^{-1/2}\,\boldsymbol{\Sigma}_{12}\,\boldsymbol{\Sigma}_{22}^{-1}\,\boldsymbol{\Sigma}_{21}\,\boldsymbol{\Sigma}_{11}^{-1/2}$의 고유값이며 $\boldsymbol{e}_1,\ldots,\boldsymbol{e}_p$는 고유벡터이다. 그리고 $\boldsymbol{f}_1,\ldots,\boldsymbol{f}_p$는 $\boldsymbol{\Sigma}_{22}^{-1/2}\,\boldsymbol{\Sigma}_{21}\,\boldsymbol{\Sigma}_{11}^{-1}\,\boldsymbol{\Sigma}_{12}\,\boldsymbol{\Sigma}_{22}^{-1/2}$의 큰 p개의 고유벡터이다. 그리고 정준변수들은 다음과 같은 성질을 갖고 있다.

$$\begin{aligned} V(V_k) &= V(W_k)=1 && k=1,\ldots,p \\ Cov(V_i\,V_j) &= Corr(V_i\,V_j)=0 && i\neq j \\ Cov(W_i\,W_j) &= Corr(W_i\,W_j)=0 && i\neq j \\ Cov(V_i\,W_j) &= Corr(V_i\,W_j)=0 && i\neq j \end{aligned}$$

만약 표준화된 변수 $(\boldsymbol{Z}^{(1)},\boldsymbol{Z}^{(2)})$가 사용되었다면, k번째 정준변수는 다음과 같다.

$$\begin{aligned} V_k &= \boldsymbol{e}_k{}'\boldsymbol{R}_{11}^{-1/2}\boldsymbol{Z}^{(1)} \\ W_k &= \boldsymbol{f}_k{}'\boldsymbol{R}_{22}^{-1/2}\boldsymbol{Z}^{(2)} \end{aligned} \tag{5-4}$$

$Var(\boldsymbol{Z}^{(1)})=\boldsymbol{R}_{11}$, $Var(\boldsymbol{Z}^{(2)})=\boldsymbol{R}_{22}$, $Cov(\boldsymbol{Z}^{(1)},\boldsymbol{Z}^{(2)})=\boldsymbol{R}_{12}$이므로 $\boldsymbol{e}_k$와 $\boldsymbol{f}_k$는 각각 $\boldsymbol{R}_{11}^{-1/2}\,\boldsymbol{R}_{12}\,\boldsymbol{R}_{22}^{-1}\,\boldsymbol{R}_{21}\,\boldsymbol{R}_{11}^{-1/2}$와 $\boldsymbol{R}_{22}^{-1/2}\,\boldsymbol{R}_{21}\,\boldsymbol{R}_{11}^{-1}\,\boldsymbol{R}_{12}\,\boldsymbol{R}_{22}^{-1/2}$의 고유벡터이며, 정준상관계수 $\rho_k=Cov(V_k, W_k)(k=1,\ \ldots,\ p)$의 제곱은 $\boldsymbol{R}_{11}^{-1/2}\boldsymbol{R}_{12}\boldsymbol{R}_{22}^{-1}\boldsymbol{R}_{21}\boldsymbol{R}_{11}^{-1/2}$(또는 $\boldsymbol{R}_{22}^{-1/2}\boldsymbol{R}_{21}\boldsymbol{R}_{11}^{-1}\boldsymbol{R}_{12}\boldsymbol{R}_{22}^{-1/2}$)의 고유값이다.

5.3 표본 정준변수와 표본 정준상관계수

크기 n의 확률표본 $\boldsymbol{X}=\begin{pmatrix}\boldsymbol{X}^{(1)}\\ \boldsymbol{X}^{(2)}\end{pmatrix}$를 고려하자. 그리고 표본평균벡터 $\overline{\boldsymbol{X}}=\begin{pmatrix}\overline{\boldsymbol{X}}^{(1)}\\ \overline{\boldsymbol{X}}^{(2)}\end{pmatrix}$와 표본분산행렬 $\boldsymbol{S}=\begin{pmatrix}\boldsymbol{S}_{11} & \boldsymbol{S}_{12}\\ \boldsymbol{S}_{21} & \boldsymbol{S}_{22}\end{pmatrix}$와 표본상관계수행렬 $\hat{\boldsymbol{R}}=\begin{pmatrix}\hat{\boldsymbol{R}}_{11} & \hat{\boldsymbol{R}}_{12}\\ \hat{\boldsymbol{R}}_{21} & \hat{\boldsymbol{R}}_{22}\end{pmatrix}$을 구하였다고 하자.

표본 정준변수와 표본 정준상관계수의 추정량은 $\boldsymbol{\Sigma}$와 $\boldsymbol{R}$ 대신에 각각 $\boldsymbol{S}$와 $\hat{\boldsymbol{R}}$을 대체하여 구하면 된다. 즉 $\boldsymbol{S}$ 사용시

$$\begin{aligned} V_k &= \hat{\boldsymbol{e}}_k{}'\boldsymbol{S}_{11}^{-1/2}\boldsymbol{X}^{(1)} \\ W_k &= \hat{\boldsymbol{f}}_k{}'\boldsymbol{S}_{22}^{-1/2}\boldsymbol{X}^{(2)} \end{aligned} \tag{5-5}$$

이며, $\hat{\boldsymbol{R}}$ 사용시

$$
\begin{aligned}
V_k &= \widehat{\boldsymbol{e}}_k{}' \boldsymbol{R}_{11}^{-1/2} \boldsymbol{Z}^{(1)} \\
W_k &= \widehat{\boldsymbol{f}}_k{}' \boldsymbol{R}_{22}^{-1/2} \boldsymbol{Z}^{(2)}
\end{aligned} \tag{5-6}
$$

이다. 여기서 e_k와 f_k는 각각 대응하는 고유벡터이며 표본정준상관계수들은 대응하는 행렬의 고유값들이다.

5.4 정준적재와 정준교차적재

정준적재(canonical loadings)는 어느 한 변수 $X_i^{(1)}$과 그 변수가 포함된 변수 집합의 정준변수 V_k사이의 단순상관계수를 말한다. 또한 정준교차적재(canonical cross-loadings)는 어느 한 변수 $X_i^{(1)}$ (또한 $X_i^{(2)}$)와 그 변수가 포함되지 않은 다른 집단의 정준변수 W_k(또는 V_k)와의 단순상관계수이다.

정준적재는 어느 한 반응변수가 그 변수가 포함된 변수 집단의 정준변수에 의해 얼마나 잘 반영되느냐에 관심을 나타내 주며 정준교차적재는 어느 한 반응변수가 다른 집단의 정준변수에 의해 얼마나 설명되는가를 의미한다.

자료가 표준화되었다면, 표본공분산행렬이 표본상관행렬이므로 변수 집단 $\boldsymbol{X}^{(1)}$과 $\boldsymbol{X}^{(2)}$의 표본상관행렬 $\hat{\boldsymbol{R}}_{11}$과 $\hat{\boldsymbol{R}}_{22}$에서 전체 표본분산 합은 각각 $tr(\hat{\boldsymbol{R}}_{11}) = p$, $tr(\hat{\boldsymbol{R}}_{22}) = q$이다. 전체 총 표본분산 중 k번째 정준변수 V_k와 W_k에 의하여 설명되는 각각의 비율은

$$
\frac{\sum_{j=1}^{p} r^2_{X_j^{(1)} V_k}}{p}, \quad \frac{\sum_{j=1}^{q} r^2_{X_j^{(2)} W_k}}{q} \tag{5-7}
$$

이며 이들은 정준변수가 그들에 대응되는 원래 변수 집단을 얼마나 잘 대표하느냐를 나타내는 척도로 정준변수의 개수를 결정하는 기준으로 쓰이고 있다.

5.5 가설검정

$\Sigma_{12} = 0_{(p \times q)}$이라면 두 집단의 변수 벡터 $\boldsymbol{X}^{(1)}$과 $\boldsymbol{X}^{(2)}$는 상관관계가 없으며 그들의 임의의 선형결합 $\boldsymbol{a}'\boldsymbol{X}^{(1)}$과 $\boldsymbol{b}'\boldsymbol{X}^{(2)}$의 공분산은 0이 된다. 그러면 정준상관계수는 0이 되어 정준상관분석을 하는 의미는 더 이상 존재하지 않는다. 여기에서 우리는 대표본에서

$\boldsymbol{\Sigma}_{12}=0$을 검정하는 방법을 살펴보자. 다음과 같은 가설

$$H_0 : \boldsymbol{\Sigma}_{12} = 0 \quad H_1 : \boldsymbol{\Sigma}_{12} \neq 0$$

에 대하여 가능도비검정통계량은

$$\begin{aligned} -2\ln \Lambda &= n \ln\left(\frac{|\boldsymbol{S}_{11}||\boldsymbol{S}_{22}|}{|\boldsymbol{S}|}\right) \\ &= -n \ln \prod_{i=1}^{p}(1-\hat{\rho}_i^{*2}) \end{aligned} \tag{5-8}$$

이며 이 통계량은 근사적으로 자유도 pq의 χ^2분포를 따른다. 따라서 위 검정통계량 값이 매우 크면 귀무가설을 기각한다. SAS의 PROC CANCORR에서는 Wilks Λ(lambda) 통계량

$$\Lambda = \prod_{i=1}^{p}(1-\widehat{\rho_i^{*2}})$$

과 그 검정 결과가 출력 결과에 나타난다.

5.6 예제

1. 예제 1

앞에서 설명한 이론적 설명을 배경으로 본서에서는 도시별 복지기능 특성자료와 국내 상위기업 재무자료를 통하여 정준상관분석을 실시하자. 도시별 복지기능 특성자료를 우선 인구변수($X1$, $X6$)와 시설변수($X2$, $X3$, $X4$, $X5$, $X6$)의 집단으로 구분하여 정준상관분석하고, 다음으로 문화체육변수($X2$, $X3$, $X4$)와 사회복지변수($X5$, $X6$, $X7$)의 집단으로 구분하여 정준상관분석을 시행한다. 이를 위한 SAS 프로그램과 그 결과는 다음과 같다.

프·로·그·램 5-1 도시별 복지기능 특성자료의 정준상관분석

```
PROC CANCORR DATA=city all;
VAR X1 X6 ;              /* 인구*/
WITH X2 X3 X4 X5 X7;     /* 시설*/
RUN ;
```

```
PROC CANCORR DATA=city all;
VAR X2 X3 X4 ;          /* 문화체육*/
WITH X5 X6 X7;          /* 사회복지*/
RUN ;
```

결과 5-1 도시별 복지기능 특성자료의 정준상관분석 결과

정준상관분석

The CANCORR Procedure

VAR Variables	2
WITH Variables	5
Observations	70

Means and Standard Deviations			
Variable	Mean	Standard Deviation	Label
X1	302871	245539	총인구
X6	786.700000	536.857209	사회복지시설수용인원
X2	54.857143	54.968314	문화재
X3	15.457143	13.062487	문화공간
X4	347.728571	306.067716	체육시설
X5	2797.900000	2221.185077	총병상수
X7	245.942857	227.369003	보육시설

정준상관분석

The CANCORR Procedure

Correlations Among the Original Variables

Correlations Among the VAR Variables		
	X1	X6
X1	1.0000	0.6187
X6	0.6187	1.0000

Correlations Among the WITH Variables					
	X2	X3	X4	X5	X7
X2	1.0000	0.0359	-0.0761	0.0129	-0.1299
X3	0.0359	1.0000	0.4676	0.4968	0.3915
X4	-0.0761	0.4676	1.0000	0.8520	0.9044
X5	0.0129	0.4968	0.8520	1.0000	0.8443
X7	-0.1299	0.3915	0.9044	0.8443	1.0000

Correlations Between the VAR Variables and the WITH Variables					
	X2	X3	X4	X5	X7
X1	-0.0824	0.4763	0.9545	0.8812	0.9483
X6	0.1969	0.4681	0.6596	0.8546	0.6453

정준상관분석

The CANCORR Procedure

Canonical Correlation Analysis

					Eigenvalues of Inv(E)*H = CanRsq/(1-CanRsq)				Test of H0: The canonical correlations in the current row and all that follow are zero				
	Canonical Correlation	Adjusted Canonical Correlation	Approximate Standard Error	Squared Canonical Correlation	Eigenvalue	Difference	Proportion	Cumulative	Likelihood Ratio	Approximate F Value	Num DF	Den DF	Pr > F
1	0.984041	0.983086	0.003612	0.968336	30.5817	30.4257	0.9949	0.9949	0.02739158	63.53	10	126	<.0001
2	0.367325	0.316806	0.104142	0.134928	0.1560		0.0051	1.0000	0.86507211	2.50	4	64	0.0515

Multivariate Statistics and F Approximations					
S=2 M=1 N=30.5					
Statistic	Value	F Value	Num DF	Den DF	Pr > F
Wilks' Lambda	0.02739158	63.53	10	126	<.0001
Pillai's Trace	1.10326396	15.75	10	128	<.0001
Hotelling-Lawley Trace	30.73765375	191.68	10	91.792	<.0001
Roy's Greatest Root	30.58168075	391.45	5	64	<.0001
NOTE: F Statistic for Roy's Greatest Root is an upper bound.					
NOTE: F Statistic for Wilks' Lambda is exact.					

정준상관분석

The CANCORR Procedure

Canonical Correlation Analysis

Raw Canonical Coefficients for the VAR Variables			
		V1	V2
X1	총인구	3.6641722E-6	-3.667133E-6
X6	사회복지시설수용인원	0.0002807888	0.002354294

Raw Canonical Coefficients for the WITH Variables			
		W1	W2
X2	문화재	0.0007634061	0.0152947801
X3	문화공간	0.0049530851	0.0401475256
X4	체육시설	0.0014369221	-0.001416815
X5	총병상수	0.0000559111	0.0000440164
X7	보육시설	0.0019503786	0.0004811997

정준상관분석

The CANCORR Procedure

Canonical Correlation Analysis

Standardized Canonical Coefficients for the VAR Variables			
		V1	V2
X1	총인구	0.8997	-0.9004
X6	사회복지시설수용인원	0.1507	1.2639

Standardized Canonical Coefficients for the WITH Variables			
		W1	W2
X2	문화재	0.0420	0.8407
X3	문화공간	0.0647	0.5244
X4	체육시설	0.4398	-0.4336
X5	총병상수	0.1242	0.0978
X7	보육시설	0.4435	0.1094

정준상관분석

The CANCORR Procedure

Canonical Structure

Correlations Between the VAR Variables and Their Canonical Variables			
		V1	V2
X1	총인구	0.9930	-0.1184
X6	사회복지시설수용인원	0.7074	0.7068

Correlations Between the WITH Variables and Their Canonical Variables			
		W1	W2
X2	문화재	-0.0452	0.8796
X3	문화공간	0.5071	0.4432
X4	체육시설	0.9737	-0.0702
X5	총병상수	0.9060	0.0921
X7	보육시설	0.9659	-0.1041

Correlations Between the VAR Variables and the Canonical Variables of the WITH Variables			
		W1	W2
X1	총인구	0.9771	-0.0435
X6	사회복지시설수용인원	0.6961	0.2596

Correlations Between the WITH Variables and the Canonical Variables of the VAR Variables			
		V1	V2
X2	문화재	-0.0445	0.3231
X3	문화공간	0.4990	0.1628
X4	체육시설	0.9582	-0.0258
X5	총병상수	0.8915	0.0338
X7	보육시설	0.9505	-0.0382

정준상관분석

The CANCORR Procedure

Canonical Redundancy Analysis

Raw Variance of the VAR Variables Explained by					
	Their Own Canonical Variables			The Opposite Canonical Variables	
Canonical Variable Number	Proportion	Cumulative Proportion	Canonical R-Square	Proportion	Cumulative Proportion
1	0.9860	0.9860	0.9683	0.9548	0.9548
2	0.0140	1.0000	0.1349	0.0019	0.9566

Raw Variance of the WITH Variables Explained by					
	Their Own Canonical Variables			The Opposite Canonical Variables	
Canonical Variable Number	Proportion	Cumulative Proportion	Canonical R-Square	Proportion	Cumulative Proportion
1	0.8238	0.8238	0.9683	0.7977	0.7977
2	0.0089	0.8327	0.1349	0.0012	0.7989

정준상관분석

The CANCORR Procedure

Canonical Redundancy Analysis

Standardized Variance of the VAR Variables Explained by					
	Their Own Canonical Variables			The Opposite Canonical Variables	
Canonical Variable Number	Proportion	Cumulative Proportion	Canonical R-Square	Proportion	Cumulative Proportion
1	0.7432	0.7432	0.9683	0.7197	0.7197
2	0.2568	1.0000	0.1349	0.0347	0.7543

Standardized Variance of the WITH Variables Explained by					
	Their Own Canonical Variables			The Opposite Canonical Variables	
Canonical Variable Number	Proportion	Cumulative Proportion	Canonical R-Square	Proportion	Cumulative Proportion
1	0.5922	0.5922	0.9683	0.5735	0.5735
2	0.1989	0.7911	0.1349	0.0268	0.6003

정준상관분석

The CANCORR Procedure

Canonical Redundancy Analysis

Squared Multiple Correlations Between the VAR Variables and the First M Canonical Variables of the WITH Variables			
M		1	2
X1	총인구	0.9548	0.9566
X6	사회복지시설수용인원	0.4846	0.5520

Squared Multiple Correlations Between the WITH Variables and the First M Canonical Variables of the VAR Variables			
M		1	2
X2	문화재	0.0020	0.1064
X3	문화공간	0.2480	0.2756
X4	체육시설	0.9181	0.9187
X5	총병상수	0.7948	0.7960
X7	보육시설	0.9035	0.9049

정준상관분석

The CANCORR Procedure

VAR Variables	3
WITH Variables	3
Observations	70

Means and Standard Deviations			
Variable	Mean	Standard Deviation	Label
X2	54.857143	54.968314	문화재
X3	15.457143	13.062487	문화공간
X4	347.728571	306.067716	체육시설
X5	2797.800000	2221.185077	총병상수
X6	786.700000	536.857209	사회복지시설수용인원
X7	245.942857	227.369003	보육시설

정준상관분석

The CANCORR Procedure

Correlations Among the Original Variables

Correlations Among the VAR Variables			
	X2	X3	X4
X2	1.0000	0.0359	-0.0761
X3	0.0359	1.0000	0.4676
X4	-0.0761	0.4676	1.0000

Correlations Among the WITH Variables			
	X5	X6	X7
X5	1.0000	0.6546	0.8443
X6	0.6546	1.0000	0.6453
X7	0.8443	0.6453	1.0000

Correlations Between the VAR Variables and the WITH Variables			
	X5	X6	X7
X2	0.0129	0.1969	-0.1299
X3	0.4968	0.4681	0.3915
X4	0.8520	0.6596	0.9044

정준상관분석

The CANCORR Procedure

Canonical Correlation Analysis

					Eigenvalues of Inv(E)*H = CanRsq/(1-CanRsq)				Test of H0: The canonical correlations in the current row and all that follow are zero				
	Canonical Correlation	Adjusted Canonical Correlation	Approximate Standard Error	Squared Canonical Correlation	Eigenvalue	Difference	Proportion	Cumulative	Likelihood Ratio	Approximate F Value	Num DF	Den DF	Pr > F
1	0.921475	0.917582	0.018164	0.849117	5.6276	5.2882	0.9423	0.9423	0.11207537	25.25	9	155.91	<.0001
2	0.503427	0.485712	0.089875	0.253439	0.3395	0.3344	0.0568	0.9992	0.74279485	5.21	4	130	0.0006
3	0.071027		0.119779	0.005045	0.0051		0.0008	1.0000	0.99495523	0.33	1	66	0.5649

Multivariate Statistics and F Approximations					
S=3 M=-0.5 N=31					
Statistic	Value	F Value	Num DF	Den DF	Pr > F
Wilks' Lambda	0.11207537	25.25	9	155.91	<.0001
Pillai's Trace	1.10780035	12.88	9	198	<.0001
Hotelling-Lawley Trace	5.97218222	42.00	9	97.438	<.0001
Roy's Greatest Root	5.62763674	123.81	3	66	<.0001
NOTE: F Statistic for Roy's Greatest Root is an upper bound.					

정준상관분석

The CANCORR Procedure

Canonical Correlation Analysis

Raw Canonical Coefficients for the VAR Variables				
		V1	V2	V3
X2	문화재	0.0001359403	0.0138414225	0.0119786718
X3	문화공간	0.0027596454	0.051300075	-0.070078632
X4	체육시설	0.0032122241	-0.00092233	0.0016265734

Raw Canonical Coefficients for the WITH Variables				
		W1	W2	W3
X5	총병상수	0.0001428816	0.0003908386	-0.00076641
X6	사회복지시설수용인원	0.0001817472	0.0018300477	0.0017389347
X7	보육시설	0.0028509657	-0.006814268	0.0040658695

정준상관분석

The CANCORR Procedure

Canonical Correlation Analysis

Standardized Canonical Coefficients for the VAR Variables				
		V1	V2	V3
X2	문화재	0.0075	0.7608	0.6584
X3	문화공간	0.0360	0.6701	-0.9154
X4	체육시설	0.9832	-0.2823	0.4978

Standardized Canonical Coefficients for the WITH Variables				
		W1	W2	W3
X5	총병상수	0.3174	0.8681	-1.7023
X6	사회복지시설수용인원	0.0976	0.9825	0.9336
X7	보육시설	0.6482	-1.5494	0.9244

정준상관분석

The CANCORR Procedure

Canonical Structure

Correlations Between the VAR Variables and Their Canonical Variables				
		V1	V2	V3
X2	문화재	-0.0661	0.8064	0.5877
X3	문화공간	0.4960	0.5654	-0.6590
X4	체육시설	0.9994	-0.0269	0.0197

Correlations Between the WITH Variables and Their Canonical Variables				
		W1	W2	W3
X5	총병상수	0.9285	0.2031	-0.3108
X6	사회복지시설수용인원	0.7236	0.5509	0.4158
X7	보육시설	0.9791	-0.1823	0.0896

Correlations Between the VAR Variables and the Canonical Variables of the WITH Variables				
		W1	W2	W3
X2	문화재	-0.0609	0.4060	0.0417
X3	문화공간	0.4571	0.2846	-0.0468
X4	체육시설	0.9210	-0.0135	0.0014

Correlations Between the WITH Variables and the Canonical Variables of the VAR Variables				
		V1	V2	V3
X5	총병상수	0.8556	0.1022	-0.0221
X6	사회복지시설수용인원	0.6668	0.2773	0.0295
X7	보육시설	0.9023	-0.0918	0.0064

정준상관분석

The CANCORR Procedure

Canonical Redundancy Analysis

Raw Variance of the VAR Variables Explained by					
	Their Own Canonical Variables			The Opposite Canonical Variables	
Canonical Variable Number	Proportion	Cumulative Proportion	Canonical R-Square	Proportion	Cumulative Proportion
1	0.9665	0.9665	0.8491	0.8207	0.8207
2	0.0215	0.9881	0.2534	0.0055	0.8262
3	0.0119	1.0000	0.0050	0.0001	0.8262

Raw Variance of the WITH Variables Explained by					
	Their Own Canonical Variables			The Opposite Canonical Variables	
Canonical Variable Number	Proportion	Cumulative Proportion	Canonical R-Square	Proportion	Cumulative Proportion
1	0.8446	0.8446	0.8491	0.7172	0.7172
2	0.0555	0.9001	0.2534	0.0141	0.7313
3	0.0999	1.0000	0.0050	0.0005	0.7318

정준상관분석

The CANCORR Procedure

Canonical Redundancy Analysis

Standardized Variance of the VAR Variables Explained by					
	Their Own Canonical Variables			The Opposite Canonical Variables	
Canonical Variable Number	Proportion	Cumulative Proportion	Canonical R-Square	Proportion	Cumulative Proportion
1	0.4164	0.4164	0.8491	0.3536	0.3536
2	0.3236	0.7400	0.2534	0.0820	0.4356
3	0.2600	1.0000	0.0050	0.0013	0.4369

Standardized Variance of the WITH Variables Explained by					
	Their Own Canonical Variables			The Opposite Canonical Variables	
Canonical Variable Number	Proportion	Cumulative Proportion	Canonical R-Square	Proportion	Cumulative Proportion
1	0.7815	0.7815	0.8491	0.6636	0.6636
2	0.1260	0.9075	0.2534	0.0319	0.6955
3	0.0925	1.0000	0.0050	0.0005	0.6960

정준상관분석

The CANCORR Procedure

Canonical Redundancy Analysis

Squared Multiple Correlations Between the VAR Variables and the First M Canonical Variables of the WITH Variables				
M		1	2	3
X2	문화재	0.0037	0.1685	0.1702
X3	문화공간	0.2089	0.2900	0.2921
X4	체육시설	0.8482	0.8484	0.8484

Squared Multiple Correlations Between the WITH Variables and the First M Canonical Variables of the VAR Variables				
M		1	2	3
X5	총병상수	0.7321	0.7426	0.7430
X6	사회복지시설수용인원	0.4446	0.5215	0.5224
X7	보육시설	0.8141	0.8225	0.8225

인구변수($X1$, $X6$)와 시설변수($X2$, $X3$, $X4$, $X5$, $X6$)의 집단으로 구분하여 정준상관분석한 SAS 결과를 바탕으로 다음과 같은 결론을 유도할 수 있다.

$\min(p=2, q=5)=2$이므로 최대 2개의 정준변수를 가질 수 있고 첫번째로 큰 정준상관계수는 $r_1=0.9840$이다.

정준상관계수의 제곱값($\Sigma_{11}^{-1/2}\,\Sigma_{12}\,\Sigma_{22}^{-1}\,\Sigma_{21}\,\Sigma_{11}^{-1/2}$의 고유값)은 0.9683으로 큰 값을 갖고 있으며 귀무가설 $H_0 : \rho_1^* = \rho_2^* = 0$에 대한 가능도비 검정통계량과 Wilks Λ(lambda) 검정통계량을 포함한 여러 F 검정통계량 등은 매우 유의하고 이에 대응하는 $p-$값은 매우 작아 귀무가설을 기각한다. 두번째로 큰 정준상관계수는 $r_2=0.3673$이며 r_2의 제곱값은 0.1349로 귀무가설 $H_0 : \rho_2^* = 0$에 대한 가능도비 검정통계량은 유의하지 않고 이에 대응하는 $p-$값은 5%보다 크기 때문에 귀무가설을 기각할 수 없다. 그러므로 첫번째 정준변수는 유의해서 두 집단간의 관계를 잘 설명하지만, 두번째 정준변수로는 두 집단간의 관계를 설명하지 못한다.

그리고 정준상관계수의 제곱값(고유값)은 각각 0.9683과 0.1349로 이는 변수들의 선형결합으로 설명되는 분산의 비율을 의미하고 있다.

정준상관계수에 대응하는 원(raw) 정준상관계수와 표준화된(standardized) 정준상관계수를 각각 구하여 설정한 정준변수는 다음과 같다.

$$V_1 = 0.00001X_1 + 0.0003X_6$$
$$W_1 = 0.0007X_2 + 0.0050X_3 + 0.0014X_4 + 0.00005X_5 + 0.0020X_6$$

$$V_1 = 0.8997Z_1 + 0.1507Z_6$$
$$W_1 = 0.0420Z_2 + 0.0647Z_3 + 43980.8997Z_4 + 0.1242Z_5 + 0.4435Z_6$$

각 변수의 단위 및 성격 그리고 정준상관계수를 살펴보면 표준화된 정준변수를 사용하는 것이 바람직하다는 사실을 파악할 수 있다. 이제 표준화된 정준변수에 의해 총분산이 얼마나 설명되는지 알아보자. 전체 총 표본분산 중 첫번째 표준화된 정준변수 V_1과 W_1

에 의하여 설명되는 각각의 비율은 식 (5-7)을 이용하여 구하면 다음과 같다.

$$(.9930^2 + .7074^2)/2 = 0.7432$$
$$((-.0452)^2 + .5071^2 + .9737^2 + .9060^2 + .9659^2)/5 = 0.5922$$

같은 방법으로 두번째 정준변수 V_2와 W_2에 의하여 설명되는 각각의 비율은 0.2568과 0.1989이다. 그러므로 첫번째 표준화된 정준변수 V_1는 총분산의 74%를 설명하고 두번째 정준변수 V_2는 26%를 설명한다. 그리고 첫번째 표준화된 정준변수 W_1는 총분산의 59%를 설명하고 두번째 정준변수 W_2는 41%를 설명한다.

다음으로 문화체육변수(X2, X3, X4)와 사회복지변수(X5, X6, X7)의 집단으로 구분하여 2정준상관분석한다. $\min(p=3, q=3)=3$이므로 최대 3개의 정준변수를 가질 수 있다. 첫번째로 큰 정준상관계수는 $r_1 = 0.9215$이며, 정준상관계수의 제곱값($\Sigma_{11}^{-1/2}\ \Sigma_{12}\ \Sigma_{22}^{-1}\ \Sigma_{21}\ \Sigma_{11}^{-1/2}$의 고유값)은 0.8491으로 큰 값을 갖고 있다. 귀무가설 $H_0 : \rho_1^* = \rho_2^* = \rho_3^* = 0$에 대한 가능도비 검검정통계량과 Wilks Λ(lambda) 검정통계량을 포함한 여러 F 검정통계량 등은 매우 유의하고 이에 대응하는 $p-$값은 매우 작아 귀무가설을 기각한다. 두번째로 큰 정준상관계수는 $r_2 = 0.5034$이며 제곱값은 0.2534로 귀무가설 $H_0 : \rho_2^* = \rho_3^* = 0$에 대한 가능도비 검정통계량도 역시 유의하고 이에 대응하는 $p-$값도 5%보다 작기 때문에 귀무가설을 기각한다. 그러므로 첫번째와 두번째 정준변수는 모두 유의해서 두 집단간의 관계를 잘 설명하지만, 세번째 정준변수로는 두 집단간의 관계를 설명하지 못한다.

정준상관계수에 대응하는 각각의 정준상관계수와 표준화된(standardized) 정준상관계수를 각각 구하여 설정한 정준변수를 살펴보면, 각 변수의 단위 및 성격 등에 의하여 표준화된 정준변수를 사용하는 것이 바람직하다. 두 개의 정준변수 쌍은 다음과 같다.

$$V_1 = 0.0075Z_2 + 0.0360Z_3 + 0.9832Z_4$$
$$W_1 = 0.3174Z_5 + 0.0976Z_6 + 0.6482Z_7$$
$$V_2 = 0.7608Z_2 + 0.6701Z_3 - 0.2823Z_4$$
$$W_2 = 0.8681Z_5 + 0.9825Z_6 - 1.5494Z_7$$

표준화된 정준변수에 의해서 총 변동이 설명되는 설명력을 알아보자. 전체 총 표본분산 중 첫번째 표준화된 정준변수 V_1과 W_1에 의하여 설명되는 각각의 비율은 각각 0.4164와 0.7815이며, 두번째 정준변수 V_2와 W_2에 의하여 설명되는 비율은 각각 0.3236과 0.1260으로 두 개의 정준변수에 의하여 Var 변수와 With 변수가 설명하는 총 변동은 74%와 91%이다.

2. 예제 2

본서에서 다룰 두번째 예제인 국내 상위기업 재무자료를 정준상관분석하기 위한 SAS 프로그램은 다음과 같으며, 독자 스스로 프로그램을 실행시키고 그 결과를 바탕으로 분석한 것을 참조 바란다.

프·로·그·램 5-2 국내 상위기업 재무자료의 정준상관분석

```
PROC CANCORR DATA=finance all;
by group ;
VAR sale operating ordinary net_profit  ;  /* 매출 */
WITH total_asset capital_stock  t_capita o_capita;
     /* 자산 */
RUN ;
```

이익변수(매출액, 영업이익, 세전이익, 순이익)와 자금변수(총자산, 자본금, 타인자본, 자기자본)의 집단으로 구분하여 그룹별 정준상관분석한 SAS 결과를 바탕으로 다음과 같은 결론을 유도할 수 있다.

SK그룹의 경우 $\min(p=4, q=4)=4$이므로 최대 4개의 정준변수를 가질 수 있다. 여기서 첫번째로 큰 정준상관계수는 $r_1 = 0.9958$이며, 정준상관계수의 제곱값($\Sigma_{11}^{-1/2}\ \Sigma_{12}\ \Sigma_{22}^{-1}\ \Sigma_{21}\ \Sigma_{11}^{-1/2}$의 고유값)은 0.9915로 큰 값을 갖고 있다. 그리고 귀무가설 $H_o : \rho_1^* = \rho_2^* = 0$을 검정하는 가능도비 검정통계량과 Wilks Λ (lambda) 검정통계량은 매우 크고 이에 대응하는 $p-$값은 매우 작으므로 귀무가설을 기각한다. 두번째로 큰 정준상관계수는 $r_2 = 0.8868$이며 이것의 제곱값은 0.7865로 귀무가설 $H_0 : \rho_2^* = 0$에 대한 가능도비 검정통계량값이 매우 크고 이에 대응하는 $p-$값은 매우 작아 귀무가설을 기각한다. 세번째로 큰 정준상관계수는 $r_3 = 0.2674$이며 이 값의 제곱값은 0.0715로 귀무가설 $H_0 : \rho_3^* = 0$을 검정하기 위한 가능도비 검정통계량은 유의하지 않고 이에 대응하는 $p-$값은 5%보다 크기 때문에 귀무가설을 기각할 수 없다. 그러므로 첫번째와 두번째 정준변수는 두 집단 간의 관계를 잘 설명하지만, 세번째 정준변수는 두 집단 간의 관계를 설명하지 못한다.

그리고 정준상관계수의 제곱값(고유값)은 각각 0.9915와 0.7865로 이는 변수들의 결합으로 설명되는 분산의 비율을 의미한다.

정준상관계수에 대응하는 원(raw) 정준상관계수와 표준화된(standardized) 정준상관계수를 각각 구하여 설정한 정준변수는 다음과 같다.

$$\begin{aligned} V_1 = &\ 0.00000002\,\text{sale} + 0.000002\,\text{operating} - 0.000006\,\text{ordinary} \\ &+ 0.000009\,\text{net profit} \end{aligned}$$

$$W_1 = 0.0000004\,\text{total asset} - 0.0000006\,\text{capital stock} - 0.0000004\,\text{t capita}$$

$$V_1 = 0.1052\,\text{sale} + 0.6507\,\text{operating} - 1.7963\,\text{ordinary} + 2.0619\,\text{net profit}$$

$$W_1 = 1.8437\,\text{total asset} - 0.1325\,\text{capital stock} - 0.8526\,\text{t capita}$$

각 변수의 단위 및 성격 그리고 정준상관계수를 살펴보면 표준화된 정준변수를 사용하는 것이 바람직하다고 생각된다. 따라서 표준화된 정준변수가 총 분산을 얼마나 설명하는지 알아보기 위해 전체 총 표본분산 중 첫번째 표준화된 정준변수 V_1과 W_1에 의하여 설명되는 각각의 비율을 구하면 다음과 같다.

$$(.7633^2 + .9892^2 + .9775^2 + .9854^2)/4 = 0.8719$$
$$(.9648^2 + .2001^2 + .8824^2 + .9929^2)/4 = 0.6838$$

동일한 방법으로 두번째 정준변수 V_2와 W_2에 의하여 설명되는 각각의 비율은 0.2568과 0.1989이다. 그러므로 첫번째 표준화된 정준변수 V_1는 총분산의 74%를 설명하고 두번째 정준변수 V_2는 26%를 설명한다. 그리고 첫번째 표준화된 정준변수 W_1는 총분산의 59%를 설명하고 두번째 정준변수 W_2는 19.9%를 설명한다.

삼성그룹의 경우 최대 4개의 정준변수를 가질 수 있다. 첫번째로 큰 정준상관계수는 $r_1 = 0.9965$이고, 정준상관계수의 제곱값($\Sigma_{11}^{-1/2}\Sigma_{12}\Sigma_{22}^{-1}\Sigma_{21}\Sigma_{11}^{-1/2}$의 고유값)은 0.9930으로 큰 값을 갖고 있으며 귀무가설 $H_0 : \rho_1^* = \rho_2^* = 0$에 대한 가능도비 검정통계량과 Wilks Λ(lambda) 검정통계량을 포함한 여러 F 검정통계량에 대응하는 $p-$값은 매우 작아 귀무가설을 기각한다. 두번째로 큰 정준상관계수는 $r_2 = 0.9010$이며 제곱값은 0.8110으로 귀무가설 $H_0 : \rho_2^* = 0$에 대한 가능도비 검정통계량은 매우 크고 이에 대응하는 $p-$값은 매우 작아 귀무가설을 기각한다. 세번째로 큰 정준상관계수는 $r_3 = 0.5930$이며 제곱값은 0.3520으로 귀무가설 $H_0 : \rho_3^* = 0$에 대한 가능도비 검정통계량은 유의하지 않고 이에 대응하는 $p-$값은 매우 작아 귀무가설을 기각한다. 그러므로 첫번째, 두번째와 세번째 정준변수는 모두 두 집단 간의 관계를 잘 설명한다.

정준상관계수에 대응하는 원(raw) 정준상관계수와 표준화된(standardized) 정준상관계수를 각각 구하여 설정한 정준변수는 SK그룹에서 구한 방법으로 구할 수 있으며, 전체 총 표본분산 중 첫번째 표준화된 정준변수 V_1과 W_1에 의하여 설명되는 각각의 비율은 0.9628과 0.4094이다. 또한 두번째 정준변수 V_2와 W_2에 의하여 설명되는 각각의 비율은 0.0028과 0.3537이며 세번째 정준변수 V_3과 W_3에 의하여 설명되는 각각의 비율은 0.0073과 0.2369이다. 그러므로 첫번째 표준화된 정준변수 V_1은 총분산의 96%를 설명하고 두번째 정준변수 V_2는 0.3%를 설명한다. 그리고 세번째 정준변수 V_3은 0.7%를 설명한다. 또한, 첫번째 표준화된 정준변수 W_1은 총분산의 41%를 설명하고 두번째 정준변수 W_2는 35%를 설명한다. 그리고 세번째 정준변수 W_3은 24%를 설명한다.

현대자동차그룹의 경우 $\min(p=4, q=4)=4$이므로 최대 4개의 정준변수를 가질 수 있으며, 첫번째로 큰 정준상관계수는 $r_1=0.9976$이고 정준상관계수의 제곱값 ($\Sigma_{11}^{-1/2}\,\Sigma_{12}\,\Sigma_{22}^{-1}\,\Sigma_{21}\,\Sigma_{11}^{-1/2}$의 고유값)은 0.9953으로 큰 값을 갖고 있다. 귀무가설 $H_0 : \rho_1^* = \rho_2^* = 0$을 검정하는 가능도비 검정통계량과 Wilks Λ(lambda) 검정통계량을 포함한 여러 F 검정통계량 등은 매우 유의하고 이에 대응하는 $p-$값은 매우 작아 귀무가설을 기각한다. 두번째로 큰 정준상관계수는 $r_2=0.7577$이며 이 값의 제곱값은 0.5743으로 귀무가설 $H_0 : \rho_2^* = 0$에 대한 가능도비 검정통계량은 유의하고 이에 대응하는 $p-$값은 매우 작아 귀무가설을 기각한다. 세번째로 큰 정준상관계수는 $r_3=0.6066$이며 제곱값은 0.3679로 귀무가설 $H_0 : \rho_3^* = 0$에 대한 가능도비 검정통계량은 유의하지 않고 이에 대응하는 $p-$값은 매우 작아 귀무가설을 기각한다. 그러므로 첫번째, 두번째와 세번째 정준변수는 모두 유의해서 두 집단 간의 관계를 잘 설명한다.

전체 총 표본분산 중 첫번째 표준화된 정준변수 V_1과 W_1에 의하여 설명되는 각각의 비율은 0.9727과 0.7520이다. 또한 두번째 정준변수 V_2와 W_2에 의하여 설명되는 각각의 비율은 0.0046과 0.1698이며 세번째 정준변수 V_3와 W_3에 의하여 설명되는 각각의 비율은 0.0124와 0.0781이다. 그러므로 첫 번째 표준화된 정준변수 V_1는 총분산의 97%를 설명하고 두번째 정준변수 V_2는 0.5%를 설명한다. 그리고 세번째 정준변수 V_3는 1.2%를 설명한다. 또한, 첫번째 표준화된 정준변수 W_1은 총분산의 75%를 설명하고 두번째 정준변수 W_2는 17%를 설명한다. 그리고 세번째 정준변수 W_3은 7%를 설명한다.

3. 예제 3

소비자 252명으로부터 어떤 자동차 타이어(A제품이라고 하자)의 광고 효과에 관한 시장조사를 실시한 자료를 이용하여 상관계수 행렬을 구하였다. 타이어의 인지 정도에 관하여 3 변수($X1$, $X2$, $X3$), 그리고 광고 효과에 관한 2 변수($Y1$, $Y2$)를 작성하였고 변수 설명은 다음과 같다($p=3$, $q=2$).

$X1$ = A제품에 대한 관심 정도
$X2$ = 지난번에 구입한 타이어 제품
$X3$ = 광고를 접하기 전에 A제품의 관심 정도
$Y1$ = 상업 광고에 대한 신빙 정도
$Y2$ = A제품에 대한 사후 관심 정도

<프로그램 5-3>에 수록된 자료를 이용하여 정준상관분석을 해보자. 우선 상관계수 행

렬을 살펴보면 전반적으로 큰 상관관계가 없으며 그 중 $Corr(Y_1, Y_2) = 0.659$을 통하여 $Y1$과 $Y2$가 가장 큰 상관관계를 갖고 있음을 알 수 있다. 특히 $\widehat{\boldsymbol{R}_{12}}$, 여기에서는 $\widehat{\boldsymbol{R}_{xy}}$의 원소에는 큰 상관관계가 있다고 보기가 어렵다.

프·로·그·램 5-3

```
DATA TIRE(TYPE=CORR);
  _TYPE_='CORR';
     INPUT _NAME_ $ Y1 Y2 X1 X2 X3;
CARDS;
Y1 1.000  .     .     .     .
Y2 0.659 1.000  .     .     .
X1 0.202 0.315 1.000  .     .
X2 0.097 0.218 0.086 1.000  .
X3 0.321 0.539 0.226 0.258 1.000
;

PROC CANCORR ALL;
    VAR X1 - X3;
    WITH Y1 Y2;
RUN;
```

위 자료를 정준상관분석하면, 최대 2개의 정준변수를 가질 수 있으며, 첫번째로 큰 정준상관계수는 $r_1 = 0.5813$으로 비교적 큰 값을 갖고 있으나 두번째로 큰 정준상관계수는 $r_2 = 0.0496$으로 두 집단간의 관계 정도를 거의 설명하고 있지 않다. 그리고 정준상관계수의 제곱값(고유값)은 각각 0.338과 0.002로 이는 변수들의 결합으로 설명되는 분산의 비율을 의미하고 있다. 정준상관계수에 대응하는 각각의 정준계수를 구하여 설정한 정준변수는 다음과 같다(상관계수 행렬을 사용하였기 때문에 원 정준상관계수와 표준화된 정준상관계수와는 동일하다).

$$\begin{aligned} V_1 &= \quad 0.3444X_1 + 0.1425X_2 + 0.8159X_3 \\ W_1 &= -0.1109\,Y_1 + 1.0696\,Y_2 \end{aligned}$$

$$\begin{aligned} V_2 &= -0.4302X_1 + 0.9526X_2 - 0.1415X_3 \\ W_2 &= -1.3249\,Y_1 + 0.7897\,Y_2 \end{aligned}$$

다음으로 정준적재와 정준교차적재 값들을 살펴보자. 어느 한 변수가 그 변수가 포함된 집단과 그 변수가 제외된 집단의 정준변수에 의해 설명되는 관계 정도를 나타내는데 그 계수들을 상세히 살펴보아야 한다. 또한 전체 총 표본분산 중 첫번째 정준변수 V_1과 W_1에 의하여 설명되는 각각의 비율은 다음과 같다.

$$(.541^2 + .383^2 + .930^2)/3 = 0.435$$
$$(.594^2 + .997^2)/2 = 0.673$$

그리고 같은 방법으로 두번째 정준변수 V_2와 W_2에 의하여 설명되는 각각의 비율은 0.304와 0.327이다.

4. 예제 4

작업의 성격이 직무 만족과 영향이 있는지를 연구 분석하고자 조사한 자료이다. 5종류($p = 5$)의 작업 성격과 7가지($q = 7$)의 직무 만족도를 큰 규모의 소매 상점에서 근무하는 784명의 직원을 대상으로 측정한 자료로부터 12개 변수들의 상관관계를 구하였다. 각 변수들은 다음과 같이 설정되었다.

$X_1^{(1)}$ = 작업의 반복성	$X_6^{(2)}$ = 상급자에 대한 만족도
$X_2^{(1)}$ = 직무의 중요도	$X_7^{(2)}$ = 미래 경력에 대한 만족도
$X_3^{(1)}$ = 작업의 다양성	$X_8^{(2)}$ = 재정에 대한 만족도
$X_4^{(1)}$ = 직무의 성격	$X_9^{(2)}$ = 작업량에 대한 만족도
$X_5^{(1)}$ = 근무의 자율권	$X_{10}^{(2)}$ = 회사에 대한 만족도
	$X_{11}^{(2)}$ = 잔무에 대한 만족도
	$X_{12}^{(2)}$ = 일반적인 만족도

<프로그램 5-4>에 수록되어 있는 상관계수 행렬의 원소들을 상세히 살펴보고 앞의 예제에서와 동일한 방법으로 분석하여 보자.

프·로·그·램 5-4

```
DATA JOB(TYPE=CORR);
  _TYPE_='CORR';
    INPUT _NAME_ $ X1 - X12;
CARDS;
X1 1.0  .   .   .   .   .   .   .   .   .   .   .
X2  .49 1.0 .   .   .   .   .   .   .   .   .   .
X3  .53 .57 1.0 .   .   .   .   .   .   .   .   .
X4  .49 .46 .48 1.0 .   .   .   .   .   .   .   .
X5  .51 .53 .57 .57 1.0 .   .   .   .   .   .   .
X6  .33 .30 .31 .24 .38 1.0 .   .   .   .   .   .
X7  .32 .21 .23 .22 .32 .43 1.0 .   .   .   .   .
X8  .20 .16 .14 .12 .17 .27 .33 1.0 .   .   .   .
X9  .19 .08 .07 .19 .23 .24 .26 .25 1.0 .   .   .
X10 .30 .27 .24 .21 .32 .34 .54 .46 .28 1.0 .   .
X11 .37 .35 .37 .29 .36 .37 .32 .29 .30 .35 1.0 .
X12 .21 .20 .18 .16 .27 .40 .58 .45 .27 .59 .31 1.0
;
```

```
PROC CANCORR all ;
    VAR X1 - X5;
    WITH X6 - X12;
RUN;
```

여기서는 최대 5개의 정준변수가 형성될 수 있으며, 첫번째로 큰 정준상관계수는 $r_1 = 0.5537$이며 두번째부터는 정준상관계수가 두 집단간의 관계 정도를 거의 설명하지 못한다. 그리고 첫번째 정준상관계수의 제곱은 0.307로 변수들의 결합으로 설명되는 분산의 비율이 30%정도임을 의미하고 있다. 정준상관계수에 대응하는 정준계수를 구하여 설정한 첫번째 정준변수는 다음과 같다.

$$\begin{aligned} V_1 &= 0.42_1 \quad + 0.20X_2 + 0.17X_3 - 0.02X_4 + 0.46X_5 \\ W_1 &= 0.43\,Y_1 + 0.21\,Y_2 - 0.04\,Y_3 + 0.02\,Y_4 \\ &\quad + 0.29\,Y_5 + 0.52\,Y_6 - 0.11\,Y_7 \end{aligned}$$

어느 한 변수가 그 변수가 포함된 집단과 그 변수가 제외된 집단의 정준변수에 의해 설명되는 관계 정도를 나타내는 정준적재와 정준교차적재의 계수들을 살펴보자. 그 계수를 통하여 전체 총 표본분산 중 첫번째 정준변수 V_1와 W_1에 의하여 설명되는 각각의 비율은 다음과 같다.

$$\begin{aligned} &(.83^2 + .74^2 + .75^2 + .62^2 + .86^2)/5 = 0.585 \\ &(.76^2 + .64^2 + .39^2 + .38^3 + .65^2 + .80^2 + .50^2)/7 = 0.371 \end{aligned}$$

프·로·그·램 5-1

```
GET
  FILE='G:\city.sav'.
DATASET NAME 데이터집합1 WINDOW=FRONT.

include file 'C:\Program Files\SPSSInc\PASWStatistics18\Samples
\English\Canonical correlation.sps'.

CANCORR
SET1=총인구 사회복지시설수용인원/
SET2=문화재 문화공간 체육시설 총병상수 보육시설.

CANCORR
SET1=문화재 문화공간 체육시설/
SET2=총병상수 사회복지시설수용인원 보육시설.
```

프·로·그·램 5-2

```
GET
  FILE='G:\finance_sk.sav'.
DATASET NAME 데이터집합1 WINDOW=FRONT.

COMPUTE t_capita=total_asset - o_capita.
EXECUTE.


include file 'C:\Program Files\SPSSInc\PASWStatistics18\Samples
\English\Canonical correlation.sps'.

CANCORR
SET1=sale operating ordinary net_profit/
SET2=total_asset capital_stock t_capita o_capita.
```

프·로·그·램 5-3

```
MATRIX DATA VARIABLES Y1 Y2 X1 X2 X3.

BEGIN DATA.
1.000
0.659 1.000
0.202 0.315 1.000
0.097 0.218 0.086 1.000
0.321 0.539 0.226 0.258 1.000
```

```
END DATA.

INCLUDE 'CANCORR.SPS'

CANCORR SET1=X1 X2 X3 /
        SET2=Y1 Y2/.
```

프·로·그·램 5-4

```
MATRIX DATA VARIABLES X1 TO X12.
BEGIN DATA.
1.0
 .49 1.0
 .53 .57 1.0
 .49 .46 .48 1.0
 .51 .53 .57 .57 1.0
 .33 .30 .31 .24 .38 1.0
 .32 .21 .23 .22 .32 .43 1.0
 .20 .16 .14 .12 .17 .27 .33 1.0
 .19 .08 .07 .19 .23 .24 .26 .25 1.0
 .30 .27 .24 .21 .32 .34 .54 .46 .28 1.0
 .37 .35 .37 .29 .36 .37 .32 .29 .30 .35 1.0
 .21 .20 .18 .16 .27 .40 .58 .45 .27 .59 .31 1.0
END DATA.

INCLUDE 'CANCORR.SPS'

CANCORR SET1=X1 TO X5 /
        SET2=X6 TO X12/.
```

연습 문제

1. 소비자 252명으로부터 어떤 자동차 타이어(A제품이라고 하자)의 광고 효과에 관한 시장조사를 실시한 자료에 이용하여 상관계수 행렬을 구하였다. 타이어의 인지 정도에 관하여 3 변수($X1$, $X2$, $X3$), 그리고 광고 효과에 관한 2 변수($Y1$, $Y2$)를 작성하였고 그 내역은 다음과 같다($p = 3$, $q = 2$). 다음의 상관계수행렬 자료를 이용하여 정준상관분석을 하여라.

$X1$ = A제품에 대한 관심 정도
$X2$ = 지난번에 구입한 타이어 제품
$X3$ = 광고를 접하기 전에 A제품의 관심 정도
$Y1$ = 상업 광고에 대한 신빙 정도
$Y2$ = A제품에 대한 사후 관심 정도

$Y1$	1.000	.	.	.	.
$Y2$	0.659	1.000	.	.	.
$X1$	0.202	0.315	1.000	.	.
$X2$	0.097	0.218	0.086	1.000	.
$X3$	0.321	0.539	0.226	0.258	1.000

2. 지능과 교육의 상관성을 파악하고자 100쌍의 아버지와 아들을 대상으로 5개의 변수($X1$ = 아버지의 교육수준, $X2$ = 아버지의 직업, $Y1$ = 아들의 어릴적 IQ, $Y2$ = 아들의 교육수준, $Y3$ = 아들의 성인기 IQ)로 측정하여 얻은 상관계수행렬지료이다. 정준상관분석을 실시하여라.

$X1$	1.000	.	.	.	.
$X2$	0.489	1.000	.	.	.
$Y1$	0.318	0.308	1.000	.	.
$Y2$	0.403	0.426	0.545	1.000	.
$Y3$	0.292	0.296	0.827	0.624	1.000

제6장

판별 및 분류분석

6.1 배경

판별 및 분류분석(discrimination and classification analysis)은 잘 정의된 여러 모집단에 속하는 관측 자료의 특징을 분류하여 하나의 새로운 관측값을 여러 모집단 중 특정한 하나의 모집단에 속한 것으로 할당하는 다변량 분석기법이다. 주요한 목적으로는 (1) 알려져 있는 여러 개의 모집단으로부터 관측값들의 여러 특징을 그림 또는 산술적으로 묘사함으로서 수집된 관측값들을 가능한한 잘 분리되도록 수치(판별값; discrimination)를 발견하며, 그리고 (2) 관측된 자료를 두 집단 내지 그 이상의 집단으로 분류 정리하는 것이다. 즉, 판별 및 분류분석은 집단의 차이를 이해하여 이미 설정된 여러 집단 중 어떤 새로운 관측값이 어떤 집단에 속하는가를 분류하는 방법이다. 목적 (1)의 판별 (discrimination)에 대한 용어는 R. A. Fisher에 의해 분리하는 문제가 소개되었으며, 목적 (2)는 분류 또는 할당의 문제를 언급하는 것이나 실제로 분리와 할당 문제는 명확히 구분되어 있지 않다.

6.2 두 모집단의 판별 및 분류

주어진 자료에서 오분류의 가능성을 최소한 줄이면서 분류한 가장 좋은 방법이 무엇인지를 살펴보자. 우선 정규분포를 따르는 일차원 자료를 고려하여 보자.

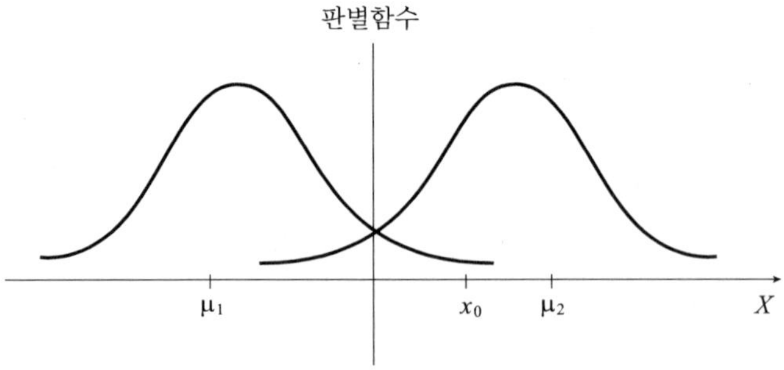

▒그림 6-1▒

$$\text{모집단 1: } X \sim N(\mu_1, \sigma^2)$$
$$\text{모집단 2: } X \sim N(\mu_2, \sigma^2) \quad (6\text{-}1)$$

x_0의 값이 위와 같은 위치에서 측정되었다면 우리는 모집단 2로 분류하고자 할 것이다. 그러나 모집단 2로 분류했다고 해서 실수를 배제했다고는 할 수 없다. 관측값을 판별하는 가능도비 기준은 다음과 같이 설정한다.

$$\begin{aligned}\lambda &= \frac{\text{모집단 1에 속한 } X\text{의 가능도비}}{\text{모집단 2에 속한 } X\text{의 가능도비}}\\ &= \exp\left[-\frac{1}{2\sigma^2}[(x-\mu_1)^2-(x-\mu_2)^2]\right],\end{aligned}$$

여기서 만약 $\lambda > 1$이면 모집단 1로 분류하고 만약 $\lambda < 1$이면 모집단 2로 분류한다(만약 $\lambda = 1$이면 동전 던지기로 결정한다). 판별함수는 가능도비에 로그를 취한 $-2\ln\lambda$으로 나타내며 이는

$$\begin{aligned}-2\ln\lambda &= \frac{1}{\sigma^2}[(x-\mu_1)^2-(x-\mu_2)^2] \quad (6\text{-}2)\\ &= \frac{\mu_1^2-\mu_2^2}{\sigma^2} - \frac{2(\mu_1-\mu_2)}{\sigma^2}x\\ &\equiv \alpha + \beta x\end{aligned}$$

으로 선형적인 법칙을 제공하며 이 값이 0 보다 작으면 모집단 1로 분류할 수 있다. 위의 사실을 $p(\geq 2)$차원의 확률벡터로 확장하여 고려하여 보자.

$$\text{모집단 1 : } \boldsymbol{X} \sim N_p(\boldsymbol{\mu}_1, \boldsymbol{\Sigma}_1) \quad (6\text{-}3)$$
$$\text{모집단 2 : } \boldsymbol{X} \sim N_p(\boldsymbol{\mu}_2, \boldsymbol{\Sigma}_2)$$

$\boldsymbol{X} = \boldsymbol{x}$값이 주어졌을 때 로그 가능도비는 다음과 같으며

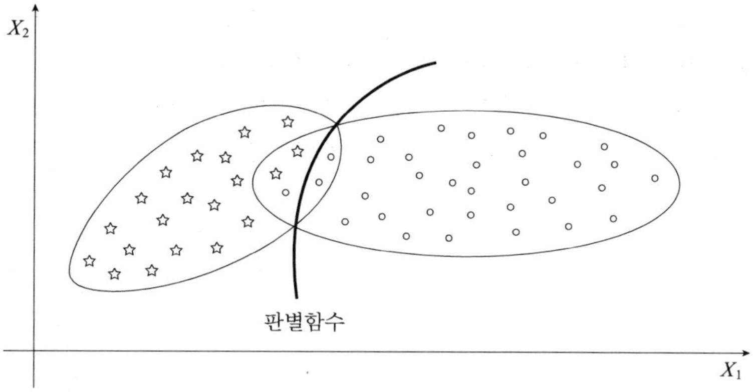

▌그림 6-2▐

$$-2\ln\lambda = \ln|\Sigma_1| + (x-\mu_1)'\,\Sigma_1^{-1}\,(x-\mu_1) - \ln|\Sigma_2| + (x-\mu_2)'\,\Sigma_2^{-1}\,(x-\mu_2) \tag{6-4}$$

이 값이 0 보다 작으면 모집단 1로 그 외는 모집단 2로 분류하며 $p(\geq 2)$차원에서는 판별함수가 선형이 아니라 이차 함수(quadratic)적인 법칙을 제공한다. 예를 들어 $p=2$에서 판별함수를 그림으로 나타내면 [그림 6-2]와 같다.

모집단에 대한 가정 (6-3)에서 두 공분산행렬이 모두 같다고 가정(즉, $\Sigma_1 = \Sigma_2 = \Sigma$)하면, 식 (6-4)의 판별함수는 선형이 된다. 이를 다시 정리하면 다음과 같다.

$$\begin{aligned} -2\ln\lambda &= (x-\mu_1)'\Sigma^{-1}(x-\mu_1) - (x-\mu_2)'\Sigma^{-1}(x-\mu_2) \\ &= -2(\mu_1-\mu_2)'\Sigma^{-1}x + (\mu_1-\mu_2)'\Sigma^{-1}(\mu_1+\mu_2) \end{aligned} \tag{6-5}$$

이때 $(\mu_1-\mu_2)'\Sigma^{-1}x$는 Fisher가 제안한 판별함수이다.

X가 모집단 1에 속하는데 모집단 2로 오분류될 확률을 $P(2|1)$ 그리고 모집단 2에 속하는데 모집단 1로 오분류될 확률을 $P(1|2)$로 할 때

$$\begin{aligned} &P(2\,|1) \\ &= \Pr[(\mu_1-\mu_2)'\Sigma^{-1}x \leq \frac{1}{2}(\mu_1-\mu_2)'\Sigma^{-1}(\mu_1+\mu_2)|\ x\sim N(\mu_1,\Sigma)] \\ &= \Phi(-\frac{1}{2}\sqrt{(\mu_1-\mu_2)'\Sigma^{-1}(\mu_1-\mu_2)}), \\ &P(1\,|2) \\ &= \Pr[(\mu_1-\mu_2)'\Sigma^{-1}x \geq \frac{1}{2}(\mu_1-\mu_2)'\Sigma^{-1}(\mu_1+\mu_2)|\ x\sim N(\mu_2,\Sigma)] \\ &= 1-\Phi(\frac{1}{2}\sqrt{(\mu_1-\mu_2)'\Sigma^{-1}(\mu_1-\mu_2)}) \\ &= \Phi(-\frac{1}{2}\sqrt{(\mu_1-\mu_2)'\Sigma^{-1}(\mu_1-\mu_2)}). \end{aligned}$$

으로 정리된다. 우리는 결정 이론을 이용하여 분류 방법을 실시하고 오분류의 기대값(expected cost of misclassification: ECM)을 최소화하는 기준을 제시한다. 관측값이 모집단 1(또는 2)에서 추출된 사전 확률(prior probability)을 P_1 (또는 $P_2 = 1 - P_1$)이라고 하자. 그리고 오분류 비용이 다음과 같이 설정되었다고 한다면,

		분류된 집단	
		1	2
	1	0	C(2|1)
모집단	2	C(1|2)	0

오분류의 기대값은 다음과 같다.

$$ECM = C(2|1)P(2|1)P_1 + C(1|2)P(1|2)P_2 \tag{6-6}$$

그리고 관측값 $\boldsymbol{x}$의 분류 기준이 다음과 같을 때 이 값이 최소화된다.

$$\frac{f_1(\boldsymbol{x})P_1}{f_2(\boldsymbol{x})P_2} \geq \frac{C(1|2)}{C(2|1)} \text{이면 모집단 1로 분류} \tag{6-7}$$

$$\frac{f_1(\boldsymbol{x})P_1}{f_2(\boldsymbol{x})P_2} < \frac{C(1|2)}{C(2|1)} \text{이면 모집단 2로 분류}$$

이 기준의 왼쪽 부분은 사후 확률(posterior probability)의 형태를 띄고 있다. 모집단이 정규분포를 따른다고 (6-3)과 같이 가정하면 (6-7)의 판별 기준은 다음과 같다.

$$-\frac{1}{2}\ln|\boldsymbol{\Sigma}_1| - \frac{1}{2}(\boldsymbol{x}-\boldsymbol{\mu}_1)'\boldsymbol{\Sigma}_1^{-1}(\boldsymbol{x}-\boldsymbol{\mu}_1) + \ln(P_1)$$
$$\left[-\frac{1}{2}\ln|\boldsymbol{\Sigma}_2| - \frac{1}{2}(\boldsymbol{x}-\boldsymbol{\mu}_2)'\boldsymbol{\Sigma}_1^{-1}(\boldsymbol{x}-\boldsymbol{\mu}_2) + \ln(P_2)\right]$$

$$\geq \ln(C(1|2)/C(2|1)) \text{이면 모집단 1로 분류} \tag{6-8}$$
$$\leq \ln(C(1|2)/C(2|1)) \text{이면 모집단 2로 분류}$$

오분류 비용 함수가 같을 때 ECM을 최소화하는 분류 기준은 다음과 같은 이차 함수 점수 $d^Q(\boldsymbol{x})$가 가장 큰 모집단 i로 분류하는 것이다.

$$d_i^Q(\boldsymbol{x}) = -\frac{1}{2}\ln|\boldsymbol{\Sigma}_i| - \frac{1}{2}(\boldsymbol{x}-\boldsymbol{\mu}_i)'\boldsymbol{\Sigma}_i^{-1}(\boldsymbol{x}-\boldsymbol{\mu}_i) + \ln(P_i) \tag{6-9}$$

위 식에서 공분산행렬이 같다고 하면 위의 기준은 다음과 같이 축소되며 다음과 같은 선형 판별점수가 최대인 모집단으로 분류한다.

$$d_i(x) = \mu_i' \Sigma^{-1} x - \frac{1}{2}\mu_i' \Sigma^{-1} \mu_i + \ln P_i \quad (6\text{-}10)$$

6.3 표본 판별 및 분류

p차원의 확률변수 $\boldsymbol{X}$의 분포를 다음과 같이 가정하자. 이때 μ_1, μ_2, Σ_1, Σ_2는 모평균벡터 및 공분산행렬이며 알려져 있지 않다고 하자.

$$\begin{aligned} \pi_1 : \quad \boldsymbol{X} &\sim N_p(\mu_1, \Sigma_1) \\ \pi_2 : \quad \boldsymbol{X} &\sim N_p(\mu_2, \Sigma_2) \end{aligned}$$

각 모집단에서 크기가 각각 n_1과 n_2인 확률표본 $\{X_{ij} : i=1, 2, j=1, \ldots, n_i\}$을 얻었고 각 표본에서 표본평균벡터 $\overline{\boldsymbol{X}}_i$와 표본공분산행렬 $\boldsymbol{S}_i$를 구하였다. 가설

$$\begin{aligned} H_0 &: \Sigma_1 = \Sigma_2 \\ H_1 &: \Sigma_1 \neq \Sigma_2 \end{aligned}$$

을 검정하기 위해 Bartlett의 검정방법을 사용할 수 있는데 이는 SAS의 PROC DISCRIM에서 수행된다. 수행 결과로 귀무가설을 기각하여 $\Sigma_1 \neq \Sigma_2$라고 한다면, 이차 판별함수를 적용하여 분류한다. 우선

$$\hat{d}_i^Q(\boldsymbol{x}) = -\frac{1}{2}\ln|\boldsymbol{S}_i| - \frac{1}{2}(\boldsymbol{x} - \overline{\boldsymbol{x}}_i)' \boldsymbol{S}_i^{-1}(\boldsymbol{x} - \overline{\boldsymbol{x}}_i) + \ln(P_i) \quad (6\text{-}11)$$

를 추정한 뒤 i번째 모집단에 대하여 $\hat{d}_i$값이 최대일 때 i번째 모집단으로 분류한다. 또한 $\Sigma_1 = \Sigma_2$로 가정할 수 있으면 다음과 같이 합동 공분산행렬을 계산한 뒤,

$$\boldsymbol{S} = \frac{(n_1 - 1)\boldsymbol{S}_1 + (n_2 - 1)\boldsymbol{S}_2}{(n_1 - 1) + (n_2 - 1)} \quad (6\text{-}12)$$

다음의 선형 판별함수가 가장 큰 i번째 모집단에 대하여 새로운 관측값 $\boldsymbol{x}$를 i번째 모집단으로 분류한다.

$$\hat{d}_i(\boldsymbol{x}) = \overline{\boldsymbol{X}}_i' \boldsymbol{S}^{-1} \boldsymbol{x} - \frac{1}{2}\overline{\boldsymbol{X}}_i' \boldsymbol{S}^{-1} \overline{\boldsymbol{X}}_i + \ln(P_i) \tag{6-13}$$

6.4 Fisher의 판별함수

공분산행렬이 같은 두 개의 모집단을 가정하자. Fisher는 $\boldsymbol{X}$를 선형결합시켜 단일 변량 Y로 변환시킨 뒤 많은 구별을 할 수 있게 고안하였다. 우선 Y를 다음과 같이 선형결합시키고

$$Y = \boldsymbol{l}'\boldsymbol{x}$$

모집단 1과 2에 속한 $\boldsymbol{x}$의 기대값은 $E(Y|\pi_1) = \boldsymbol{l}'\mu_1$과 $E(Y|\pi_2) = \boldsymbol{l}'\mu_2$이며 각각의 추정량은 $\boldsymbol{l}'\overline{\boldsymbol{x}}_1$과 $\boldsymbol{l}'\overline{\boldsymbol{x}}_2$이다. 두 모집단에 대한 공분산행렬은

$$\Sigma_Y = Var(\boldsymbol{l}'\boldsymbol{x}) = \boldsymbol{l}'\Sigma\boldsymbol{l}$$

이며 추정량은 $\boldsymbol{l}'\boldsymbol{S}\boldsymbol{l}$이다. 이때 다음의 값을 최대화하는 선형결합 $\boldsymbol{l}'\boldsymbol{x}$를 발견하여야 하는데

$$\frac{Y\text{의 평균간의 거리 제곱}}{Y\text{의 분산}} = \frac{(\boldsymbol{l}'\overline{\boldsymbol{x}}_1 - \boldsymbol{l}'\overline{\boldsymbol{x}}_2)^2}{\boldsymbol{l}'\boldsymbol{S}\boldsymbol{l}} \tag{6-14}$$

이를 최대화하는 선형결합 벡터 $\boldsymbol{l}$의 추정량은 다음과 같다.

$$\hat{\boldsymbol{l}} = \boldsymbol{S}^{-1}(\overline{\boldsymbol{X}}_1 - \overline{\boldsymbol{X}}_2) \tag{6-15}$$

동일한 공분산행렬을 가정하면 판별함수는 선형함수이며 새로운 관측값 $\boldsymbol{x}$에 대한 판별함수는

$$\hat{\boldsymbol{l}}'\boldsymbol{x} = (\overline{\boldsymbol{x}}_1 - \overline{\boldsymbol{x}}_2)'\boldsymbol{S}^{-1}\boldsymbol{x} \tag{6-16}$$

이며 이 값이 크면 모집단 1에 분류한다.

Fisher의 생각을 $g(>2)$개의 모집단에 대한 분류로 확장하여 보자. i번째 모집단에서 n_i개의 확률표본 자료를 취하고 각각의 표본평균벡터 $\overline{\boldsymbol{X}}_i$와 표본공분산 행렬 $\boldsymbol{S}_i$로부터 합동 공분산행렬 $\boldsymbol{S}$는 다음과 같이 구한다.

$$S=\frac{\sum_{i=1}^{g}(n_i-1)S_i}{\sum_{i=1}^{g}(n_i-1)}$$

또한 각각의 표본으로부터 Y의 기대값과 분산을 각각 $l'\overline{X}_i$와 $l'Sl$로 추정하여

$$\frac{\text{급간 제곱합}}{\text{급내 제곱합}}=\frac{\sum_{i=1}^{g}\sum_{j=1}^{n_i}(l'\overline{X}_{i.}-l'\overline{X}_{..})^2}{\sum_{i}\sum_{j}(l'\overline{X}_{ij}-l'\overline{X}_{i.})^2} \tag{6-17}$$

을 최대화시키는 l을 구하면 된다. 우선 위 식은

$$\frac{l'[\sum_{i=1}^{g}n_i(\overline{X}_{i.}-\overline{X}_{..})(\overline{X}_{i.}-\overline{X}_{..})']l}{l'[\sum_{i}\sum_{j}(\overline{X}_{ij}-\overline{X}_{i.})(\overline{X}_{ij}-\overline{X}_{i.})']l}\equiv\frac{l'Bl}{l'Wl} \tag{6-18}$$

로 표현되어 행렬 $W^{-1}B$의 고유값은

$$\hat{\lambda}_1\geq\hat{\lambda}_2\geq\cdots\geq\hat{\lambda}_s\geq 0 \quad (s=\min(g-1,\,p))$$

이며 대응하는 고유벡터를 다음과 같이 구하면

$$\hat{e}_1,\,\hat{e}_2,\,\ldots,\,\hat{e}_s$$

식 (6-4) 또는 (6-18)을 최대화하는 벡터 l의 추정량으로 $\hat{l}_1=\hat{e}_1$이면 $y_1=\hat{l}_1'x$는 첫번째 판별값이며 $k=2,\,\ldots,\,s$에 대하여 $\hat{l}_k=\hat{e}_k$이면 $y_k=\hat{l}_k'x$는 k번째 판별값이다. 위의 값들은 집단간 분류를 그림으로 표현할 때 유용하다.

새로운 관측값 x에 대하여 각 판별값을 $\{y_1=\hat{l}_1'x,\,\ldots,\,y_s=\hat{l}_s'x\}$을 구한 뒤 모든 $i(\neq k)$에 대하여 다음을 만족하면

$$\sum_{j=1}^{r}(y_j-\hat{l}_j'\overline{x}_k)^2\leq\sum_{j=1}^{r}(y_j-\hat{l}_j'\overline{x}_i)^2 \tag{6-19}$$

k번째 모집단으로 분류하면 된다.

6.5 판별함수의 평가

식 (6-7)에서의 확률밀도함수 $f_1(x)$, $f_2(x)$를 안다면 실제 오류율(actual error rate; AER)을 계산할 수 있다. 실제 두 집단으로 분류된 확률표본을 판별함수를 통하여 분류한 예측 집단이 다음과 같이 2×2 분할표로 표현되었을 때, 명백한 오류율 또는 겉보기 오류율(apparent error rate; APER)을 아래와 같이 정의한다(일반적으로 오분류율이라고도 하기 때문에 APER을 오분류율이라고 한다).

		예측 모집단		
		집단 1	집단 2	
실제 모집단	집단 1	n_{11}	n_{12}	N_1
	집단 2	n_{21}	n_{22}	N_2

$$APER = \frac{n_{12}+n_{21}}{N_1+N_2}$$

$APER$은 단순하고 명확하지만 AER을 과소추정하는 문제점을 갖고 있다. 왜냐하며, 판별함수를 유도한 표본자료를 판별함수의 분류 평가에 다시 적용하기 때문이다. 이와 같이 확률표본자료 전체를 바탕으로 판별함수를 유도하고, 이 판별함수를 이용하여 다시 전체 확률표본자료를 분류하여 오류율을 계산하는 방법을 재대입방법(resubstitution method)이라고 한다. 그러므로 재대입방법에 의한 오분류율은 실제보다 작게 추정되는 현상이 발생한다. 이런 단점을 해결하기 위한 방법으로 교차확인방법(cross-validation method)이 있다. 교차확인방법은 전체 확률표본을 훈련표본과 확인표본으로 나누어 훈련표본 자료로부터 판별함수를 유도하고, 이 판별함수를 이용하여 확인표본 자료를 분류하여 확인표본에 대하여만 오류율을 계산하는 방법이다. 교차확인방법으로 추정한 오분류율은 불편추정량이지만 전체표본수가 매우 커야하는 또다른 단점을 갖고 있다. 왜냐하면, 전체 표본자료 중에서 훈련표본과 확인표본으로 구분하면서 우리가 추구하고자 하는 정보를 많이 잃을 수도 있기 때문이다. 교차확인방법의 문제점을 보완하기 위한 방법으로 잭나이프(Jackknife) 방법이 있다. 잭나이프 방법에서는 전체 표본자료 n개 중에서 훈련표본수를 $n-1$개로 설정하고 이 훈련표본으로부터 판별함수를 구하고 이 함수를 이용하여 나머지 하나 남은 표본자료를 분류한다. 이 과정을 n번 반복하여 전체 자료에서 잘못 분류된 표본수를 바탕으로 오분류율을 계산한다.

SAS의 PROC DISCRIM 과정에서 listerr은 재대입방법에 의한 오분류된 사례의 목록을 그리고 crosslisterr는 교차확인방법인 잭나이프 방법에 의한 오분류된 사례의 목록을 제시한다.

6.6 예제

1. 예제 1

앞에서 설명한 이론적 설명을 배경으로 본서에서는 도시별 복지기능 특성자료와 국내 상위기업 재무자료에 대해서 판별 및 분류분석을 실시하자. 우선 도시별 복지기능 특성자료에서 총인구수(X_1 변수) 20만을 기준으로 두 집단으로 구분한 후 정준상관분석하였다. 이에 대한 SAS 프로그램과 결과는 다음과 같다.

프·로·그·램 6-1 도시별 복지기능 특성자료의 판별 및 분류분석

```
DATA citynew ; SET city;
if  x1 ge 200000 then id=1
else id=2
RUN ;

PROC DISCRIM DATA=citynew METHOD=normal pool=test
          listerr crosslisterr can out=discrimout;
VAR X1 - X7 ;
CLASS id ;
RUN ;
PROC PLOT  DATA=discrimout ;
PLOT CAN1 * X1 =id /  vref=0 ;
RUN ;
```

결과 6·1 도시별 복지기능 특성자료의 판별 및 분류분석 결과

판별 및 분류분석

The DISCRIM Procedure

Total Sample Size	70	DF Total	69
Variables	7	DF Within Classes	68
Classes	2	DF Between Classes	1

Number of Observations Read	70
Number of Observations Used	70

Class Level Information

id	Variable Name	Frequency	Weight	Proportion	Prior Probability
1	_1	37	37.0000	0.528571	0.500000
2	_2	33	33.0000	0.471429	0.500000

Within Covariance Matrix Information

id	Covariance Matrix Rank	Natural Log of the Determinant of the Covariance Matrix
1	7	82.97849
2	7	69.80683
Pooled	7	80.06564

판별 및 분류분석

The DISCRIM Procedure

Test of Homogeneity of Within Covariance Matrices

Chi-Square	DF	Pr > ChiSq
199.076156	28	<.0001

Since the Chi-Square value is significant at the 0.1 level, the within covariance matrices will be used in the discriminant function.

Reference: Morrison, D.F. (1976) Multivariate Statistical Methods p252.

판별 및 분류분석

The DISCRIM Procedure

Generalized Squared Distance to Id		
From Id	1	2
1	82.97849	147.08476
2	85.21459	69.80683

판별 및 분류분석

The DISCRIM Procedure

Canonical Discriminant Analysis

	Canonical Correlation	Adjusted Canonical Correlation	Approximate Standard Error	Squared Canonical Correlation	Eigenvalues of Inv(E)*H = CanRsq/(1-CanRsq)				Test of H0: The canonical correlations in the current row and all that follow are zero				
					Eigenvalue	Difference	Proportion	Cumulative	Likelihood Ratio	Approximate F Value	Num DF	Den DF	Pr > F
1	0.712938	0.685491	0.059196	0.508281	1.0337		1.0000	1.0000	0.49171816	9.16	7	62	<.0001

Note: The F statistic is exact.

판별 및 분류분석

The DISCRIM Procedure

Canonical Discriminant Analysis

Total Canonical Structure		
Variable	Label	Can1
X1	총인구	0.970065
X2	문화재	-0.016707
X3	문화공간	0.591449
X4	체육시설	0.911352
X5	총병상수	0.847951
X6	사회복지시설수용인원	0.568602
X7	보육시설	0.939272

Between Canonical Structure		
Variable	Label	Can1
X1	총인구	1.000000
X2	문화재	-1.000000
X3	문화공간	1.000000
X4	체육시설	1.000000
X5	총병상수	1.000000
X6	사회복지시설수용인원	1.000000
X7	보육시설	1.000000

Pooled Within Canonical Structure		
Variable	Label	Can1
X1	총인구	0.941784
X2	문화재	-0.011716
X3	문화공간	0.457391
X4	체육시설	0.840699
X5	총병상수	0.746451
X6	사회복지시설수용인원	0.436164
X7	보육시설	0.886842

판별 및 분류분석

The DISCRIM Procedure

Canonical Discriminant Analysis

Total-Sample Standardized Canonical Coefficients		
Variable	Label	Can1
X1	총인구	0.8218929358
X2	문화재	0.1869334379
X3	문화공간	0.3570972801
X4	체육시설	-.0388142945
X5	총병상수	-.1220347152
X6	사회복지시설수용인원	-.2943517281
X7	보육시설	0.7628795722

Pooled Within-Class Standardized Canonical Coefficients		
Variable	Label	Can1
X1	총인구	0.5979894563
X2	문화재	0.1882695737
X3	문화공간	0.3261705122
X4	체육시설	-.0297211773
X5	총병상수	-.0979222890
X6	사회복지시설수용인원	-.2710526551
X7	보육시설	0.5707287722

Raw Canonical Coefficients		
Variable	Label	Can1
X1	총인구	0.0000033473
X2	문화재	0.0034007490
X3	문화공간	0.0273376176
X4	체육시설	-.0001268160
X5	총병상수	-.0000549413
X6	사회복지시설수용인원	-.0005482868
X7	보육시설	0.0033552488

Class Means on Canonical Variables	
Id	Can1
1	0.946358669
2	-1.061066568

판별 및 분류분석

The DISCRIM Procedure

Classification Results for Calibration Data: WORK.CITYNEW

Resubstitution Results using Quadratic Discriminant Function

Posterior Probability of Membership in id					
Obs	From id	Classified into id		1	2
19	1	2	*	0.0510	0.9490
20	1	2	*	0.3239	0.6761
33	2	1	*	0.7082	0.2918
54	1	2	*	0.3054	0.6946
69	1	2	*	0.0220	0.9780

* Misclassified observation

판별 및 분류분석

The DISCRIM Procedure

Classification Summary for Calibration Data: WORK.CITYNEW

Resubstitution Summary using Quadratic Discriminant Function

Number of Observations and Percent Classified into id			
From id	1	2	Total
1	33 89.19	4 10.81	37 100.00
2	1 3.03	32 96.97	33 100.00
Total	34 48.57	36 51.43	70 100.00
Priors	0.5	0.5	

Error Count Estimates for id			
	1	2	Total
Rate	0.1081	0.0303	0.0692
Priors	0.5000	0.5000	

판별 및 분류분석

The DISCRIM Procedure

Classification Results for Calibration Data: WORK.CITYNEW

Cross-validation Results using Quadratic Discriminant Function

Posterior Probability of Membership in id					
Obs	From id	Classified into id		1	2
19	1	2	*	0.0355	0.9645
20	1	2	*	0.2845	0.7155
31	2	1	*	0.9770	0.0230
33	2	1	*	1.0000	0.0000
46	1	2	*	0.0000	1.0000
48	2	1	*	0.9990	0.0010
54	1	2	*	0.2745	0.7255
58	2	1	*	0.9411	0.0589
69	1	2	*	0.0190	0.9810

* Misclassified observation

판별 및 분류분석

The DISCRIM Procedure

Classification Summary for Calibration Data: WORK.CITYNEW

Cross-validation Summary using Quadratic Discriminant Function

Number of Observations and Percent Classified into id

From id	1	2	Total
1	32 86.49	5 13.51	37 100.00
2	4 12.12	29 87.88	33 100.00
Total	36 51.43	34 48.57	70 100.00
Priors	0.5	0.5	

Error Count Estimates for id

	1	2	Total
Rate	0.1351	0.1212	0.1282
Priors	0.5000	0.5000	

Canl*X1 도표. 기호: id 의 값.

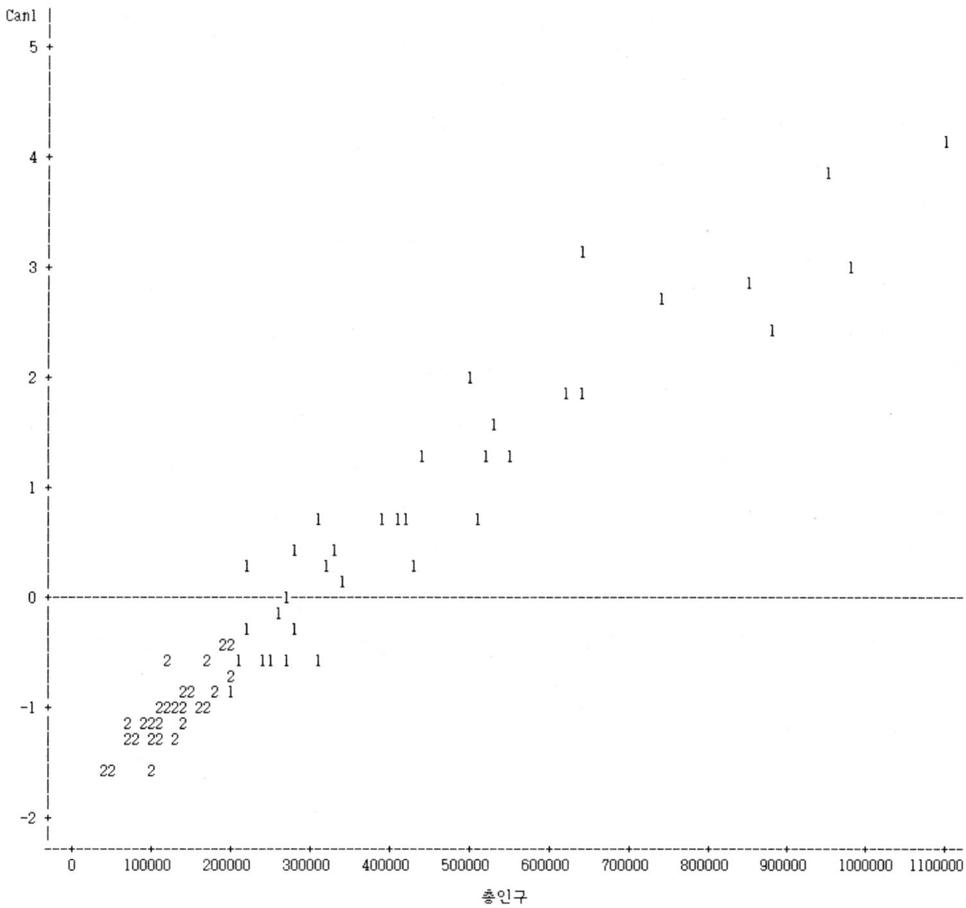

NOTE: 8 개의 관측치가 숨겨져 있습니다.

도시별 복지기능 특성자료를 판별 및 분류분석한 SAS 결과를 바탕으로 다음과 같은 결론을 유도할 수 있다.

공분산행렬들의 동질성에 관한 가설

$$H_0 : \Sigma_1 = \Sigma_2$$
$$H_1 : \Sigma_1 \neq \Sigma_2$$

에 대한 χ^2 검정통계량 값은 199.076이며 자유도 28의 χ^2 분포표를 통하여 구한 $p-$값은 0.0001으로 귀무가설을 기각한다. 따라서 동일한 모분산을 가정할 수 없으므로 판별함수는 식 (6-11)과 같은 이차식이 된다.

또한 두 집단의 정준상관계수는 0.7129이며 이 계수가 0이라는 귀무가설에 대한 F 검정 결과, $p-$값이 0.0001로 귀무가설을 기각하여 두 집단 사이에는 상관관계가 존재한다고 판단한다.

이차 판별함수에 의하여 판별 및 분류 결과 중 재대입방법에 의한 결과를 살펴보면, 총 70개 도시 중에서 5개 도시가 잘못 분류되었는데, ID=1로 분류된 37개 도시 중에서 ID=2로 분류된 도시는 4개 도시(19, 20, 54, 69번째 도시)이며 오분류율은 10.81%이고, ID=2로 분류된 33개 도시 중에서 ID=1로 분류된 도시는 하나인 33번째 도시이며 이때의 오분류율은 3.03%이다. 그리고 전체 70개 도시에 대한 오분류율은 6.92%이다.

이차 판별함수에 의하여 판별 및 분류 결과 중 교차확인방법 즉 잭나이프방법에 의한 결과를 살펴보면, 총 70개 도시 중에서 재대입방법의 결과보다 많은 9개 도시가 잘못 분류되었는데, ID=1로 분류된 37개 도시 중에서 ID=2로 분류된 도시는 5개 도시(19, 20, 46, 54, 69번째 도시)이며 오분류율은 13.51%이고, ID=2로 분류된 33개 도시 중에서 ID=1로 분류된 도시는 4개 도시(31, 33, 48, 58번째 도시)이며 이때의 오분류율은 12.12%이다. 그리고 전체 70개 도시에 대한 오분류율은 12.82%으로 재대입방법보다 높은 오류율을 나타낸다.

판별 및 분류분석에 사용된 7개의 변수 중에서 첫번째 변수인 총인구수(X_1 변수)와 정준변수와의 관계를 ID로 분류된 도표를 보면서 판별 및 분류 결과를 참조하기 바란다.

다음으로 6.4절에서 공부한 Fisher의 판별함수를 이용한 판별 및 분류분석에 대하여 살펴보자. SAS에서는 PROC CANDISC라는 과정을 이용하여 Fisher의 판별함수를 구할 수 있으며 이에 대한 프로그램과 결과는 다음과 같다.

프·로·그·램 6-1a Fisher의 판별 및 분류분석

```
PROC CANDISC DATA=citynew  ;
VAR X1 - X7 ;
CLASS id ;
RUN ;
DATA citynew ; SET citynew ;
CAN=0.0000033473*X1 +0.0034007490*X2
  +0.0273376176*X3 -.0001268160*X4 -.0000549413*X5
  -.0005482868*X6 +0.0033552488*X7;
PROC SORT  DATA=citynew ;
BY CAN;
RUN ;
PROC PRINT  DATA=citynew ;
VAR ID CAN X1 - X7 ;
RUN ;
PROC PLOT  DATA=citynew ;
PLOT CAN * X1 =id /  vref=1 href=200000 ;
RUN ;
```

결과 **6-1A**

판별 및 분류분석

The CANDISC Procedure

Total Sample Size	70	DF Total	69
Variables	7	DF Within Classes	68
Classes	2	DF Between Classes	1

Number of Observations Read	70
Number of Observations Used	70

Class Level Information				
id	Variable Name	Frequency	Weight	Proportion
1	_1	37	37.0000	0.528571
2	_2	33	33.0000	0.471429

판별 및 분류분석

The CANDISC Procedure

Multivariate Statistics and Exact F Statistics					
S=1 M=2.5 N=30					
Statistic	Value	F Value	Num DF	Den DF	Pr > F
Wilks' Lambda	0.49171916	9.16	7	62	<.0001
Pillai's Trace	0.50828084	9.16	7	62	<.0001
Hotelling-Lawley Trace	1.03368117	9.16	7	62	<.0001
Roy's Greatest Root	1.03368117	9.16	7	62	<.0001

판별 및 분류분석

The CANDISC Procedure

	Canonical Correlation	Adjusted Canonical Correlation	Approximate Standard Error	Squared Canonical Correlation	Eigenvalues of Inv(E)*H = CanRsq/(1-CanRsq)				Test of H0: The canonical correlations in the current row and all that follow are zero				
					Eigenvalue	Difference	Proportion	Cumulative	Likelihood Ratio	Approximate F Value	Num DF	Den DF	Pr > F
1	0.712938	0.685491	0.059196	0.508261	1.0337		1.0000	1.0000	0.49171916	9.16	7	62	<.0001

Note: The F statistic is exact.

판별 및 분류분석

The CANDISC Procedure

Total Canonical Structure		
Variable	Label	Can1
X1	총인구	0.970065
X2	문화재	-0.016707
X3	문화공간	0.591449
X4	체육시설	0.911352
X5	총병상수	0.847961
X6	사회복지시설수용인원	0.568602
X7	보육시설	0.939272

Between Canonical Structure		
Variable	Label	Can1
X1	총인구	1.000000
X2	문화재	-1.000000
X3	문화공간	1.000000
X4	체육시설	1.000000
X5	총병상수	1.000000
X6	사회복지시설수용인원	1.000000
X7	보육시설	1.000000

Pooled Within Canonical Structure		
Variable	Label	Can1
X1	총인구	0.941784
X2	문화재	-0.011716
X3	문화공간	0.457391
X4	체육시설	0.840699
X5	총병상수	0.746451
X6	사회복지시설수용인원	0.436164
X7	보육시설	0.886842

판별 및 분류분석

The CANDISC Procedure

Total-Sample Standardized Canonical Coefficients		
Variable	Label	Can1
X1	총인구	0.8218929358
X2	문화재	0.1869334379
X3	문화공간	0.3570972801
X4	체육시설	-.0388142945
X5	총병상수	-.1220347152
X6	사회복지시설수용인원	-.2943617281
X7	보육시설	0.7628795722

Pooled Within-Class Standardized Canonical Coefficients		
Variable	Label	Can1
X1	총인구	0.5979894563
X2	문화재	0.1882895737
X3	문화공간	0.3261705122
X4	체육시설	-.0297211773
X5	총병상수	-.0979222890
X6	사회복지시설수용인원	-.2710526551
X7	보육시설	0.5707287722

Raw Canonical Coefficients		
Variable	Label	Can1
X1	총인구	0.0000033473
X2	문화재	0.0034007490
X3	문화공간	0.0273376176
X4	체육시설	-.0001268160
X5	총병상수	-.0000549413
X6	사회복지시설수용인원	-.0005482868
X7	보육시설	0.0033552488

Class Means on Canonical Variables	
id	Can1
1	0.946356669
2	-1.061066568

판별 및 분류분석

OBS	id	CAN	X0	X01	X17	X2	X3	X4	X5	X6	X7
1	2	0.23705	충청남도	계룡시	42941	8	0	60	99	131	45
2	2	0.24523	경기도	동두천시	95779	2	6	138	1355	1083	131
3	2	0.29076	강원도	태백시	50730	12	6	75	861	184	22
4	2	0.46394	전라북도	김제시	95940	58	8	72	2388	640	65
5	2	0.47475	충청남도	논산시	129597	97	10	166	2096	1334	91
6	2	0.48346	경상북도	영천시	106785	80	6	79	1357	705	48
7	2	0.52175	강원도	삼척시	72431	43	6	94	407	202	34
8	2	0.57035	충청남도	보령시	108141	42	10	109	1148	606	60
9	2	0.57132	강원도	속초시	84568	14	10	124	721	277	52
10	2	0.59525	경상북도	문경시	76497	68	6	55	1114	186	34
11	2	0.59709	충청남도	공주시	126542	139	8	146	3175	1021	70
12	2	0.64943	강원도	동해시	95850	14	13	120	1606	253	50
13	2	0.65841	경기도	의왕시	142161	9	4	111	1983	316	101
14	2	0.66789	전라북도	남원시	88496	113	8	161	1517	661	70
15	2	0.67177	경상남도	밀양시	113636	40	6	107	1284	150	47
16	2	0.72393	경상북도	상주시	108839	85	7	114	546	433	48
17	2	0.73746	경기도	과천시	72382	12	13	41	12	127	52
18	2	0.77475	경상북도	영주시	117734	113	7	96	466	556	44
19	2	0.77845	경기도	오산시	163498	5	9	218	1617	733	145
20	2	0.79321	경상북도	김천시	140922	52	15	146	1440	716	67
21	2	0.81571	경상남도	사천시	111293	40	11	109	2127	215	76
22	2	0.84044	충청남도	서산시	161238	58	6	219	1079	533	95
23	2	0.84087	경상남도	통영시	132795	49	9	139	797	187	44
24	2	0.87024	경기도	포천시	168246	22	15	216	1425	1025	146
25	2	0.88215	경상남도	진해시	156992	19	5	135	1157	261	113
26	2	0.89767	경기도	하남시	150345	10	3	116	617	193	129
27	2	0.93738	충청북도	제천시	137229	55	22	167	2042	684	59
28	1	0.94444	경기도	이천시	201285	16	14	205	1565	1054	156
29	2	0.98331	경기도	안성시	177007	63	18	239	2066	1586	208
30	2	1.16411	경기도	구리시	197132	9	6	277	1576	119	148

31	1	1.18360	경기도	김포시	237566	18	5	268	2285	457	179
32	2	1.20228	전라북도	정읍시	122935	75	27	147	1667	829	108
33	1	1.21634	전라북도	익산시	310255	66	20	534	3451	2204	260
34	1	1.22077	경기도	광주시	247957	30	3	355	1076	816	226
35	2	1.22416	경상북도	안동시	169719	289	11	163	2995	1339	87
36	1	1.26198	충청북도	충주시	208808	85	18	261	2067	883	123
37	1	1.26596	경상북도	경산시	239966	30	8	272	2742	615	198
38	1	1.31078	전라북도	군산시	270329	20	21	330	2893	1111	171
39	2	1.40834	경기도	양주시	189492	31	10	211	1708	638	258
40	2	1.43779	경상남도	거제시	195609	107	18	206	1295	488	87
41	1	1.50413	경상남도	양산시	222299	133	6	201	3427	474	184
42	1	1.57605	경기도	군포시	280801	7	8	325	1365	343	208
43	1	1.69974	충청남도	아산시	264324	53	4	393	2277	632	312
44	1	1.81095	강원도	춘천시	267514	36	41	324	3583	1094	152
45	1	2.00432	경상남도	진주시	336234	114	12	366	4605	466	214
46	1	2.11434	경기도	광명시	318154	15	15	278	1268	290	254
47	1	2.12459	경상남도	마산시	425018	22	23	330	6436	983	278
48	1	2.17031	강원도	강릉시	219067	114	43	313	2786	772	146
49	1	2.23678	경상북도	경주시	277185	315	11	281	1971	703	139
50	1	2.26259	경기도	파주시	331504	50	12	435	1776	1085	418
51	1	2.46522	강원도	원주시	310276	62	46	464	3378	1099	240
52	1	2.46616	경기도	시흥시	413749	6	9	575	3130	662	424
53	1	2.54307	경기도	평택시	421231	22	23	471	3030	848	334
54	1	2.57182	경상북도	구미시	391368	79	14	483	1656	194	259
55	1	2.58298	경상북도	포항시	507674	61	12	455	3590	485	259
56	1	3.03664	경기도	화성시	515162	44	5	531	2058	1239	562
57	1	3.08641	충청남도	천안시	551423	72	19	805	5402	1390	488
58	1	3.13818	경기도	의정부시	435401	17	5	248	4348	370	584
59	1	3.15742	경상남도	김해시	443017	41	26	451	4800	610	441
60	1	3.34456	경기도	남양주시	530699	46	11	513	4179	802	550
61	1	3.64476	경기도	안양시	623511	17	27	699	4029	848	458
62	1	3.69601	전라북도	전주시	639922	80	25	1010	9499	1872	678
63	1	3.78499	경상남도	창원시	504520	31	49	434	3230	530	350
64	1	4.30351	경기도	부천시	884976	2	20	962	8712	1109	595
65	1	4.46903	경기도	안산시	739493	17	25	801	7377	1032	693
66	1	4.74380	경기도	용인시	854054	95	18	780	6341	2667	888
67	1	4.77986	경기도	성남시	979035	44	24	1210	7170	1549	624
68	1	4.92450	충청북도	청주시	644223	78	79	716	5410	1769	507
69	1	5.65930	경기도	고양시	951001	37	35	1028	9380	1709	887
70	1	6.01101	경기도	수원시	1098449	32	27	1658	7811	1892	943

CAN*X1 도표. 기호: id 의 값.

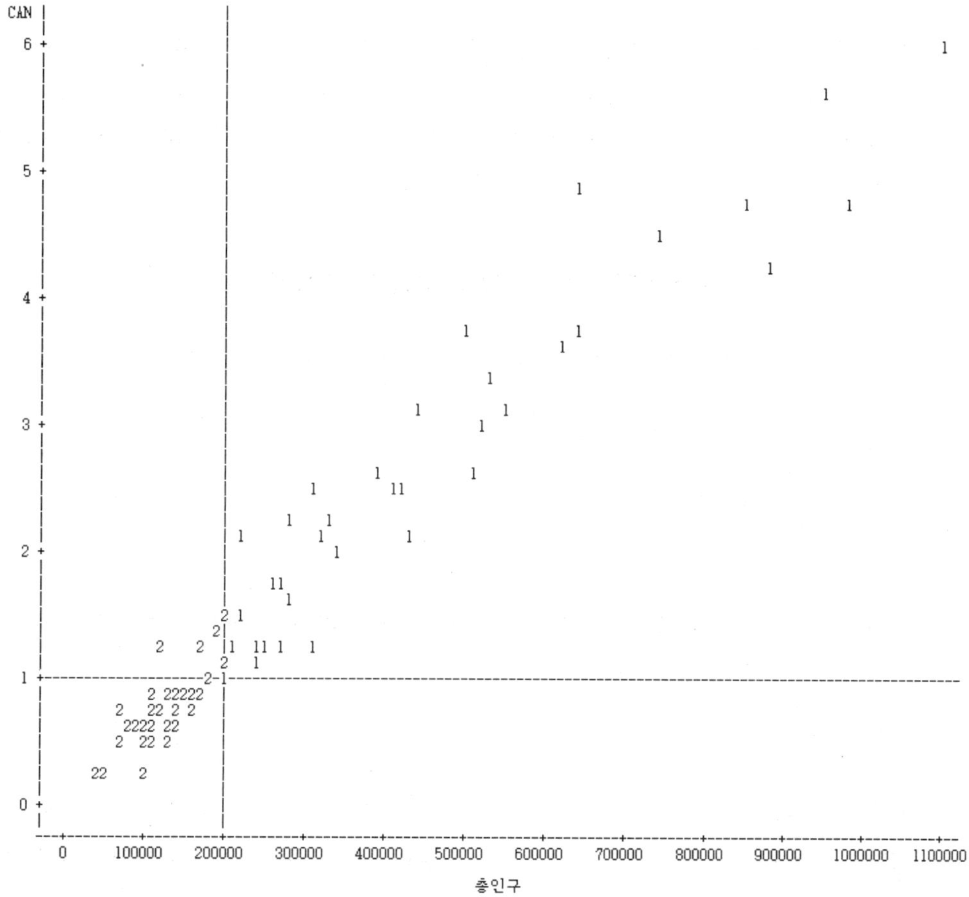

NOTE: 4 개의 관측치가 숨겨져 있습니다.

[결과 6-1A]를 바탕으로 Fisher의 판별함수값을 CAN이란 변수로 다음과 같이 설정하고

$$\begin{aligned} Y_1 = \ & 0.0000033473 \times X_1 + 0.0034007490 \times X_2 + 0.0273376176 \times X_3 \\ & - .0001268160 \times X_4 - .0000549413 \times X_5 - .0005482868 \times X_6 \\ & + 0.0033552488 \times X_7 \end{aligned}$$

CAN변수와 각 변수들과의 관계 그리고 CAN변수와 ID변수로 분류된 도시들과의 관계를 살펴볼 수 있다. [결과 6-1A]에서 CAN 값의 크기순으로 정렬한 결과에서 CAN 값이 1보다 작을 때는 ID=2로 그리고 CAN 값이 1보다 큰 경우에는 ID=1로 분류되어야 하는데 28번째는 ID=2로 그리고 30, 32, 35, 39, 40번째의 5개 도시는 ID=1으로 오분류되어 모두 6개 도시가 오분류 되었다는 것을 Fisher의 판별함수를 이용하여 확인할 수 있다.

2. 예제 2

본서에서 다룰 두번째 예제인 국내 상위기업 재무자료에서 상장여부(list 변수)에 따라 대기업에 속한 계열사들에 대하여 판별 및 분류분석하기 위한 SAS 프로그램은 다음과 같으며, 독자 스스로 프로그램을 실행시키고 그 결과를 바탕으로 분석한 것을 참조 바란다.

프·로·그·램 6-2 국내 상위기업 재무자료의 판별 및 분류분석

```
PROC DISCRIM DATA=finance  METHOD=normal pool=test
             listerr crosslisterr;
VAR  sale operating ordinary net_profit total_asset
     capital_stock o_capita;
CLASS list ;
BY group ;
RUN ;
```

국내 상위기업 재무자료를 바탕으로 상장여부에 대하여 판별 및 분류분석한 SAS 결과를 바탕으로 다음과 같은 결론을 유도할 수 있다.

SK:

공분산행렬들의 동질성을 검정하는 가설에 대한 χ^2 검정통계량 값은 802.05이며 자유도 28의 χ^2분포표를 통하여 구한 $p-$값은 0.0001으로 귀무가설을 기각한다. 따라서 동일한 모분산을 가정할 수 없으므로 판별함수는 식 (6-11)과 같은 이차식이 된다.

또한 두 집단의 정준상관계수는 0.6674이며 이 계수가 0이라는 귀무가설에 대한 F 검정 결과, $p-$값이 0.0001로 귀무가설을 기각하여 두 집단 사이에는 상관관계가 존재한다고 판단한다.

이차 판별함수에 의하여 판별 및 분류 결과 중 재대입방법에 의한 결과를 살펴보면, 총 70개 SK 그룹에 속한 기업 중에서 10개 기업이 잘못 분류되었는데, ID=0(비상장 기업)로 분류된 기업 54개 중에서 ID=1(상장 기업)로 분류된 기업은 4개 기업이며 오분류율은 7.41%이고, ID=1로 분류된 33개 기업 중에서 ID=0로 분류된 기업은 6개 기업이며 이때의 오분류율은 37.503%이다(자세한 기업은 결과 참조바람). 그리고 전체 70개 기업에 대한 오분류율은 22.45%이다.

판별 및 분류 결과 중 잭나이프방법에 의한 결과를 살펴보면, 총 70개 SK 그룹에 속한 기업 중에서 15개 기업이 잘못 분류되었는데, ID=0(비상장 기업)로 분류된 기업 54개 중에서 ID=1(상장 기업)로 분류된 기업은 9개 기업이며 오분류율은 16.67%이고, ID=1로 분류된 33개 기업 중에서 ID=0로 분류된 기업은 재대입방법과 동일하게 6개 기업이고 이때의 오분류율은 37.503%이다(자세한 기업은 결과 참조바람). 그리고 전체 70개 기업에 대한 오분류율은 27.08%로 재대입방법보다 높은 오류율을 나타낸다.

삼성:

두 집단의 공분산행렬들이 동질한가에 관한 가설을 검정하는 χ^2 검정통계량 값은 614.890이며 이에 대한 $p-$값은 매우 작아서 귀무가설을 기각한다. 따라서 두 집단의 모분산은 다르다고 할 수 있으므로 판별함수는 식 (6-11)과 같은 이차식이 된다.

또한 두 집단의 정준상관계수는 0.5514이고 이 값이 0이라는 귀무가설에 대한 F 검정을 하면, $p-$값이 0.0062로 작게 나타나므로 귀무가설을 기각하고 따라서 두 집단 사이에는 상관관계가 존재한다고 판단한다.

이차 판별함수에 의하여 판별 및 분류 결과 중 재대입방법에 의한 결과를 살펴보면, 삼성 그룹에 속한 총 60개의 기업 중에서 7개 기업이 잘못 분류되었는데, ID=0(비상장 기업)로 분류된 기업 42개 중에서 ID=1(상장 기업)로 분류된 기업은 2개 기업이며 오분류율은 4.76%이고, ID=1로 분류된 18개 기업 중에서 ID=0로 분류된 기업은 5개 기업이고 이때의 오분류율은 27.78%이다(자세한 기업은 결과 참조바람). 그리고 전체 60개 기업에 대한 오분류율은 16.27%이다.

판별 및 분류 결과 중 잭나이프방법에 의한 결과를 살펴보면, 총 60개 삼성 그룹에 속한 기업 중에서 12개 기업이 잘못 분류되었는데, ID=0(비상장 기업)로 분류된 기업 42개 중에서 ID=1(상장 기업)로 분류된 기업은 7개 기업이며 오분류율은 16.67%이고, ID=1로 분류된 18개 기업 중에서 ID=0로 분류된 기업은 5개 기업이며 이때의 오분류율은 27.78%이다(자세한 기업은 결과 참조바람). 그리고 전체 60개 기업에 대한 오분류율은 22.22%으로 재대입방법보다 높은 오류율을 나타낸다.

현대자동차:

공분산행렬들의 동질성에 검정하는 가설에 대한 χ^2 검정통계량 값은 421.127이며 자유도 28의 χ^2분포표를 통하여 구한 $p-$값은 0.0001로 귀무가설을 기각한다. 따라서 이분산 가정하에서 판별함수는 식 (6-11)과 같은 이차식이 된다.

또한 두 집단의 정준상관계수는 0.8065이며 이 계수가 0이라는 귀무가설에 대한 F 검정통계량에 해당하는 $p-$값이 0.0001로 귀무가설을 기각하여 두 집단 사이에는 상관관계가 존재한다고 판단한다.

이차 판별함수에 의하여 판별 및 분류 결과 중 재대입방법에 의한 결과를 살펴보면, 총 45개 현대 그룹에 속한 기업 중에서 2개 기업이 잘못 분류되었는데, ID=0(비상장 기업)로 분류된 기업 35개 중에서 ID=1(상장 기업)로 분류된 기업은 1개 기업이며 오분류율은 2.86%이고, ID=1로 분류된 10개 기업 중에서 ID=0로 분류된 기업은 1개 기업이며 이때의 오분류율은 10.00%이다(자세한 기업은 결과 참조바람). 그리고 전체 45개 기업에 대한 오분류율은 6.43%이다.

판별 및 분류 결과 중 잭나이프방법에 의한 결과를 살펴보면, 총 45개 현대 그룹에 속한 기업 중에서 6개 기업이 잘못 분류되었는데, ID=0(비상장 기업)로 분류된 기업 35개 중에서 ID=1(상장 기업)로 분류된 기업은 5개 기업이며 오분류율은 14.29%이고, ID=1로 분류된 10개 기업 중에서 ID=0로 분류된 기업은 1개 기업이며 이때의 오분류율은 10.00%이다(자세한 기업은 결과 참조바람). 그리고 전체 45개 기업에 대한 오분류율은 12.14%으로 재대입방법보다 높은 오류율을 나타낸다.

3. 예제 3

한 도시에서 시민을 두 집단 즉, 잔디 깎는 기계를 보유한 집단 (ID=1)과 보유하지 못한 집단(ID=2)으로 나눠 보았다. 잔디 깎는 기계의 판매 전략을 세우기 위해 소득($X1$)과 정원 크기($X2$)에 관하여 미래의 고객을 판별 및 분류하고자 한다. 기계를 보유한 사람 11명과 보유하지 못한 사람 11명씩 확률표본을 취하였고 그 자료는 <프로그램 6-3>에 수록되어 있다.

프·로·그·램 6-3

```
DATA MOWER;
    DO ID = 1 TO 2;
     INPUT X1 X2 @@; OUTPUT;
    END;
CARDS;
 60.0 18.4 75.0 19.6
 85.5 16.8 52.8 20.8
 64.8 21.6 64.8 17.2
 61.5 20.8 43.2 20.4
110.1 19.2 49.2 17.6
108.0 17.6 59.4 16.0
 82.8 22.4 66.0 18.4
 69.0 20.0 47.4 16.4
 93.0 20.8 33.0 18.8
 51.0 22.0 51.0 14.0
 81.0 20.0 63.0 14.8
;
PROC DISCRIM METHOD=normal pool=test
      list  can  out=discrimout ;
   CLASS ID;
   VAR X1 X2;
RUN;

PROC PLOT DATA=discrimout ;
     PLOT X2*X1=ID ;
     PLOT CAN1*X1=ID / VREF=0;
     PLOT CAN1*X2=ID / VREF=0;
RUN;
```

공분산행렬들의 동질성에 관한 가설을 검정하기 위해 χ^2 검정통계량을 살펴보자. $\chi^2 = 2.9985$이며 자유도 3의 χ^2분포표를 통하여 $p-$값은 0.3919임을 알 수 있다. 따라서 귀무가설을 기각할 수 없고 동일한 모분산을 가정할 수 있다. 그러므로 판별함수는 선형이 되며 다음과 같이 정의할 수 있다.

$$\hat{d}_1(x_1, x_2) = -80.4 + 0.51x_1 + 6.03x_2$$
$$\hat{d}_2(x_1, x_2) = -56.6 + 0.39x_1 + 5.19x_2$$

그리고 새로운 관측값을 위의 판별함수에 대입하여 큰 판별값이 나오는 집단으로 분류한다. 예를 들어 기계를 보유한 두 사람(첫번째와 두번째)의 경우를 살펴보자. 첫번째 관측값을 위에서 정의한 판별함수에 대입하면,

$$\hat{d}_1(60.0,\ 18.4) = 0.2380 < \hat{d}_2(60.0,\ 18.4) = 0.7620$$

을 얻을 수 있으며 집단 1에 속해 있는 첫번째 관측값은 집단 2로 분류가 되기 때문에 이것은 위에서 정의한 판별함수로 인하여 오분류 되었다고 할 수 있다. 그리고 기계를 보유한 두번째 관측값의 판별값으로

$$\hat{d}_1(85.5,\ 16.8) = 0.6362380 > \hat{d}_2(85.5,\ 16.8) = 0.3640$$

을 구하였고 이것은 집단 1에 속해 있는 관측값이 판별함수에 의해서 집단 1에 속해 있다고 판단할 수 있다. 결과적으로 집단 1에 속해 있는 사람들을 집단 2로 오분류한 경우는 한가지이었으며 오분류율은 1/11=0.0909이다. 그리고 마찬가지로 집단 2에 대한 오분류율도 9.09%이다.

위의 결과들을 그림으로 표현해 보았다. 우선 $X1$과 $X2$를 좌표로 하는 도표를 통해 직선으로 두 집단간을 구분하여 분류가 가능함을 쉽게 파악할 수가 있으며, 나머지 두 개의 도표를 통하여 $X1$ 또는 $X2$ 각각에 대하여 분류를 명확하게 할 수 있음을 알 수 있다.

부록 SPSS 프로그램

프·로·그·램 6-1

```
GET
  FILE='G:\city.sav'.
DATASET NAME 데이터집합1 WINDOW=FRONT.

DISCRIMINANT
  /GROUPS=id(1 2)
  /VARIABLES=총인구 문화재 문화공간 체육시설 총병상수 사회복지시설수용인원
보육시설
  /ANALYSIS ALL
  /SAVE=CLASS PROBS
  /PRIORS EQUAL
  /HISTORY
  /STATISTICS=MEAN STDDEV COEFF RAW CORR COV TABLE
  /CLASSIFY=NONMISSING POOLED.
```

프·로·그·램 6-2 SK

```
GET
  FILE='G:\finance_sk.sav'.
DATASET NAME 데이터집합1 WINDOW=FRONT.

DISCRIMINANT
  /GROUPS=list(0 1)
  /VARIABLES=sale  operating  ordinary  net_profit  total_asset
capital_stock o_capita
  /ANALYSIS ALL
  /SAVE=CLASS PROBS
  /PRIORS EQUAL
  /STATISTICS=COEFF RAW CORR COV TABLE
  /CLASSIFY=NONMISSING POOLED.
```

프·로·그·램 6-3

```
DATA LIST FREE / ID X1 X2.
BEGIN DATA.
1  60.0 18.4   2 75.0 19.6    1  85.5 16.8    2 52.8 20.8
1  64.8 21.6   2 64.8 17.2    1  61.5 20.8    2 43.2 20.4
1 110.1 19.2   2 49.2 17.6    1 108.0 17.6    2 59.4 16.0
1  82.8 22.4   2 66.0 18.4    1  69.0 20.0    2 47.4 16.4
1  93.0 20.8   2 33.0 18.8    1  51.0 22.0    2 51.0 14.0
1  81.0 20.0   2 63.0 14.8
```

```
END DATA.

DISCRIMINANT
  /GROUPS  = ID(1 2)
  /VARIABLES  = X1 X2
  /ANALYSIS  ALL
  /STATISTICS  = MEAN STDDEV COEFF CORR COV GCOV TCOV
  /PLOT  = COMBINED SEPARATE MAP
  /CLASSIFY  = NONMISSING POOLED .
```

연습 문제

1. 파산한 기업(ID=0)에 대하여는 2년 전에 그리고 견실한 기업(ID=1)에 대하여도 비슷한 시점에서 재무구조를 조사한 자료이다. 변수 $X1$=통화량/총부채, 변수 $X2$=순이익/총자산, 변수 $X3$=유동자산/유동부채, 변수 $X4$=유동자산/순매출 이라고 정의하고 자료는 다음과 같다.

n	$X1$	$X2$	$X3$	$X4$	ID	n	$X1$	$X2$	$X3$	$X4$	ID
1	-.45	-.41	1.09	4.5	0	2	-.56	-.31	1.51	.16	0
3	.06	.02	1.01	.40	0	4	-.07	-.09	1.45	.26	0
5	-.10	-.09	1.56	.67	0	6	-.14	-.07	.71	.28	0
7	.04	.01	1.50	.71	0	8	-.06	-.06	1.37	.40	0
9	.07	-.01	1.37	.34	0	10	-.13	-.14	1.42	.44	0
11	-.23	-.30	.33	.18	0	12	.07	.02	1.31	.25	0
13	.01	.00	2.15	.70	0	14	-.28	-.27	1.19	.66	0
15	.15	.05	1.88	.27	0	16	.37	.11	1.99	.38	0
17	-.08	-.08	1.51	.42	0	18	.01	-.00	1.68	.95	0
19	.01	-.00	1.26	.60	0	20	.12	.11	1.14	.17	0
21	-.28	-.27	1.27	.51	0						

n	$X1$	$X2$	$X3$	$X4$	ID	n	$X1$	$X2$	$X3$	$X4$	ID
1	.51	.10	2.49	.54	1	2	.08	.02	2.01	.53	1
3	.38	.11	3.27	.35	1	4	.19	.05	2.25	.33	1
5	.32	.07	4.24	.63	1	6	.31	.05	4.45	.69	1
7	.12	.05	2.52	.69	1	8	-.02	.02	2.05	.35	1
9	.22	.08	2.35	.40	1	10	.17	.07	1.80	.52	1
11	.15	.05	2.17	.55	1	12	-.10	-.01	2.50	.58	1
13	.14	-.03	.46	.26	1	14	.14	.07	2.61	.52	1
15	.15	.06	2.23	.56	1	16	.16	.05	2.31	.20	1
17	.29	.06	1.84	.38	1	18	.54	.11	2.33	.48	1
19	-.33	-.09	3.01	.47	1	20	.48	.09	1.24	.18	1
21	.56	.11	4.29	.45	1	22	.20	.08	1.99	.30	1
23	.47	.14	2.92	.45	1	24	.17	.04	2.45	.14	1
25	.58	.04	5.06	.13	1						

2. 모 대학교 경영대학 입학관리과에서는 학부 때의 평균 성적($X1$; GPA)과 경영대학원 자격시험성적($X2$; GMAT)이 대학원 입학 여부를 결정하는 데의 지표를 삼고자 자료를 아래와 같이 수집하였다. 아래에 수록된 자료를 분석하여라.

합격	불합격	합격 대기자
1 2.96 596	32 2.54 446	60 2.86 494
2 3.14 473	33 2.43 425	61 2.85 496
3 3.22 482	34 2.20 474	62 3.14 419
4 3.29 527	35 2.36 531	63 3.28 371
5 3.69 505	36 2.57 542	64 2.89 447
6 3.46 693	37 2.35 406	65 3.15 313
7 3.03 626	38 2.51 412	66 3.50 402
8 3.19 663	39 2.51 458	67 2.89 485
9 3.63 447	40 2.36 399	48 2.80 444
10 3.59 588	41 2.36 482	69 3.13 416
11 3.30 563	42 2.66 420	70 3.01 471
12 3.40 553	43 2.68 414	71 2379 490
13 3.50 572	44 2.48 533	72 2.89 431
14 3.78 591	45 2.46 509	73 2.91 446
15 3.44 692	46 2.63 504	74 2.75 546
16 3.48 528	47 2.44 336	75 2.73 467
17 3.47 552	48 2.13 408	76 3.12 463
18 3.35 520	46 2.41 469	77 3.08 440
19 3.39 543	50 2.55 538	78 3.03 419
20 3.28 523	51 2.31 505	79 3.00 509
21 3.21 530	52 2.41 489	80 3.03 438
22 3.58 564	53 2.19 411	81 3.05 399
23 3.33 565	54 2.35 321	82 2.85 483
24 3.40 431	55 2.60 394	83 3.01 453
25 3.38 605	56 2.55 528	84 3.03 414
26 3.26 664	57 2.72 399	85 3.04 446
27 3.60 609	58 2.85 381	
28 3.37 559	59 2.90 384	
29 3.80 521		
30 3.76 646		
31 3.24 467		

3. 한 도시에서 시민을 두 집단 즉, 잔디 깎는 기계를 보유한 집단 (ID=1)과 보유하지 못한 집단(ID=2)으로 나눠 보았다. 잔디 깎는 기계의 판매 전략을 세우기 위해 소득($X1$)과 정원 크기($X2$)에 관하여 미래의 고객을 판별 및 분류하고자 한다. 기계를 보

유한 사람 11명과 보유하지 못한 사람 11명씩 확률표본을 취하였다. 다음에 수록된 자료를 분석하여라.

$X1$	$X2$	$X1$	$X2$	$X1$	$X2$	$X1$	$X2$
60.0	18.4	75.0	19.6	85.5	16.8	52.8	20.8
64.8	21.6	64.8	17.2	61.5	20.8	43.2	20.4
110.1	19.2	49.2	17.6	108.0	17.6	59.4	16.0
82.8	22.4	66.0	18.4	69.0	20.0	47.4	16.4
93.0	20.8	33.0	18.8	51.0	22.0	51.0	14.0
81.0	20.0	63.0	14.8				

4. 원유에 관한 표본추출 자료이다. 원유 매장층(Π)은 세 개로 구분된다 (1:빌헬름층, 2:서브-멀니아층, 3:상층). 원유의 성분은 X_1: 바나듐, X_2: 철, X_3: 베릴륨, X_4: 포화탄화수소, X_5: 방향탄화수소이다. 변수 X_2와 X_3는 제곱근 변환, X_4는 역수변환하여 판별 및 분류분석하여라.

Π	X_1	X_2	X_3	X_4	X_5	Π	X_1	X_2	X_3	X_4	X_5
1	3.9	51.0	0.20	7.06	12.19	1	2.7	49.0	0.07	7.14	12.23
1	2.8	36.0	0.30	7.00	11.30	1	3.1	45.0	0.08	7.20	13.01
1	3.5	46.0	0.10	7.81	12.63	1	3.9	43.0	0.07	6.25	10.42
1	2.7	35.0	0.00	5.11	9.00						
2	5.0	47.0	0.07	7.06	6.10	2	3.4	32.0	0.20	5.82	4.69
2	1.2	12.0	0.00	5.54	3.15	2	8.4	17.0	0.07	6.31	4.55
2	4.2	36.0	0.50	9.25	4.95	2	4.2	35.0	0.50	5.69	2.22
2	3.9	41.0	0.10	5.63	2.94	2	3.9	36.0	0.07	6.19	2.27
2	7.3	32.0	0.30	8.02	12.92	2	4.4	46.0	0.07	7.54	5.76
2	3.0	30.0	0.00	5.12	10.77						
3	6.3	13.0	0.50	4.24	8.27	3	1.7	5.6	1.00	5.69	4.64
3	7.3	24.0	0.00	4.34	2.99	3	7.8	18.0	0.50	3.92	6.09
3	7.8	25.0	0.70	5.39	6.20	3	7.8	26.0	1.00	5.02	2.50
3	9.5	17.0	0.05	3.52	5.71	3	7.7	14.0	0.30	4.65	8.63
3	11.0	20.0	0.50	4.27	8.40	3	8.0	14.0	0.30	4.32	7.87
3	8.4	18.0	0.20	4.38	7.98	3	10.0	18.0	0.10	3.06	7.67
3	7.3	15.0	0.05	3.76	6.84	3	9.5	22.0	0.30	3.98	5.02
3	8.4	15.0	0.20	5.02	10.12	3	8.4	17.0	0.20	4.42	8.25
3	9.5	25.0	0.50	4.44	5.95	3	7.2	22.0	1.00	4.70	3.49
3	4.0	12.0	0.50	5.71	6.32	3	6.7	52.0	0.50	4.80	3.20
3	9.0	27.0	0.30	3.69	3.30	3	7.8	29.0	1.50	6.72	5.75

Π	X_1	X_2	X_3	X_4	X_5	Π	X_1	X_2	X_3	X_4	X_5
3	4.5	41.0	0.50	3.33	2.27	3	6.2	34.0	0.70	7.56	6.93
3	5.6	20.0	0.50	5.07	6.70	3	9.0	17.0	0.20	4.39	8.33
3	8.4	20.0	0.10	3.74	3.77	3	9.5	19.0	0.50	3.72	7.37
3	9.0	20.0	0.50	5.97	11.17	3	6.2	16.0	0.05	4.23	4.18
3	7.3	20.2	0.50	4.39	3.50	3	3.6	15.0	0.70	7.00	4.82
3	6.2	34.0	0.07	4.84	2.37	3	7.3	22.0	0.00	4.13	2.70
3	4.1	29.0	0.70	5.78	7.76	3	5.4	29.0	0.20	4.64	2.65
3	5.0	34.0	0.70	4.21	6.50	3	6.2	27.0	0.30	3.97	2.97

제7장

군집분석

7.1 배경

군집분석(cluster analysis) 또는 집락분석은 많은 변수들로 관측된 개체들을 적절한 군집(집락)으로 나누는 통계적 기법이다. 군집으로 나누는 과정을 집단화(grouping)한다고 하는데, 판별분석에서 분류(classification)는 이미 알려진 집단의 구조와 집단의 개수를 미리 알고 있어서 새로운 객체를 할당하는 것이 목적이라면 군집분석에서는 집단의 수나 구도가 가정되어 있지 않기 때문에 객체들의 유사성(similarity) 또는 비유사성(nonsimilarity) 등에 의하여 집단화하는 것을 주요 목적으로 하는 탐색적 통계분석 기법이다.

7.2 유사성 척도

p개의 변수로 구성된 n개의 개체(확률변수)들은 p차원 공간에 산재하는 n점으로 생각할 수 있다. 만약 이 개체들을 g개의 군집으로 집단화한다고 가정하면 우선 개체들 사이의 거리(또는 유사성)를 측정하는 기준이 필요하다. 두 점 $\boldsymbol{x}_i = (x_{1i}, \ldots, x_{\pi})'$과 $\boldsymbol{x}_j = (x_{1j}, \ldots, x_{pj})'$ 사이의 거리 $d(\boldsymbol{x}_i, \boldsymbol{x}_j)$는 다음과 같은 종류가 있다:

(1) 유클리드(Euclidean)거리 : $\sqrt{(\boldsymbol{x}_i - \boldsymbol{x}_j)'(\boldsymbol{x}_i - \boldsymbol{x}_j)}$

(2) 제곱한 유클리드 거리 : $(\boldsymbol{x}_i - \boldsymbol{x}_j)'(\boldsymbol{x}_i - \boldsymbol{x}_j)$

(3) 일반적 거리 : $\sqrt{(\boldsymbol{x}_i - \boldsymbol{x}_j)'\Sigma^{-1}(\boldsymbol{x}_i - \boldsymbol{x}_j)}$

(4) 평균 거리 : $\frac{1}{p}\sum_{k=1}^{p}|x_{ki} - x_{kj}|$

(5) 상관계수를 기초한 거리 : $|r_{ij}|$

SAS에서는 유클리드거리를 사용하나, 여러 종류 중 어떤 거리 척도를 쓴다 할지라도 거리 값이 작다는 것은 객체들끼리 유사하다는 것을 의미한다. 또한 실제적인 군집방법에서는 집단화하기 위하여 유사성 척도를 사용하며 그 결과는 의미있는 해석과 표현을 제공하여야 한다. 군집분석은 계층적 군집방법(hierarchical clustering)과 비계층적(non-hierarchical) 군집방법으로 나누어 설명할 수 있다.

7.3 계층적 군집방법

계층적 방법은 다음과 같은 절차로 군집화된다.

(1) 첫 단계로 각각의 개체들은 크기 1의 군집이다(n개의 군집이 존재한다).
(2) 각 단계에서 가장 가까운 거리에 있는 군집 쌍을 하나의 새로운 군집으로 형성한다 (군집의 수가 하나씩 줄어든다).
(3) 두 객체가 일단 하나의 군집으로 집락화되면 마지막 단계까지 다른 군집으로 분리가 안되고 동행한다.
(4) 최종 단계는 n개의 객체가 모두 집단화되어 하나의 군집으로 나타나는 $(n-1)$단계이다.

이와 같이 개체 수 만큼의 부분집단으로부터 시작하여 각 부분 집단들이 비유사한 집단들로 분할되는 과정을 반복하면 최종적으로 모든 개체가 하나의 집단으로 묶이게 되는데, 나무가지그림(tree graph) 또는 덴드로그램(dendrogram)으로 계층적 군집분석 결과를 이차원에 표현할 수 있다. 나무가지그림 또는 덴드로그램을 통하여 적절한 집락의 수를 결정하는 문제는 주관적으로 정할 수 있다. 계층적 군집방법의 종류에 대하여 살펴보자.

1. 최단연결법(nearest neighbor 또는 single linkage)

예를 들어 $\boldsymbol{x}_1$, $\boldsymbol{x}_3$, $\boldsymbol{x}_2$, $\boldsymbol{x}_6$와 같은 두 군집 간에 속하는 개체 사이의 거리는 $d(\boldsymbol{x}_1, \boldsymbol{x}_2)$, $d(\boldsymbol{x}_1, \boldsymbol{x}_6)$, $d(\boldsymbol{x}_3, \boldsymbol{x}_2)$, $d(\boldsymbol{x}_3, \boldsymbol{x}_6)$로 정의되고, 각각 d_{12}, d_{16}, d_{32}, d_{36}으로 나타낸다. 즉 $d_{ij} = d(\boldsymbol{x}_i, \boldsymbol{x}_j)$. 최단연결법에서 사용하는 두 군집 간의 거리(비유사성) 척도는 다음과 같다.

$$\min\{d_{12},\ d_{16},\ d_{32},\ d_{36}\}$$

즉, 각 군집에 속하는 개체들 사이의 거리들 중에서 가장 가까운 거리로 정의한다. 그리고 각 군집 단계에서 가장 유사성이 높은 두 개의 군집끼리 연결하여 하나의 군집으로 만든다. 이 군집방법은 최단거리끼리 연결하는 방법으로 체인 효과 (chain - effect)가 있다고 한다. 그러므로 특이값을 다른 군집으로 형성하는 경향이 있다.

거리행렬 $D = \{d_{ij}\}$, $i,\ j = 1,\ 2,\ \ldots,\ k$에서 최단거리를 갖는 두 개체를 k, l이라고 하자. 이들을 한 군집으로 묶어 (kl)로 나타내자. 최단연결법에서 (kl)과 임의의 다른 군집 h간의 거리는

$$d_{(kl)h} = \min\{d_{kh},\ d_{lh}\} \tag{5-1}$$

로 정의된다. 단 d_{kh}와 d_{lh}는 두 군집 k, h 또는 l, h 간의 거리이다.

예를 들어 5개 개체간의 거리행렬에 대해 최단연결법 알고리즘을 설명해 보자.

$$D = \{d_{ij}\} = \begin{matrix} 1 \\ 2 \\ 3 \\ 4 \\ 5 \end{matrix} \begin{pmatrix} 0 & & & & \\ 9 & 0 & & & \\ 3 & 7 & 0 & & \\ 6 & 5 & 9 & 0 & \\ 11 & 10 & 2 & 8 & 0 \end{pmatrix}$$

우선 각 개체를 하나의 군집으로 간주하고 가장 가까운 두 개체 3과 5를 병합하고 둘 사이의 거리

$$\min_{i,j}(d_{ij}) = d_{53} = 2$$

를 계산한다. 개체 5와 3을 병합한 새로운 군집 (35)와 나머지 군집 1, 2 및 4와의 거리를 각각 구한다. 이때 (35)로부터의 최단거리는

$$d_{(35)1} = \min\{d_{31}, d_{51}\} = \min\{3, 11\} = 3$$
$$d_{(35)2} = \min\{d_{32}, d_{52}\} = \min\{7, 10\} = 7$$
$$d_{(35)4} = \min\{d_{34}, d_{54}\} = \min\{9, 8\} = 8$$

이 된다. 군집 (35)를 추가하고 군집 3과 5에 대응하는 행과 열을 삭제하면 새로운 거리행렬

$$\begin{matrix}(35)\\1\\2\\4\end{matrix}\begin{pmatrix}0&&&\\3&0&&\\7&9&0&\\8&6&5&0\end{pmatrix}$$

을 얻는다. 여기서 다시 군집간의 최단거리는 $d_{(35)1}=3$이므로 군집 (1)과 (35)를 병합하면 새로운 군집 (135)를 얻게된다. 앞의 과정을 반복하여 다시 최단거리를 계산하면

$$d_{(135)2}=\min\{d_{(35)2},d_{12}\}=\min\{7,9\}=7$$
$$d_{(135)4}=\min\{d_{(35)4},d_{14}\}=\min\{8,6\}=6$$

이 되고 그 다음 단계의 군집을 위한 거리행렬

$$\begin{matrix}(135)\\2\\4\end{matrix}\begin{pmatrix}0&&\\7&0&\\6&5&0\end{pmatrix}$$

이 구해진다. 여기서 군집간 최단거리의 최소값은 $d_{42}=5$ 이므로 개체 4와 2를 병합하여 군집 (24)가 얻어져 두 군집 (135)와 (24)가 만들어졌다. 이들간의 최단거리는

$$d_{(135)(24)}=\min\{d_{(135)2},d_{(135)4}\}=\min\{7,6\}=6$$

이 되고, 최종적인 거리행렬은

$$\begin{matrix}(135)\\(24)\end{matrix}\begin{pmatrix}0&\\6&0\end{pmatrix}$$

이다. 맨 마지막 단계로 군집 (135)와 (24)가 하나로 병합되어 (12345)를 형성한다.

최단연결법 군집결과를 덴드로그램 또는 나무가지그림으로 나타내면 다음과 같다. 나무가지그림의 가지는 군집을 나타내고 두 가지가 만나는 점은 거리 축을 따라 병합이 일어나는 수준을 나타낸다.

SAS에서는 PROC CLUSTER 과정에서 군집분석을 하는데 PROC CLUSTER 문의 선택사양으로 Method=Single (또는 sin)을 지정하면 최단연결법으로 군집분석하고 이 결과를 PROC TREE 과정을 통해 덴드로그램을 작성할 수 있다(<프로그램 7-1> 참조).

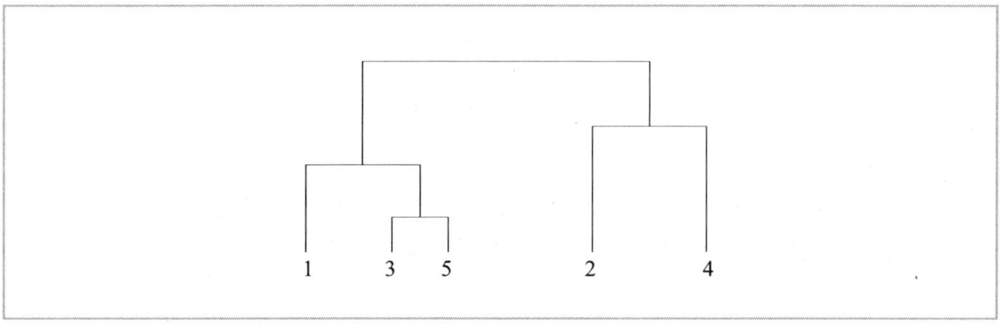

덴드로그램(최단연결법)

2. 최장연결법(farthest neighbor 또는 complete linkage)

예를 들어 $\boldsymbol{x}_1$, $\boldsymbol{x}_3$, $\boldsymbol{x}_2$, $\boldsymbol{x}_6$와 같은 두 군집에서 최장연결법에서 사용하는 거리는 다음과 같다.

$$\max\{d_{12},\ d_{16},\ d_{32},\ d_{36}\}$$

즉, 가장 긴 거리로 정의하고 각 군집 단계에서 가장 유사성이 높은 두 군집을 하나의 군집으로 하는 군집방법이다. 이는 minimax 방법으로 가장 긴 거리 중 가장 짧은 거리의 군집을 집락화 한다. 이 방법은 최단연결법과 대조적인 현상이 나타나는데 일반적으로 최단연결법은 고립된 군집을 찾는데 유용하고 최장연결법은 군집들의 응집력에 초점을 둔 방법이다. 두 방법의 보완책으로 평균연결법이 있다.

앞에서 든 예제를 다시 인용해 보자. 거리행렬

$$D=\{d_{ik}\}=\begin{matrix}1\\2\\3\\4\\5\end{matrix}\begin{pmatrix}0 & & & & \\ 9 & 0 & & & \\ 3 & 7 & 0 & & \\ 6 & 5 & 9 & 0 & \\ 11 & 10 & 2 & 8 & 0\end{pmatrix}$$

에서 군집화의 첫 단계로 개체 3과 5를 한 군집으로 묶으면 군집 (35)가 형성된다. 병합 알고리즘에서 최장연결에 의한 단계2의 거리를 계산하면

$$\begin{aligned}d_{(35)1}&=\max\{d_{31},d_{51}\}=\max\{3,11\}=11\\ d_{(35)2}&=\max\{d_{32},d_{52}\}=10\\ d_{(35)4}&=\max\{d_{34},d_{54}\}=9\end{aligned}$$

이다. 여기서 군집 (35)를 추가할 때 수정된 거리행렬은

$$\begin{matrix}(35)\\1\\2\\4\end{matrix}\begin{pmatrix}0 & & & \\ 11 & 0 & & \\ 10 & 9 & 0 & \\ 9 & 6 & 5 & 0\end{pmatrix}$$

과 같이 구해진다. 그 다음 단계의 합병은 가장 유사한 그룹 2와 4를 하나로 묶어서 군집 (24)를 형성하고 다시 최장연결에 의한 거리를 계산하면

$$d_{(24)(35)} = \max\{d_{2(35)}, d_{4(35)}\} = \max\{10, 9\} = 10$$
$$d_{(24)1} = \max\{d_{21}, d_{41}\} = 9$$

이다. 군집 (24)를 포함시킨 수정 거리행렬은

$$\begin{matrix}(35)\\(24)\\1\end{matrix}\begin{pmatrix}0 & & \\ 10 & 0 & \\ 11 & 9 & 0\end{pmatrix}$$

이다. 그 다음 병합은 군집 (124)가 형성되고 마지막으로 군집 (35)와 (124)가 병합되어 한 개 군집 (12345)가 만들어진다. 두 군집 (124)와 (35)간의 거리는

$$d_{(124)(35)} = \max\{d_{1(35)}, d_{(24)(35)}\} = \max\{11, 10\} = 11$$

이다.

최장연결법 군집결과를 덴드로그램 또는 나무가지그림으로 나타내면 다음과 같다

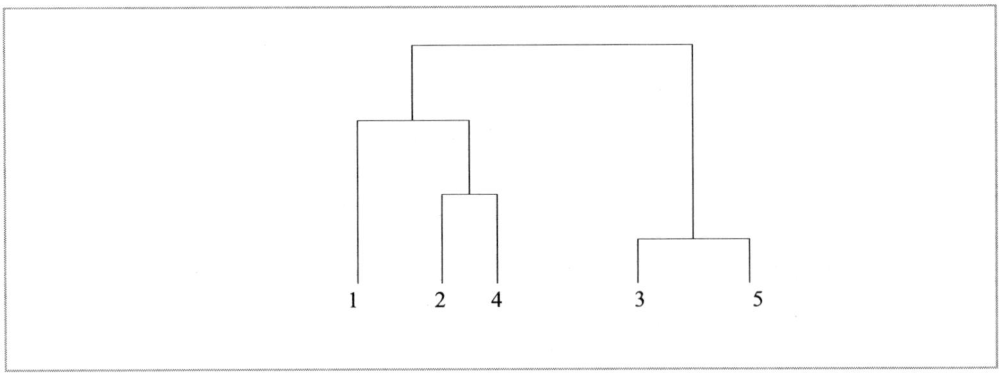

덴드로그램(최장연결법)

PROC CLUSTER 문의 선택사양으로 Method=Complete(또는 com)을 지정하면 최장연결법으로 군집분석한다.

3. 평균연결법(Average Linkage)

두 군집 A와 B간의 거리를 다음과 같이 가중평균 거리로 정의한다.

$$\sum_{i \in A} \sum_{j \in B} w_{ij} d_{ij}$$

여기서 w_{ij}는 가중값이며 일반적으로 $\frac{1}{n_A n_B} = \frac{1}{\text{쌍의 수}}$로 많이 쓰인다.

PROC CLUSTER 문의 선택사양으로 Method=Average (또는 ave)를 지정하면 평균연결법으로 군집분석한다.

4. WARD 군집방법

첫 단계로 각 개체를 크기 1의 서로 다른 군집으로 만든다. 그리고 각 군집 내에서 각 군집의 평균벡터 (중심)으로부터의 유클리디안 거리의 제곱합을 계산한다. 즉 i번째 군집에 대하여

$$SS_i = \sum_{j=1}^{n_i} (\boldsymbol{x}_{ij} - \overline{\boldsymbol{x}_{i.}})' (\boldsymbol{x}_{ij} - \overline{\boldsymbol{x}_{i.}})$$

를 계산한 뒤 총 제곱합 SST를 구한다.

$$SST = \sum_{i=1}^{I} SS_i$$

그리고 SST의 증가를 최소화시키는 두 군집을 하나의 군집으로 합한다. 이러한 과정을 되풀이하는 것을 WARD 군집방법이라고 한다.

두 군집 A와 B를 하나의 군집으로 합할 때 발생하는 SST의 증가분은

$$\frac{n_A n_B}{n_A + n_B} (\overline{\boldsymbol{x}}_A - \overline{\boldsymbol{x}}_B)' (\overline{\boldsymbol{x}}_A - \overline{\boldsymbol{x}}_B)$$

이며 이는 두 군집 A와 B사이의 거리제곱이라고 정의된다. WARD 방법은 특이값이 존재하는 경우에는 민감하게 반응하는 것이 단점이다. 그리고 최장연결법과 마찬가지로 타원체의 군집 모양을 형성한다. 그러나 최장연결법은 같은 크기의 지름을 가지는 타원체를 형성하는 반면에 WARD 군집방법에서는 비슷한 개체 수를 포함하는 타원 형태의 군집 모양을 형성한다.

PROC CLUSTER 문의 선택사양으로 Method=Ward (또는 war)을 지정하면 최장연결법으로 군집분석한다.

5. 밀도연결법(Density Linkage)

밀도연결법은 k번째까지 가까운 개체 연결법 (k^{th} nearest neighbor method)라고도 하는데 우선 두 개체 사이의 거리는

$$d_{ij} = [(\boldsymbol{x}_i,\ \boldsymbol{x}_j)'\ (\boldsymbol{x}_i,\ \boldsymbol{x}_j)]^{1/2}$$

이며, $\gamma_k(\boldsymbol{x}_j)$를 $\boldsymbol{x}_j$로부터 k번째로 가까운 개체까지의 거리라고 할 때, $\boldsymbol{x}_j$에서의 추정된 밀도함수는 다음과 같다.

$$f(\boldsymbol{x}_j) = \frac{\text{반지름이 } \gamma_k(\boldsymbol{x}_j)\text{인 원안에서의 개체 수}}{\text{반지름이 } \gamma_k(\boldsymbol{x}_j)\text{인 원의 면적}}$$

그리고 $d_{ij} < \max\{\gamma_k(\mathbf{x_i}), \gamma_k(\mathbf{x_j})\}$을 만족할 때, 새로운 거리척도는

$$d^*_{ij} = \frac{1}{2}\left[\frac{1}{f(\boldsymbol{x}_i)} + \frac{1}{f(\boldsymbol{x}_j)}\right]$$

로 정의하며 이 새로운 척도를 사용하여 최단연결법을 사용한다.

만약 $k=1$이라면 이 방법은 최단연결법과 동일하며, 표본수 n이 매우 클 때는 $\frac{k}{n}$이 작고 $\frac{k}{\ln(n)}$이 큰 수를 만족하는 k를 선정하는 것이 바람직하다. 이 군집방법은 PROC CLUSTER 문의 선택사양에서 Method=Density (den) K=_를 사용해서 구할 수 있다.

6. Uniform – kernel 밀도연결방법

밀도연결법이 가까운 이웃까지의 개체의 수에 관심이 있다면 이 방법은 반지름의 길이를 명시하는 것이다. 우선 $\boldsymbol{x}_j$를 중심으로 반지름이 r인 원을 그려 그 안에 있는 개체의 수를 구한다. 그 다음 밀도함수

$$f(\boldsymbol{x}_j) = \frac{\text{개체의 수}}{\text{원의 면적}}$$

를 구하고, 밀도연결법과 동일한 아래의 거리척도를 구한 뒤 최단연결법을 사용한다.

$$d^*_{ij} = \frac{1}{2}\left[\frac{1}{f(\boldsymbol{x}_i)} + \frac{1}{f(\boldsymbol{x}_j)}\right]$$

여기서 $d^*_{ij} \le r$를 만족한다.

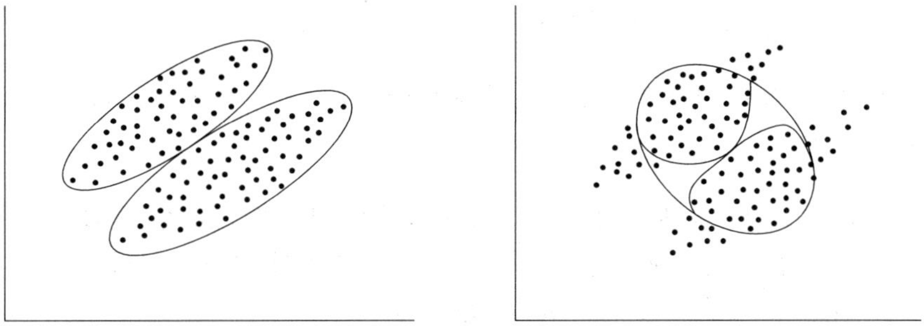

▮그림 7-1▮

이 방법은 PROC CLUSTER 에서 선택사양 Method=Density (den) R=_ 를 사용한다. 위에서 언급한 두 가지 종류의 밀도 연결법에서 k와 r을 선정하는 일반적인 법칙은 없고 여러 값을 시도하여 적절한 값을 선정해야 한다.(예로 $k = 2\ln(n)$)

7. 이단계 밀도연결법(Two – Stage Density Linkage)

이단계 밀도연결방법은 가까이는 있지만 서로 다른 모형을 갖고 있는 군집들이 하나로 합쳐지는 것을 방지하고자 고안되었다. 예를 들어 다음과 같은 관계가 있는 다차원 정규분포를 따르는 표본은 왼쪽 그림과 같은 군집 형태가 적절할 것이다.

이단계 밀도연결법의 첫 단계에서는 다음의 연결법 중 하나를 사용하여 군집분석을 한다.

1) 밀도 연결법 (SAS 사용시 K=__)
2) Uniform - kernel 밀도 연결법 (SAS 사용시 R=__)

그리고 두번째 단계에서 PROC CLUSTER에서 선택사양 MODE=___에서 정해진 수보다 작은 수가 최소한 하나의 군집에서 발생한다면 두 개의 군집을 하나로 합한다. 이 군집분석방법은 PROC CLUSTER에서 Method=Twostage를 사용함으로 구할 수 있다.

7.4 비계층적 군집방법

비계층적 군집방법은 전 단계에서 집단화된 군집을 분해하여 분해된 조각과 더불어 새로운 군집을 형성하는 방법을 말한다. 그러므로 나무가지그림 또는 덴드로그램 등으로 표현할 수 없다. 또한 많은 컴퓨터 시간이 소요되는 반복적인 과정을 통하여 군집을 실시한다. 대표적인 비계층적 군집방법으로는 K개 평균연결법 등이 있다.

1. K개 평균(K-Mean)연결법

각각의 개체를 가장 가까운 중심(평균)의 군집에 할당하는 방법으로 그 과정은 다음과 같다.

(1) n개의 개체를 $\boldsymbol{K}$개의 군집으로 할당하기 위하여 군집의 수 $\boldsymbol{K}$를 설정한다.
(2) 각 군집의 평균 $\boldsymbol{K}$개를 구한다. 처음에는 자료를 $\boldsymbol{K}$개의 군집으로 할당한 뒤 각 군집의 평균($\overline{\boldsymbol{x}_i}$; $i=1,\ldots,K$)을 구한다.
(3) 전 단계에서 형성된 군집들을 해체하고 개체 각각에 대하여 $\boldsymbol{K}$개의 평균에 이르는 유클리디안 거리를 계산하여 가장 가까운 군집으로 개체를 재배치한다.
(4) 재배치가 수렴할 때까지 반복한다.

이 군집방법은 군집의 수($\boldsymbol{K}$)에 민감하게 영향을 받으며, 초기 평균벡터의 선정과 (3)번째 단계에서 사용된 거리 척도의 종류의 군집분석 결과에 영향을 받는다.

군집분석은 7.1절에서 설명하였듯이 군집의 개수를 가정하지 않고 집단화하는 것인데 $\boldsymbol{K}$개 평균 연결법은 군집의 수를 미리 정하는 방법이라는 사실을 숙지해야 하며 PROC FASTCLUS 과정의 선택사양 MAXCLUSTER=__를 사용해서 이 방법을 실시할 수 있다.

7.5 예제

군집분석을 SAS에서 수행할 수 있는 분석 과정은 PROC CLUSTER와 PROC FASTCLUS 그리고 PROC VARCLUS가 있으며 그 결과를 그림으로 표현하는 명령어는 PROC TREE와 PROC CANDISC가 있다.

PROC CLUSTER 과정에서는 계층적 군집방법을 실시하고 유클리디안 거리의 제곱을 거리척도로 사용한다. 최단연결법, 최장연결법, 평균연결법, WARD방법, 밀도연결법, 이단계 밀도연결법 등이 있다.

PROC FASTCLUS 과정에는 $\boldsymbol{K}$개 평균 연결법을 실시하고 유클리디안 거리 를 사용한다.

PROC VARCLUS 과정에서는 변수 또는 차원을 군집분석한다. 계층적 방법을 사용하며 공분산행렬과 상관계수행렬을 사용한다.

PROC TREE 과정은 CLUSTER와 VARCLUS과정을 통하여 얻은 결과를 나무그림으로 표현한다.

PROC CANDISC 과정에서는 군집을 가장 잘 분리하는 개체의 선형결합 측면에서 군집을 표현한다.

PROC CLUSTER 문의 선택사양 중에서 'PRINT= n'을 추가하면 군집의 개수를 n개까지 출력하고, 'CCC'는 Cubic Clustering Criterion의 약자로 자료가 균일분포를 따른다는 가정 하에서 군집의 개수를 결정하는 기준으로, 일반적으로는 군집이 수가 1보다 큰 경우에 CCC 값이 가장 큰 경우에 대응하는 군집의 수로 결정한다.

1. 예제 1

앞에서 설명한 이론적 설명을 배경으로 본서에서는 도시별 복지기능 특성자료와 국내 상위기업 재무자료를 통하여 군집분석을 실시하자. 우선 도시별 복지기능 특성자료를 군집분석하기 위한 SAS 프로그램과 결과는 다음과 같다.

프·로·그·램 7-1 도시별 복지기능 특성자료의 군집분석

```
TITLE '군집분석' ;
*X2 변수가 유의하지 않은 변수로 판단하여 향후 분석에서 제외;
TITLE3 'single' ;
PROC CLUSTER DATA=city method=single print=10 ccc ;
VAR  X1 X3-X7 ;
ID  X01 ;
PROC TREE ;
RUN ;
TITLE3 'ward' ;
PROC CLUSTER DATA=city method=ward print=10 ccc ;
VAR  X1 X3-X7 ;
ID  X01 ;
PROC TREE ;
RUN ;
TITLE3 'complete' ;
PROC CLUSTER DATA=city method=com print=10  ccc ;
VAR  X1 X3-X7 ;
ID  X01 ;
PROC TREE ;
RUN ;
TITLE3 'fast cluster' ;
PROC FASTCLUS  DATA=city  maxclusters=3  list ;
VAR X1 X3-X7 ;
ID  X01 ;
RUN ;
```

결과 7-1 도시별 복지기능 특성자료의 군집분석 결과

군집분석

single

The CLUSTER Procedure

Single Linkage Cluster Analysis

	Eigenvalues of the Covariance Matrix			
	Eigenvalue	Difference	Proportion	Cumulative
1	6.02934E10	6.02923E10	1.0000	1.0000
2	1120269.54	959460.91	0.0000	1.0000
3	160808.627	153127.503	0.0000	1.0000
4	7681.12368	2863.25067	0.0000	1.0000
5	4817.87301	4707.0586	0.0000	1.0000
6	110.814413		0.0000	1.0000

Root-Mean-Square Total-Sample Standard Deviation	100245.3

Mean Distance Between Observations	253868

Cluster History									
NCL	Clusters Joined		FREQ	SPRSQ	RSQ	ERSQ	CCC	Norm Min Dist	Tie
10	성남시	고양시	2	0.0001	.954	.993	-11	0.1108	
9	CL12	CL16	50	0.0294	.924	.991	-13	0.1164	
8	부천시	용인시	2	0.0001	.924	.988	-11	0.1223	
7	CL9	CL11	56	0.0796	.844	.984	-14	0.2175	
6	CL7	CL13	61	0.1146	.730	.977	-15	0.2423	
5	CL10	CL8	4	0.0022	.728	.966	-13	0.2601	
4	CL6	CL14	64	0.1155	.612	.944	-12	0.284	
3	CL4	안산시	65	0.0578	.554	.897	-9.9	0.3754	
2	CL3	CL5	69	0.3999	.154	.758	-10	0.4513	
1	CL2	수원시	70	0.1543	.000	.000	0.00	0.4704	

군집분석

single

군집분석

ward

The CLUSTER Procedure

Ward's Minimum Variance Cluster Analysis

Eigenvalues of the Covariance Matrix				
	Eigenvalue	Difference	Proportion	Cumulative
1	6.02934E10	6.02923E10	1.0000	1.0000
2	1120269.54	959460.91	0.0000	1.0000
3	160808.627	153127.503	0.0000	1.0000
4	7681.12368	2863.25067	0.0000	1.0000
5	4817.87301	4707.0586	0.0000	1.0000
6	110.814413		0.0000	1.0000

Root-Mean-Square Total-Sample Standard Deviation	100245.3

Root-Mean-Square Distance Between Observations	347259.8

Cluster History								
NCL	Clusters Joined		FREQ	SPRSQ	RSQ	ERSQ	CCC	Tie
10	CL24	CL21	4	0.0022	.991	.993	-1.5	
9	CL14	CL20	13	0.0027	.989	.991	-1.6	
8	CL13	CL15	23	0.0028	.986	.988	-1.2	
7	수원시	CL10	5	0.0063	.979	.984	-1.6	
6	CL17	CL16	11	0.0066	.973	.977	-1.1	
5	CL12	CL8	37	0.0138	.959	.966	-1.1	
4	CL11	CL6	15	0.0267	.932	.944	-1.2	
3	CL9	CL5	50	0.0521	.880	.897	-1.0	
2	CL7	CL4	20	0.1701	.710	.756	-1.5	
1	CL3	CL2	70	0.7102	.000	.000	0.00	

군집분석

ward

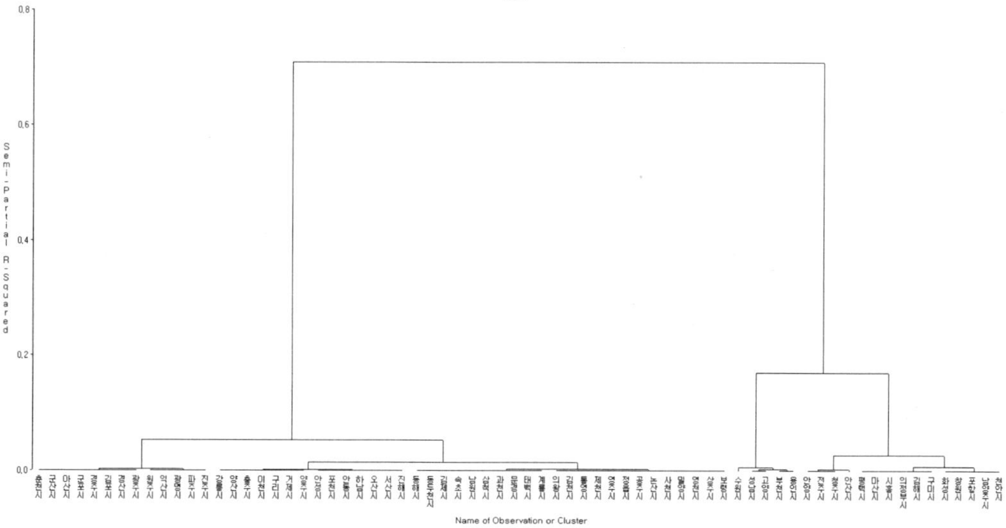

군집분석

complete

The CLUSTER Procedure

Complete Linkage Cluster Analysis

Eigenvalues of the Covariance Matrix				
	Eigenvalue	Difference	Proportion	Cumulative
1	6.02934E10	6.02923E10	1.0000	1.0000
2	1120269.54	959460.91	0.0000	1.0000
3	160808.627	153127.503	0.0000	1.0000
4	7681.12368	2863.25067	0.0000	1.0000
5	4817.87301	4707.0586	0.0000	1.0000
6	110.814413		0.0000	1.0000

Root-Mean-Square Total-Sample Standard Deviation	100245.3

Mean Distance Between Observations	253868

Cluster History									
NCL	Clusters Joined		FREQ	SPRSQ	RSQ	ERSQ	CCC	Norm Max Dist	Tie
10	CL26	안산시	4	0.0019	.990	.993	-2.2	0.4571	
9	CL21	CL19	4	0.0022	.988	.991	-1.8	0.4923	
8	CL23	CL14	11	0.0066	.981	.988	-2.8	0.523	
7	CL13	CL12	30	0.0057	.976	.984	-2.6	0.5282	
6	CL10	CL15	9	0.0105	.965	.977	-2.6	0.9257	
5	CL11	CL7	45	0.0330	.932	.966	-4.2	0.937	
4	수원시	CL9	5	0.0063	.926	.944	-1.8	0.9627	
3	CL5	CL8	56	0.1024	.823	.897	-3.6	1.576	
2	CL4	CL6	14	0.1055	.718	.758	-1.2	2.3396	
1	CL3	CL2	70	0.7180	.000	.000	0.00	4.1578	

군집분석

complete

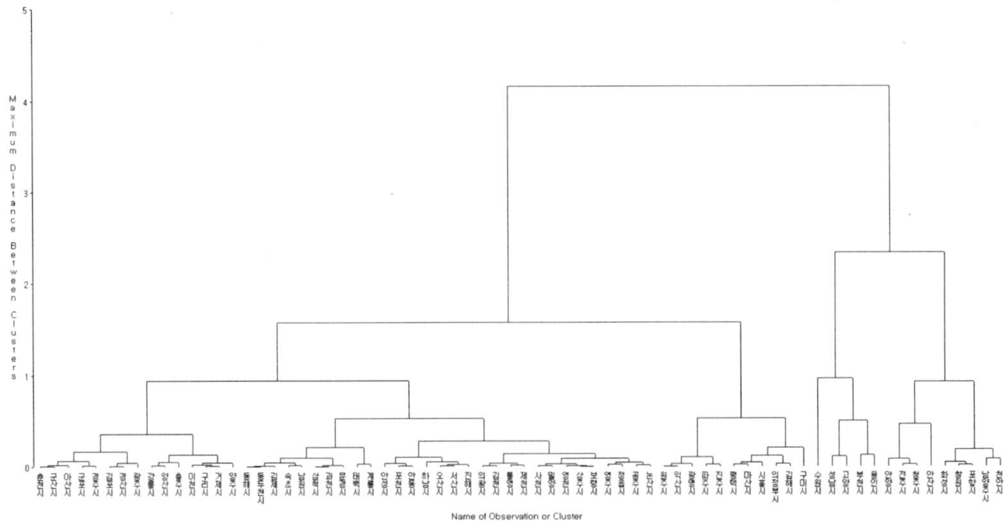

군집분석

fast cluster

The FASTCLUS Procedure

Replace=FULL Radius=0 Maxclusters=3 Maxiter=1

Initial Seeds						
Cluster	X1	X3	X4	X5	X6	X7
1	42941.000	0.000	60.000	99.000	131.000	45.000
2	551423.000	19.000	805.000	5402.000	1390.000	488.000
3	1098449.000	27.000	1658.000	7811.000	1892.000	943.000

Cluster Listing			
Obs	X01	Cluster	Distance from Seed
1	춘천시	1	111074
2	원주시	1	153829
3	강릉시	1	62620.0
4	동해시	1	60608.9
5	태백시	1	105732
6	속초시	1	71896.5
7	삼척시	1	84036.9
8	수원시	3	144947
9	성남시	3	25543.7
10	부천시	3	68535.8
11	안양시	2	153869
12	안산시	3	214012
13	용인시	3	99465.5
14	평택시	2	48423.4
15	광명시	2	151516
16	시흥시	2	55902.4
17	군포시	1	124344
18	화성시	2	45568.8
19	이천시	1	44829.5
20	김포시	1	81111.0
21	광주시	1	91501.4
22	안성시	1	20577.2
23	하남시	1	6212.0
24	의왕시	1	14304.1
25	오산시	1	7041.5
26	과천시	1	84093.1
27	고양시	3	2920.2
28	의정부시	2	34247.7
29	남양주시	2	61057.6
30	파주시	2	138158
31	구리시	1	40677.3
32	포천시	1	11797.6
33	양주시	1	33034.6
34	동두천시	1	60681.4
35	창원시	2	34892.6
36	마산시	2	44683.8
37	진주시	2	133410
38	진해시	1	800.5
39	통영시	1	23681.7
40	사천시	1	45169.2
41	김해시	2	26635.2
42	거제시	1	39152.9
43	밀양시	1	42825.9
44	양산시	1	65865.6
45	포항시	2	38039.3
46	경주시	1	120728
47	김천시	1	15537.6
48	안동시	1	13350.3
49	구미시	2	78316.6
50	영주시	1	38741.8
51	영천시	1	49673.9
52	상주시	1	47631.8
53	문경시	1	79963.8
54	경산시	1	83515.5
55	전주시	2	170368
56	군산시	1	113879
57	익산시	1	153817
58	정읍시	1	33523.6
59	남원시	1	67962.0
60	김제시	1	60522.6
61	천안시	2	81792.9
62	공주시	1	29958.1
63	보령시	1	48319.4
64	아산시	1	107868
65	서산시	1	4813.7
66	논산시	1	26874.5
67	계룡시	1	113528
68	청주시	2	174588
69	충주시	1	52352.7
70	제천시	1	19233.3

Criterion Based on Final Seeds =	34228.5

Cluster Summary						
Cluster	Frequency	RMS Std Deviation	Maximum Distance from Seed to Observation	Radius Exceeded	Nearest Cluster	Distance Between Cluster Centroids
1	47	29137.6	153829		2	309524
2	17	42515.4	174588		1	309524
3	6	49809.3	214012		2	445334

Statistics for Variables				
Variable	Total STD	Within STD	R-Square	RSQ/(1-RSQ)
X1	245539	84831	0.884097	7.627896
X3	13.06249	12.26442	0.144011	0.168239
X4	306.06772	159.27547	0.737041	2.802871
X5	2221	1279	0.677959	2.105195
X6	536.85721	463.61498	0.275859	0.380947
X7	227.36900	98.33714	0.818386	4.505562
OVER-ALL	100245	34637	0.884077	7.626403

Pseudo F Statistic =	255.48

Approximate Expected Over-All R-Squared =	0.89674

Cubic Clustering Criterion =	-0.779

WARNING: The two values above are invalid for correlated variables.

Cluster Means						
Cluster	X1	X3	X4	X5	X6	X7
1	163002.8298	12.0638	193.6596	1715.0851	652.5106	117.6170
2	472518.2353	21.5294	517.6471	4026.2353	849.5882	415.1765
3	917834.6667	24.8333	1073.1667	7798.5000	1659.6667	771.6667

Cluster Standard Deviations						
Cluster	X1	X3	X4	X5	X6	X7
1	71365.0864	9.9813	109.3364	911.1354	436.4574	71.3209
2	104119.9517	18.2281	195.9949	2021.9052	491.0162	136.5926
3	122000.3601	5.9805	327.1614	1098.4317	596.7544	151.9180

도시별 복지기능 특성자료를 군집분석한 SAS 결과를 바탕으로 살펴보자.

최단연결법에 의한 군집분석 결과를 바탕으로 우선 두 개의 군집으로 분할한다면 수원시와 그 외 69개의 도시로 나눌 수 있으며, 세 개의 군집으로 나눈다면 수원시(군집1), 용인시, 부천시, 고양시, 성남시(군집2) 그리고 나머지 도시(군집3)로 군집화 할 수 있다.

다음으로 WARD 방법과 최장연결법을 이용한 군집분석결과를 살펴보자. 공통적으로 세 개의 군집으로 분할하면, 수원시, 용인시, 부천시, 고양시, 성남시를 하나의 군집으로 구분할 수 있다. 그러므로 다른 도시보다 월등하게 차이가 많이 나는 도시는 수원시, 용인시, 부천시, 고양시, 성남시로 경기도에 있는 5개의 큰 도시이고 이 큰 도시를 하나의 커다란 군집으로 간주할 수 있다. 그 다음으로 두 번째 군집으로 묶을 수 있는 도시는 안산시, 청주시, 전주시와 안양시의 4개 도시를 하나의 군집으로 간주할 수 있겠다. 최장연결법과 WARD 방법의 결과에서는 안산시, 청주시, 전주시와 안양시의 4개 도시가 초반에 군집으로 형성된다. 따라서 우리는 선정된 70개의 도시를 크게 3개의 군집으로 다음과 같이 구분할 수 있다.

군집	도시
군집 1	수원시, 용인시, 부천시, 고양시, 성남시(경기도 5개 도시)
군집 2	안산시, 청주시, 전주시, 안양시(4개 도시)
군집 3	그 외 도시들

이 군집방법에 사용된 변수를 표준화시켜 분석하기 위해 PROC CLUSTER 문에 선택사양 'STD'를 추가한다. 표준화된 변수로 군집분석한 결과도 위에서 얻은 결론과 유사하게 유도할 수 있다.

군집의 수를 3개로 설정한 PROC FASTCLUS 명령문을 통해 얻은 결과를 바탕으로 군집을 정리하면 다음과 같다. K개 평균연결법을 사용한 PROC FASTCLUS 과정의 결과에서 얻은 군집3과 최단연결법, 최장연결법과 WARD방법의 결과에서 정리된 군집1과 유사한 결과를 얻었다.

군집	도시
군집 1	그 외 47개 도시들
군집 2	김천시, 진주시, 시흥시, 파주시, 구미시, 남양주시, 의정부시, 평택시, 전주시, 창원시, 화성시, 김해시, 안양시, 광명시, 천안시, 마산시, 포항시, 청주시 (17개 도시)
군집 3	수원시, 안산시, 용인시, 고양시, 부천시, 성남시 (6개 도시)

2. 예제 2

본서에서 다룰 두 번째 예제인 국내 상위기업 재무자료를 군집분석하기 위한 SAS 프로그램은 다음과 같으며, 독자 스스로 프로그램을 실행시키고 그 결과를 바탕으로 분석한 것을 참조 바란다.

프·로·그·램 7-2 국내 상위기업 재무자료의 군집분석

```
TITLE  '군집분석' ;
TITLE3  'single' ;
PROC CLUSTER DATA=finance  method=sin  print=10 ccc ;
BY group ;
VAR  sale operating ordinary net_profit total_asset
     capital_stock o_capita ;
ID name;
PROC TREE ;BY group ;  RUN ;
TITLE3  'complete' ;
PROC CLUSTER DATA=finance method=com print=10  ccc ;
BY group ;
VAR  sale operating ordinary net_profit total_asset
    capital_stock o_capita ;
ID name;
PROC TREE ; BY group ;  RUN ;
TITLE3  'ward' ;
PROC CLUSTER DATA=finance  method=ward  print=10 ccc ;
BY group ;
VAR  sale operating ordinary net_profit total_asset
     capital_stock o_capita ;
ID name;
PROC TREE ; BY group ;  RUN ;
TITLE3  'fast cluster' ;
PROC FASTCLUS DATA=finance  maxclusters=3  list ;
BY group ;
VAR  sale operating ordinary net_profit total_asset
     capital_stock o_capita ;
ID name;
RUN ;
```

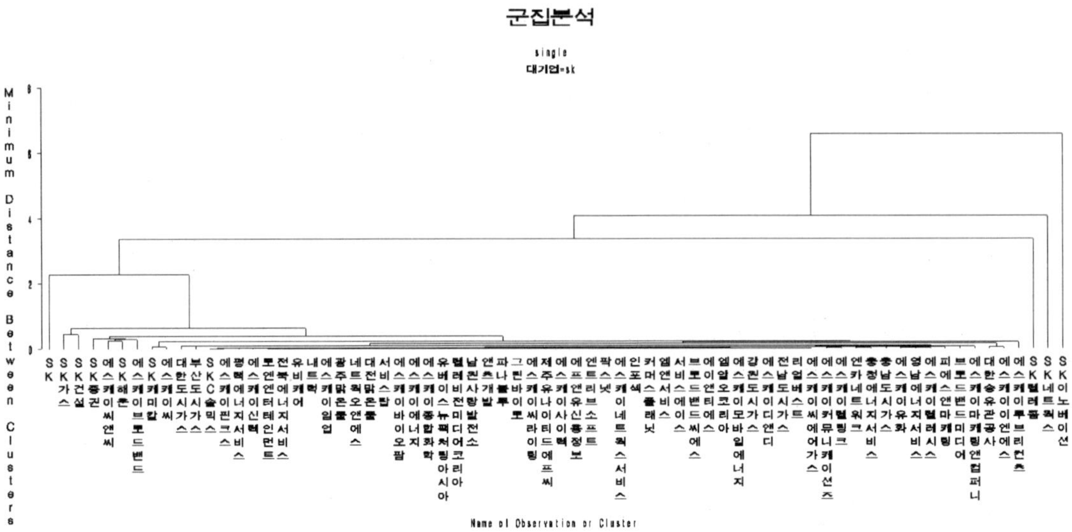
군집분석
single
대기업=sk
Minimum Distance Between Clusters
Name of Observation or Cluster

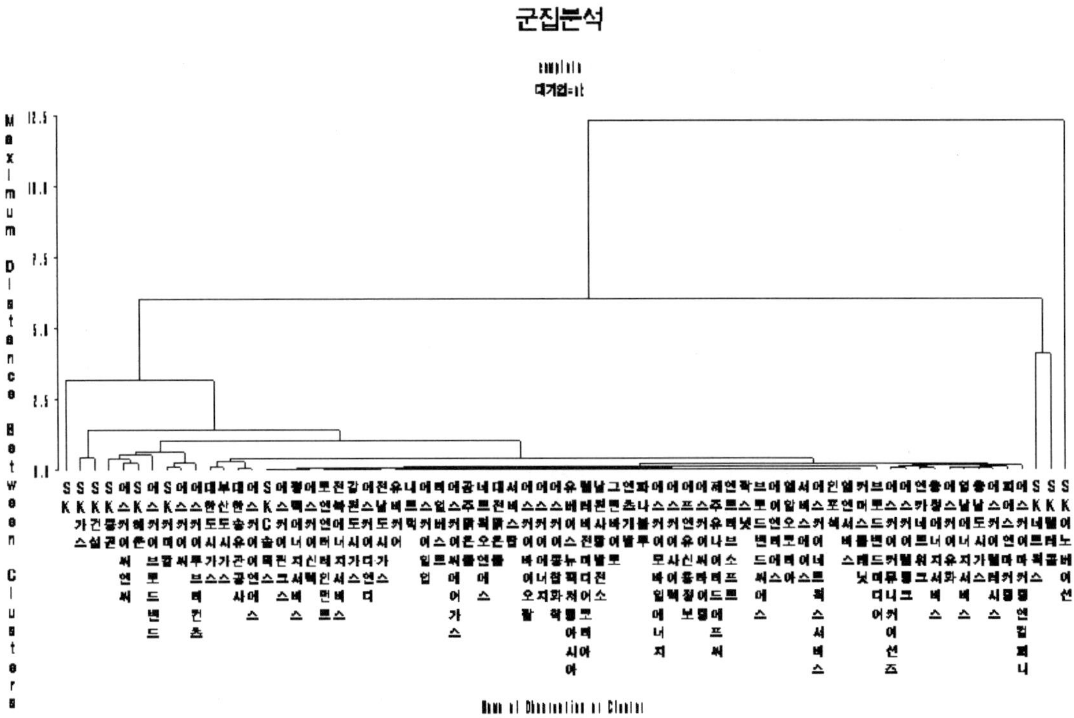
군집분석
complete
대기업=sk
Maximum Distance Between Clusters
Name of Observation or Cluster

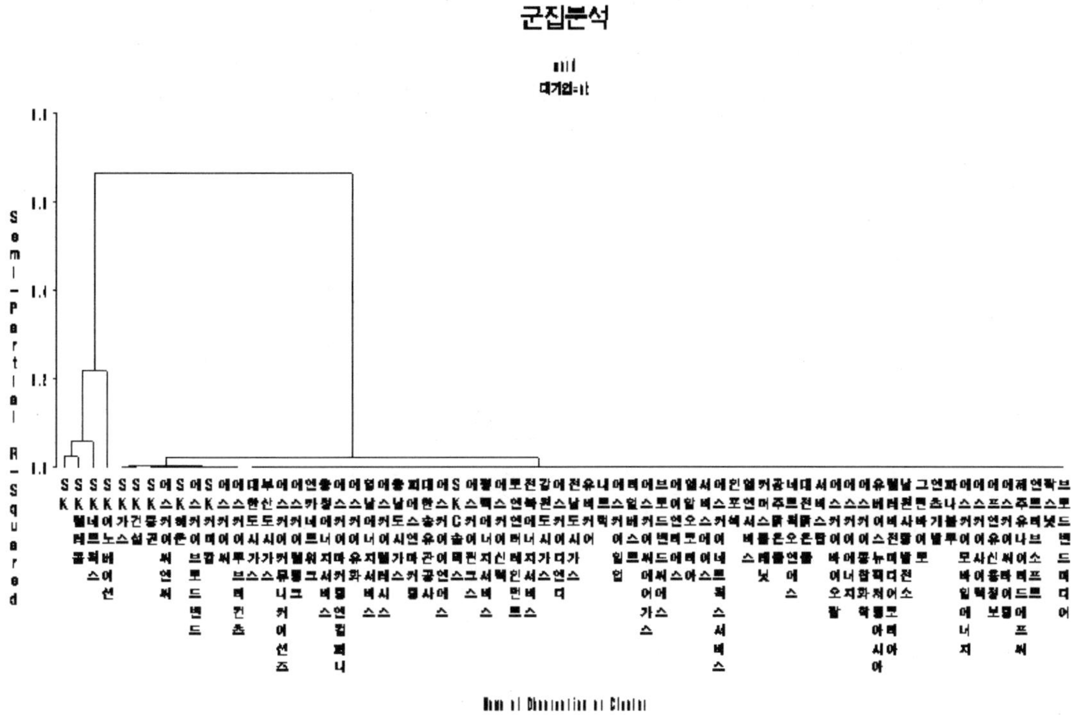

국내 상위기업 재무자료를 군집분석한 SAS 결과를 바탕으로 다음과 같은 결론을 유도할 수 있다.

우선 SK 그룹에 대하여 살펴보자. 최단연결법에 의한 군집분석 결과를 바탕으로 두 개의 군집으로 분할한다면 70개의 계열회사 중에서 SK이노베이션과 그 외 69개의 회사로 나눌 수 있으며, 세 개의 군집으로 나눈다면 SK이노베이션, SK네트웍스 그리고 나머지 회사로 군집화 할 수 있다. 네 개의 군집으로 나눈다면 SK이노베이션, SK네트웍스, SK텔레콤 그리고 나머지 회사로 군집화 할 수 있으며, 다섯 개의 군집으로 나눈다면 SK이노베이션, SK네트웍스, SK텔레콤, SK 그리고 나머지 66개 회사로 군집화 할 수 있다.

최장연결법으로 군집분석결과를 살펴보면, 최단연결법과 유사하나 세 개의 군집으로 나눌 때 SK이노베이션과 (SK네트웍스, SK텔레콤) 그리고 나머지 회사로 군집화되는 점만 다르다.

다음으로 WARD 방법으로 군집화한 결과와 최단연결법과의 다른 점은 네 개의 군집으로 나눈다면 SK이노베이션, SK네트웍스, (SK텔레콤, SK) 그리고 나머지 66개 회사로 군집화한다.

이렇게 세 가지 방법의 결과를 비교하고 종합적으로 판단하면, SK 그룹의 70개 계열회사 중에서 다른 회사보다 차이가 많이 나는 회사는 SK이노베이션, SK네트웍스, SK텔레콤,

SK이며 이 네 회사를 하나의 커다란 군집으로 간주할 수 있다.

군집의 수를 3개로 설정한 PROC FASTCLUS 과정을 통해 얻은 결과를 바탕으로 군집을 정리하면 다음과 같다. K개 평균연결법을 사용한 PROC FASTCLUS 과정의 결과와 최장연결법에서 군집의 수를 3으로 설정할 때의 결과와 동일하다는 것을 파악할 수 있다.

군집	회사
군집 1	그 외 77개 계열사들
군집 2	SK이노베이션 (1개 회사)
군집 3	SK텔레콤, SK네트웍스 (2개 회사)

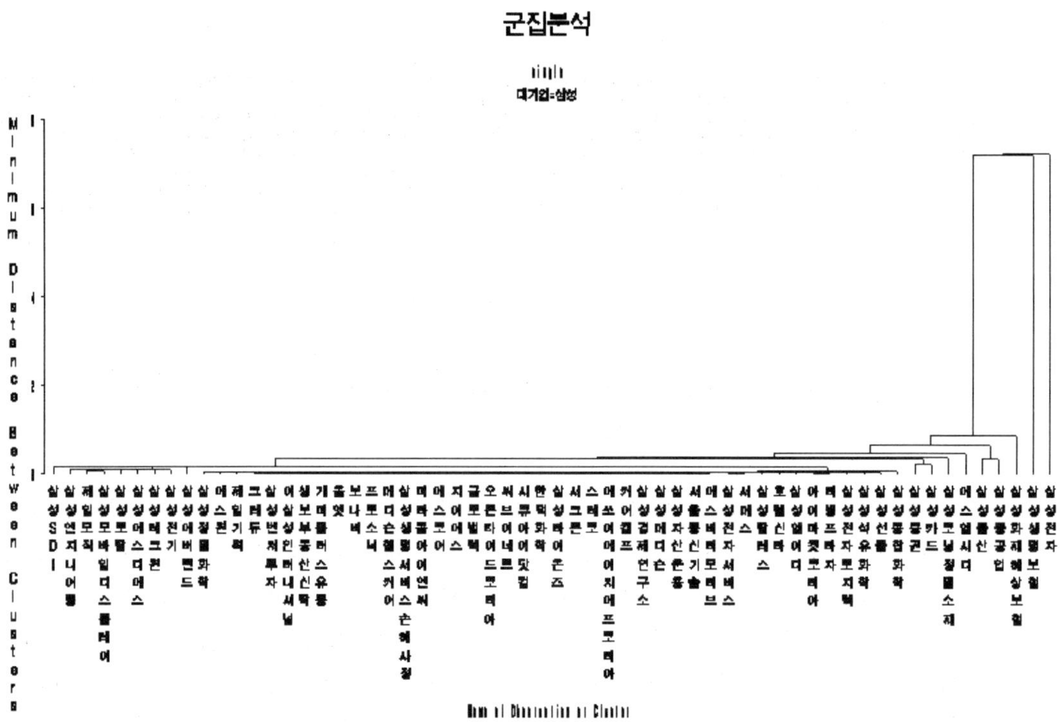

군집분석

대기업=삼성

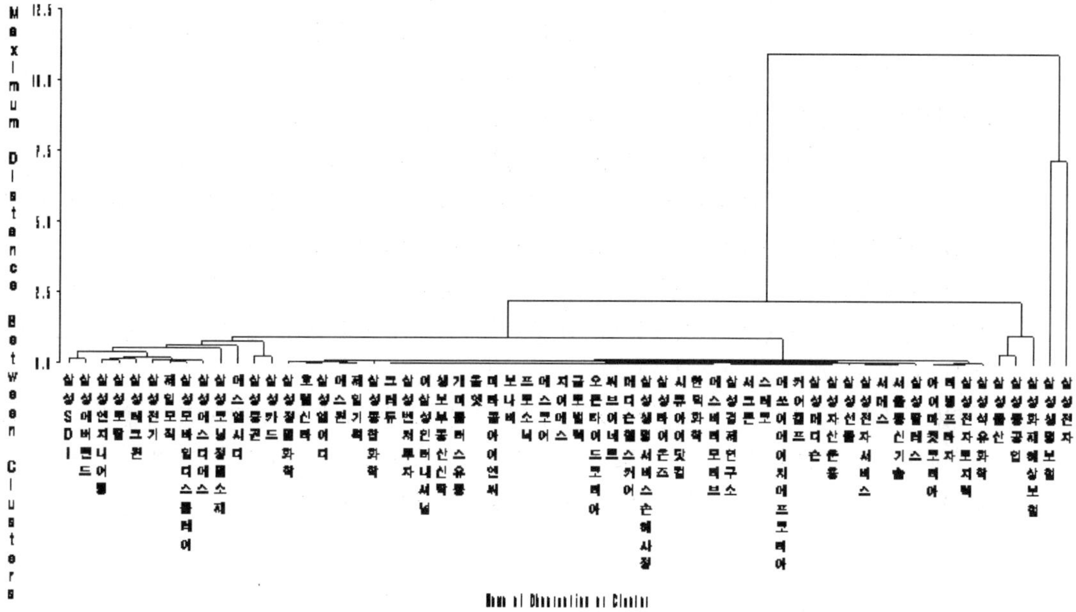

군집분석

대기업=삼성

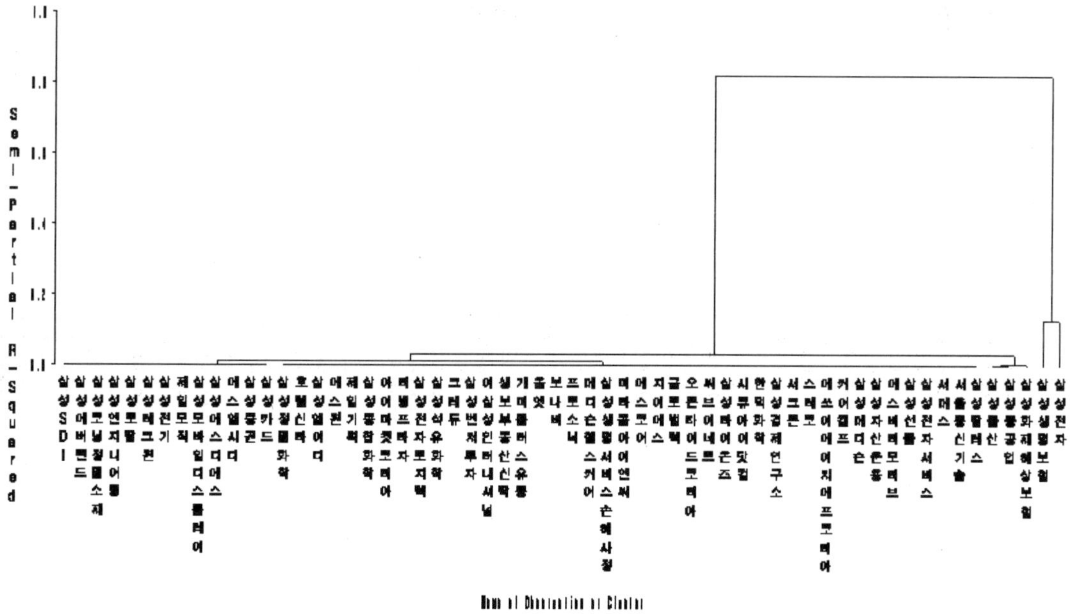

다음으로 삼성 그룹에 대하여 살펴보자. 최단연결법에 의한 군집분석 결과를 바탕으로 우선 두 개의 군집으로 분할한다면 삼성전자와 그 외 59개의 계열회사로 나눌 수 있으며, 세 개의 군집으로 나눈다면 삼성전자, 삼성생명보험과 나머지 회사로 군집화 할 수 있다. 네 개의 군집으로 나눈다면 삼성전자, 삼성생명보험, 삼성화재보험과 나머지 회사로 군집화 할 수 있으며, 다섯 개의 군집으로 나눈다면 삼성전자, 삼성생명보험, 삼성화재보험, (삼성물산, 삼성중공업)과 나머지 55개 회사로 군집화할 수 있다.

최장연결법과 WARD 방법을 이용한 군집분석결과는 동일하며 이 결과를 살펴보면, 두 개의 군집으로 나눌 때 (삼성전자, 삼성생명보험)과 나머지 회사로 군집화되며, 세 개의 군집으로 나눈다면 (삼성전자, 삼성생명보험), (삼성화재보험, 삼성물산, 삼성중공업)과 나머지 55개 회사로 군집화 할 수 있다. 따라서 삼성 그룹에 속한 회사를 (삼성전자, 삼성생명보험), (삼성화재보험, 삼성물산, 삼성중공업)과 나머지 55개 계열회사를 군집으로 만들어 모두 세 개의 군집으로 나누는 것이 적절하다.

PROC FASTCLUS 과정을 통해 얻은 결과를 바탕으로 군집을 정리하면 다음과 같다. K=3개 평균연결법을 사용한 PROC FASTCLUS 과정의 결과와 최단연결법에서 군집의 수를 3으로 설정할 때의 결과가 동일하다는 것을 파악할 수 있다.

군집	회사
군집 1	그 외 58개 계열사들
군집 2	삼성전자 (1개 회사)
군집 3	삼성생명보험 (1개 회사)

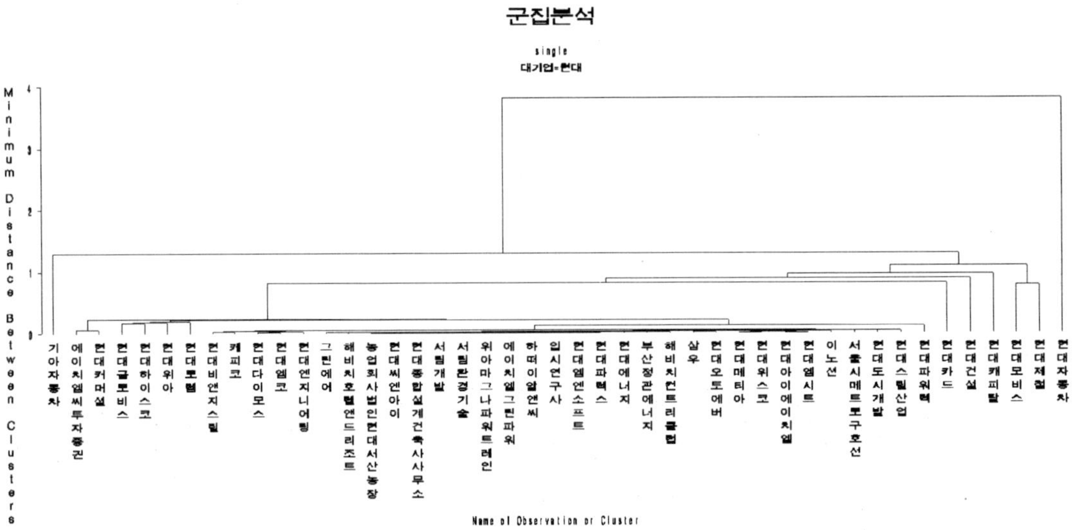

군집분석

대기업=현대

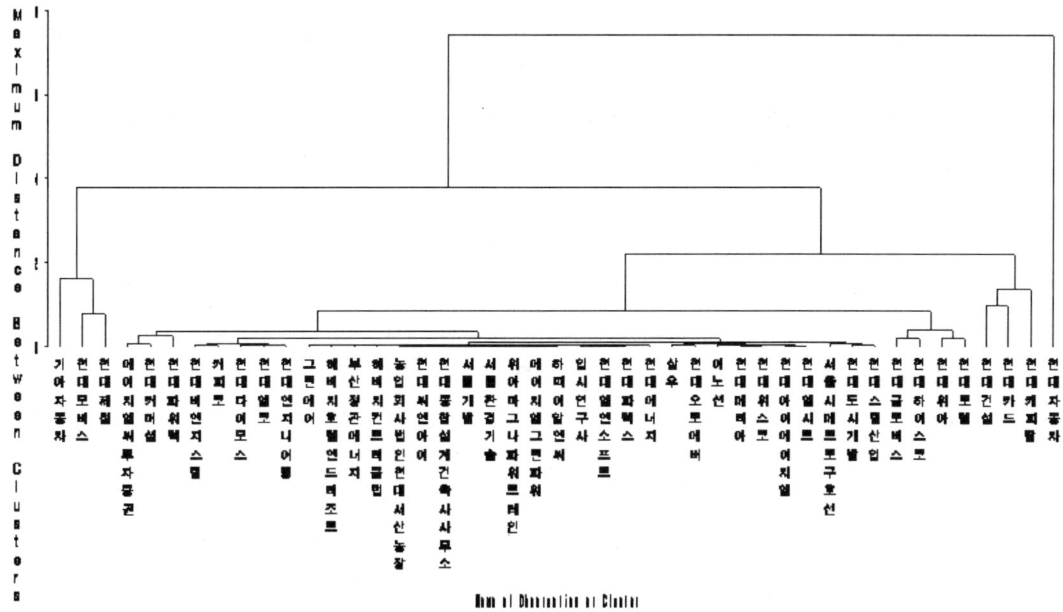

군집분석

대기업=현대

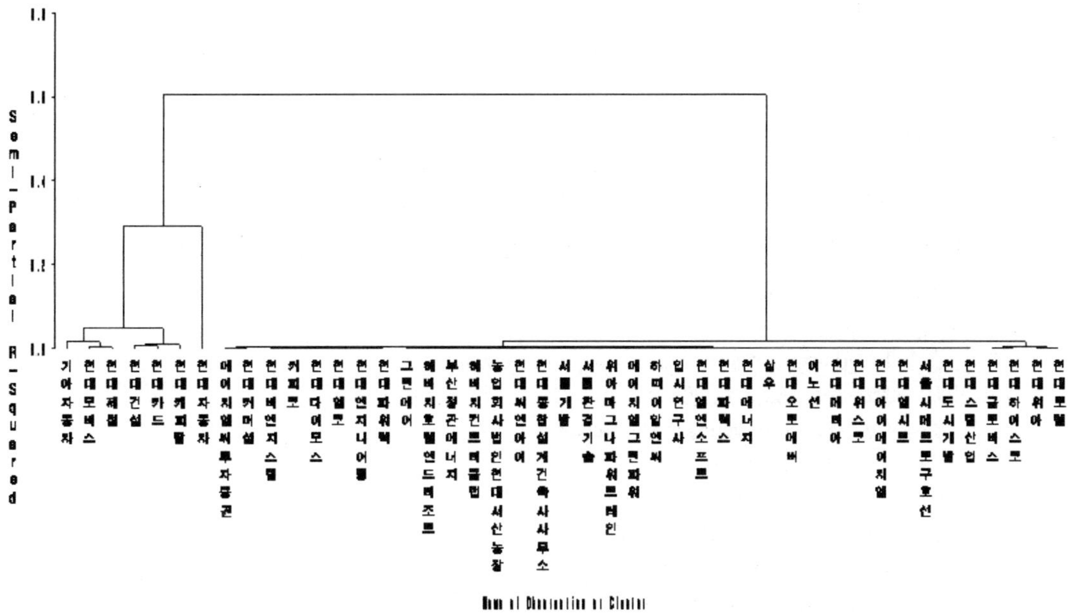

45개의 계열회사로 구성된 현대자동차 그룹에 대하여 살펴보자. 최단연결법에 의한 군집분석 결과를 바탕으로 우선 두 개의 군집으로 분할한다면 현대자동차와 그 외 회사로 나눌 수 있으며, 세 개의 군집으로 나눈다면 현대자동차, 기아자동차 그리고 나머지 회사로 군집화하고, 네 개의 군집으로 나눈다면 현대자동차, 기아자동차, (현대제철, 현대모비스) 그리고 나머지 40개의 회사로 군집화 할 수 있다.

최장연결법으로 군집분석결과를 살펴보면, 최단연결법과 유사하나 세 개의 군집으로 나눌 때 현대자동차와 (기아자동차, 현대제철, 현대모비스) 그리고 나머지 회사로 군집되며, 네 개의 군집으로 나눈다면 현대자동차와 (기아자동차, 현대제철, 현대모비스), (현대캐피탈, 현대카드, 현대건설) 그리고 나머지 40개의 회사로 군집된다.

WARD 방법으로 군집화한 결과를 바탕으로 네 개의 군집으로 나눈다면 현대자동차와 (기아자동차, 현대제철, 현대모비스), (현대캐피탈, 현대카드, 현대건설) 그리고 나머지 회사로 군집되며 이는 최장연결법과 동일한 분석결과이다.

따라서 최단연결법, 최장연결법, WARD 방법을 종합적으로 살펴보면, 45개의 현대 그룹을 현대자동차와 (기아자동차, 현대제철, 현대모비스), (현대캐피탈, 현대카드, 현대건설) 그리고 나머지 40개의 계열회사로 네 개의 군집으로 나눈 것이 바람직하다.

PROC FASTCLUS 과정을 통해 얻은 결과를 바탕으로 군집을 정리하면 다음과 같다. K=3개 평균연결법을 사용한 PROC FASTCLUS 과정의 결과와 최단연결법, 최장연결법 그리고 WARD 방법의 결과가 유사하다는 것을 파악할 수 있다.

군집	회사
군집 1	현대제철, 기아자동차, 현대건설, 현대캐피탈, 현대모비스 (5개 회사)
군집 2	그 외 계열사들 (39개 회사)
군집 3	현대자동차 (1개 회사)

3. 예제 3

1975년도에 22개의 미국 전력회사들을 대상으로 8개의 변수들에 대하여 수집한 자료이다(<프로그램 7-3> 참조). 이 회사들을 집단으로 나누는 군집분석을 하여보자. 변수들의 내용은 다음과 같다.

$X1$ = Fixed charge coverage ratio(income/debt)
$X2$ = Rate of return on capital
$X3$ = Cost per KW capacity in place
$X4$ = Annual load factor
$X5$ = Peak KWH demand growth from 1974 to 1975
$X6$ = Sales(KWH use per year)
$X7$ = Percent nuclear
$X8$ = Total fuel costs(cents per KWH)

프·로·그·램 7-3

```
DATA UTILITY;
    INPUT X1 - X8;
CARDS;
1.06  9.2 151 54.4  1.6  9077  0     .628
 .89 10.3 202 57.9  2.2  5088  25.3 1.555
1.43 15.4 113 53.0  3.4  9212  0    1.058
1.02 11.2  16 56.0   .3  6423  34.3  .700
1.49  8.8 192 51.2  1.0  3300  15.6 2.044
1.32 13.5 111 60.0 -2.2  11127 22.5 1.241
1.22 12.2 175 67.6  2.2  7642  0    1.652
1.10  9.2 245 57.0  3.3  13082 0     .309
1.34 13.0 168 60.4  7.2  8406  0     .862
1.12 12.4 197 53.0  2.7  6455  39.2  .623
 .75  7.5 173 51.5  6.5  17441 0     .768
1.13 10.9 178 62.0  3.7  6154  0    1.897
1.15 12.7 199 53.7  6.4  7179  50.2  .527
1.09 12.0  96 49.8  1.4  9673  0     .588
 .96  7.6 164 62.2 -0.1  6468 .9    1.400
1.16  .99 252 56.0  9.2  15991 0     .620
 .76  6.4 136 61.9  9.0  5714  8.3  1.920
1.05 12.6 150 56.7  2.7  10140 0    1.108
1.16 11.7 104 54.0 -2.1  13507 0     .636
1.20 11.8 148 59.9  3.5  7287  41.1  .702
1.04  8.6 204 61.0  3.5  6650  0    2.116
1.07  9.3 174 54.3  5.9  10093 26.6 1.306
;

PROC  CLUSTER DATA=UTILITY METHOD=SINGLE print=10 ccc;
PROC TREE; RUN;

PROC  CLUSTER  METHOD=SINGLE STD print=10 ccc;
PROC TREE; RUN;

PROC CLUSTER  METHOD=TWOSTAGE  K=3 MODE=2;
PROC TREE; RUN;
```

덴드로그램을 바탕으로 최단연결법을 사용한 군집분석의 결과를 바탕으로 다음과 같이 4개의 군집으로 나눌 수 있다.

군집	회사
군집 1	OB11, OB16
군집 2	OB8, OB19
군집 3	OB5
군집 4	그 외 회사들

그리고 6개의 군집으로 구분한다면 다음과 같다.

군집	회사
군집 1	OB11, OB16
군집 2	OB8, OB19
군집 3	OB5
군집 4	OB6
군집 5	OB1, OB3, OB14, OB18, OB22, OB9
군집 6	그 외 회사들

독자는 군집의 수를 적절하게 정하여 이에 대응하는 관찰값을 군집으로 설정할 수 있으며, 자료의 성격을 바탕으로 적절한 군집의 수를 정할 수 있다.

또한 표준화시킨 자료에 대하여 최단연결법을 사용한 군집분석의 결과를 바탕으로 살펴보면, 원자료로 분석한 군집분석 결과와 많이 다르다는 것을 알 수 있는데 원자료로 분석하느냐 또는 표준화된 자료를 분석하느냐의 선택은 자료의 성격과 종류에 따라 다르므로 분석하기에 앞서 자료의 배경과 성격 등을 충분히 파악한 다음에 결정해야 한다. 일반적으로는 원자료와 표준화된 자료 모두에 대하여 분석하고 결과를 비교하면서 자료의 특성을 파악하여 총체적으로 설명이 되는 결론을 유도하는 것을 추천한다.

K=3 그리고 Mode=2으로 정한 이단계 밀도 연결법을 사용한 군집분석의 결과에서 3개의 군집으로 구분한다면 다음과 같다.

군집	회사
군집 1	OB9, OB7, OB20, OB13
군집 2	OB11, OB16, OB1, OB3, OB14, OB22, OB18, OB6, OB8, OB19
군집 3	OB2, OB12, OB4, OB15, OB10, OB21, OB17, OB5

만약 2개의 군집으로 구분한다면 다음과 같다.

군집	회사
군집 1	OB9, OB7, OB20, OB13 OB11, OB16, OB1, OB3, OB14, OB22, OB18, OB6, OB8, OB19
군집 2	OB2, OB12, OB4, OB15, OB10, OB21, OB17, OB5

4. 예제 4

14개 국가의 경제상태에 대한 자료이다. 국가의 경제상태를 4개 변수로 나타내었고 그

변수들은 다음과 같다.

> $X1$ = GNP per Capita ($)
> $X2$ = Trade (Millions of $)
> $X3$ = Defence budet (Millions of $)
> $X4$ = GNP per Defence (%)

여러 가지 방법들을 사용하여 군집분석을 해보자.

프·로·그·램 7-4

```
DATA ECONOMIC;
    INPUT X1 - X4;
CARDS;
  91  2729   148  2.8
  51   407    74  6.9
  58   349  3054  8.7
 359  1169    53  2.4
 134   923   158  6.0
  70  2689   410  1.9
 129  1601   267  6.7
 515   415    33  2.7
  70    83    29 25.7
 707  5395   468  6.1
 468  1852   220  1.5
 749  6530 34000 20.4
 998  6667  3934  7.8
2334 26836 40641 12.2
;

PROC  CLUSTER  METHOD=WARD print=10 ccc;
PROC TREE; RUN;

PROC  CLUSTER  METHOD=COMPLETE print=10 ccc;
PROC TREE; RUN;

PROC FASTCLUS  MAXCLUSTERS= 3 LIST;
PROC TREE; RUN;
```

WARD 연결법과 최장연결법을 사용한 군집분석의 결과를 바탕으로 다음과 같이 3개의 군집으로 분류할 수 있다.

군집	국가
군집 1	OB12, OB14
군집 2	OB13, OB10
군집 3	그 외 국가들

그러나 군집의 수가 3개인 비계층적 군집방법인 *K*개 평균 (*K* Means) 연결법을 사용한 군집분석의 결과는 다음과 같이 요약된다.

군집	국가
군집 1	OB14
군집 2	OB12
군집 3	그 외 국가들

위에서 분석한 세 종류의 분석방법 중에서 WARD 연결법과 최장연결법은 유사한 결론을 유도할 수 있으나, K=3 평균연결방법에 의한 결과는 12번째와 14번째의 국가를 각각의 군집으로 설정하였다. 그러므로 이 군집결과는 WARD 연결법과 최장연결법에 의한 결과에 포함된다고 파악할 수 있다.

프·로·그·램 7-1

```
GET
  FILE='G:\city.sav'.
DATASET NAME 데이터집합1 WINDOW=FRONT.

CLUSTER   총인구 문화공간 체육시설 총병상수 사회복지시설수용인원 보육시설
  /METHOD SINGLE
  /MEASURE=EUCLID
  /ID=시별
  /PRINT SCHEDULE
  /PLOT DENDROGRAM VICICLE.

CLUSTER   총인구 문화공간 체육시설 총병상수 사회복지시설수용인원 보육시설
  /METHOD WARD
  /MEASURE=SEUCLID
  /ID=시별
  /PRINT SCHEDULE
  /PLOT DENDROGRAM VICICLE.

CLUSTER   총인구 문화공간 체육시설 총병상수 사회복지시설수용인원 보육시설
  /METHOD COMPLETE
  /MEASURE=EUCLID
  /ID=시별
  /PRINT SCHEDULE
  /PLOT DENDROGRAM VICICLE.

QUICK CLUSTER 총인구 문화공간 체육시설 총병상수 사회복지시설수용인원 보육시설
  /MISSING=LISTWISE
  /CRITERIA=CLUSTER(3) MXITER(10) CONVERGE(0)
  /METHOD=KMEANS(NOUPDATE)
  /PRINT ID(시별) INITIAL CLUSTER DISTAN.
```

프·로·그·램 7-2 SK 기업

```
GET
  FILE='G:\finance_sk.sav'.
DATASET NAME 데이터집합1 WINDOW=FRONT.


CLUSTER      sale  operating  ordinary  net_profit  total_asset
capital_stock o_capita
  /METHOD SINGLE
  /MEASURE=EUCLID
  /ID=name
  /PRINT SCHEDULE
  /PRINT DISTANCE
  /PLOT DENDROGRAM VICICLE.
```

```
CLUSTER   sale operating ordinary net_profit total_asset capital_stock
o_capita
  /METHOD WARD
  /MEASURE=SEUCLID
  /ID=name
  /PRINT SCHEDULE
  /PRINT DISTANCE
  /PLOT DENDROGRAM VICICLE.

CLUSTER   sale operating ordinary net_profit total_asset capital_stock
o_capita
   /METHOD COMPLETE
  /MEASURE=EUCLID
  /ID=name
  /PRINT SCHEDULE
  /PRINT DISTANCE
  /PLOT DENDROGRAM VICICLE.

   QUICK CLUSTER sale operating ordinary net_profit total_asset
capital_stock o_capita
    /MISSING=LISTWISE
    /CRITERIA=CLUSTER(3) MXITER(10) CONVERGE(0)
    /METHOD=KMEANS(NOUPDATE)
    /PRINT ID(name) INITIAL.
```

프·로·그·램 7-3

```
DATA LIST FREE / X1 TO X8.
BEGIN DATA.
1.06  9.2 151 54.4  1.6  9077  0     .628
 .89 10.3 202 57.9  2.2  5088  25.3 1.555

       중 략

1.04  8.6 204 61.0  3.5  6650  0    2.116
1.07  9.3 174 54.3  5.9  10093 26.6 1.306
END DATA.

PROXIMITIES
  X1 TO X8
  /MATRIX OUT ('C:\WIN\TEMP\spssclus.tmp')
  /VIEW=CASE
  /MEASURE=EUCLID
  /PRINT NONE
  /STANDARDIZE=NONE .
CLUSTER
  /MATRIX IN ('C:\WIN\TEMP\spssclus.tmp')
  /METHOD SINGLE
  /PRINT SCHEDULE
  /PLOT DENDROGRAM VICICLE.
ERASE FILE =  'C:\WIN\TEMP\spssclus.tmp'.
```

```
PROXIMITIES
  X1 TO X8
  /MATRIX OUT ('C:\WIN\TEMP\spssclus.tmp')
  /VIEW=CASE
  /MEASURE=EUCLID
  /PRINT NONE
  /STANDARDIZE=NONE .
CLUSTER
  /MATRIX IN ('C:\WIN\TEMP\spssclus.tmp')
  /METHOD COMPLETE
  /PRINT SCHEDULE
  /PLOT DENDROGRAM VICICLE.
ERASE FILE =  'C:\WIN\TEMP\spssclus.tmp'.
```

프·로·그·램 7-4

```
DATA LIST FREE / X1 TO X4.
BEGIN DATA.
  91  2729   148  2.8    51   407    74  6.9
 58   349  3054  8.7   359  1169    53  2.4
 134   923   158  6.0    70  2689   410  1.9
 129  1601   267  6.7   515   415    33  2.7
  70    83    29 25.7   707  5395   468  6.1
 468  1852   220  1.5   749  6530 34000 20.4
 998 16667  3934  7.8  2334 26836 40641 12.2
END DATA.

PROXIMITIES
  X1 TO X4
  /MATRIX OUT ('C:\WIN\TEMP\spssclus.tmp')
  /VIEW=CASE
  /MEASURE=EUCLID
  /PRINT NONE
  /STANDARDIZE=NONE .
CLUSTER
  /MATRIX IN ('C:\WIN\TEMP\spssclus.tmp')
  /METHOD SINGLE
  /PRINT SCHEDULE
  /PLOT DENDROGRAM VICICLE.
ERASE FILE =  'C:\WIN\TEMP\spssclus.tmp'.

PROXIMITIES
  X1 TO X4
  /MATRIX OUT ('C:\WIN\TEMP\spssclus.tmp')
  /VIEW=CASE
  /MEASURE=EUCLID
  /PRINT NONE
  /STANDARDIZE=NONE .
CLUSTER
  /MATRIX IN ('C:\WIN\TEMP\spssclus.tmp')
  /METHOD WARD
  /PRINT SCHEDULE
  /PLOT DENDROGRAM VICICLE.
ERASE FILE =  'C:\WIN\TEMP\spssclus.tmp'.
```

연습 문제

1. 예제 1에서 (가)최장 연결법, (나)WARD 연결법, (다)K=3로 정한 밀도연결법, 그리고 (라)군집의 수가 3개인 비계층적 군집방법인 K개 평균 (K-means) 연결법을 사용한 군집분석의 결과를 분석하여라.

2. 예제 2에서 (가)최단 연결법, (나)표준화 시킨 자료에 대하여 최단 연결법, (다)K=4 그리고 R=2으로 정한 두 단계 밀도 연결법을 사용하여 군집분석을 시행하여라.

3. 다음은 12가지 아침 식사용 씨리얼(cereal)에 대한 5가지 함유 성분의 자료가 다음과 같이 측정되었다. 여러 가지 방법들을 사용하여 군집분석을 시행하여라.

씨리얼	X1	X2	X3	X4	X5
	단백질	탄수화물	지방	칼로리	비타민A
Life	6	19	1	110	0
Grape Nuts	3	23	0	100	25
S. S. Crisp	2	26	0	110	25
S. K	6	21	0	110	25
Rice Krispies	2	25	0	110	25
Raisin Bran	3	28	1	120	25
P 19	2	24	0	110	100
Wheats	3	23	1	110	25
Total	3	23	1	110	100
Puffed Rice	1	13	0	50	0
Sugar Corn Pops	1	26	0	110	25
Sugar Smacks	2	25	0	110	25

4. 1975년도에 22개의 미국 전력회사들을 대상으로 8개의 변수들에 대하여 수집한 자료이다. 이 회사들을 집단으로 나누는 군집분석 하여라. 변수들의 내용은 다음과 같다.

$X1$ = Fixed charge coverage ratio(income/debt)
$X2$ = Rate of return on capital
$X3$ = Cost per KW capacity in place
$X4$ = Annual load factor
$X5$ = Peak KWH demand growth from 1974 to 1975
$X6$ = Sales(KWH use per year)
$X7$ = Percent nuclear
$X8$ = Total fuel costs(cents per KWH)

$X1$	$X2$	$X3$	$X4$	$X5$	$X6$	$X7$	$X8$	$X1$	$X2$	$X3$	$X4$	$X5$	$X6$	$X7$	$X8$
1.06	9.2	151	54.4	1.6	9077	0	.628	.89	10.3	202	57.9	2.2	5088	25.3	1.555
1.43	15.4	113	53.0	3.4	9212	0	1.058	1.02	11.2	16	56.0	.3	6423	34.3	.700
1.49	8.8	192	51.2	1.0	3300	15.6	2.044	1.32	13.5	111	60.0	-2.2	11127	22.5	1.241
1.22	12.2	175	67.6	2.2	7642	0	1.652	1.10	9.2	245	57.0	3.3	13082	0	.309
1.34	13.0	168	60.4	7.2	8406	0	.862	1.12	12.4	197	53.0	2.7	6455	39.2	.623
.75	7.5	173	51.5	6.5	17441	0	.768	1.13	10.9	178	62.0	3.7	6154	0	1.897
1.15	12.7	199	53.7	6.4	7179	50.2	.527	1.09	12.0	96	49.8	1.4	9673	0	.588
.96	7.6	164	62.2	-0.1	6468	.9	1.400	1.16	.99	252	56.0	9.2	15991	0	.620
.76	6.4	136	61.9	9.0	5714	8.3	1.920	1.05	12.6	150	56.7	2.7	10140	0	1.108
1.16	11.7	104	54.0	-2.1	13507	0	.636	1.20	11.8	148	59.9	3.5	7287	41.1	.702
1.04	8.6	204	61.0	3.5	6650	0	2.116	1.07	9.3	174	54.3	5.9	10093	26.6	1.306

5. 14개 국가의 경제상태에 대한 자료이다. 국가의 경제상태를 4개 변수로 나타내었고 그 변수들은 다음과 같다. 여러 가지 방법들을 사용하여 군집분석하여라.

> $X1$ = GNP per Capita ($)
> $X2$ = Trade (Millions of $)
> $X3$ = Defence budet (Millions of $)
> $X4$ = GNP per Defence (%)

$X1$	$X2$	$X3$	$X4$	$X1$	$X2$	$X3$	$X4$
91	2729	148	2.8	51	407	74	6.9
58	349	3054	8.7	359	1169	53	2.4
134	923	158	6.0	70	2689	410	1.9
129	1601	267	6.7	515	415	33	2.7
70	83	29	25.7	707	5395	468	6.1
468	1852	220	1.5	749	6530	34000	20.4
998	16667	3934	7.8	2334	26836	40641	12.2

제8장

다차원척도법

8.1 다차원척도법

다차원척도법(multi-dimensional scaling method; MDS)은 p개의 변수로 이루어진 n개의 개체에 대한 모든 쌍들간의 유사성 (또는 거리)을 이용하여 저차원의 공간에서 개체를 기하학적으로 표현하는 그래프적 기법이다. 개체들간의 거리 d_{ij}의 측정 척도에 따라 계량 다차원척도법(metric MDS)과 비계량 다차원척도법(nonmetric MDS)으로 구분되는데 비계량 다차원척도법은 거리 크기 순서에 의존하기 때문에 순서척도법(ordinal scaling)이라고도 한다.

n개의 개체로 구성된 다변량 자료로부터 $m = n(n-1)/2$개의 거리 즉, 비유사성 (dissimilarity) d_{ij}를 구하고 대칭적이며 대각 원소가 0인 거리 행렬 $\boldsymbol{D} = \{d_{ij}\}$가 주어졌다고 하자. 여기서 거리(비유사성) 행렬 $\boldsymbol{D}$는 대각원소들이 0인 대칭 행렬이다. 다차원척도법은 비유사성 행렬을 저차원 공간에 기하학적으로 표현하는 기법이다. 여기서 저차원 공간을 형상공간(configuration space)이라고 한다. 또한 다차원척도법은 개체간의 거리 d_{ij}와 축소된 $q(\le p)$차원의 거리 δ_{ij} 사이의 관계를 일치되도록 하는 기법이다. d_{ij}와 δ_{ij}의 관계는 d_{ij}의 측정 척도에 따라 다른데 다음의 모형들로 구분된다.

(1) 절대 (absolute) 척도 : $d_{ij} = \delta_{ij} + \epsilon_{ij}$

(2) 구간 (interval) 척도 : $d_{ij} = a + b\delta_{ij} + \epsilon_{ij} \quad (b > 0, a \neq 0)$

(3) 비율 (ratio) 척도 : $d_{ij} = b\delta_{ij} + \epsilon_{ij}(b > 0)$

(4) 순서 (ordinal) 척도 : $d_{ij} = f\ (\delta_{ij}) + \epsilon_{ij}$

여기서 ϵ_{ij}는 오차항이며 $f(\cdot)$는 단조함수다.

절대, 구간, 비율척도 모형을 만족하는 다차원척도법을 계량 다차원척도법이라 하며 순서척도 모형을 비계량 다차원척도법이라고 한다. 이들 척도 수준은 SAS의 PROC MDS 과정의 선택사양에서 level=absolute/interval/ratio/ordinal로 사용된다. 위에서 열거한 네 가지 모형 중 가장 일반적인 모형으로 순서척도 모형에 대하여 소개하고자 한다.

Kruskal은 d_{ij}와 δ_{ij}의 관계를 최적화 시키는 함수 $f(\cdot)$를 찾는 것이 중요하다고 했고 이를 위하여 두 종류의 스트레스(stress)를 다음과 같이 정의하였다:

$$\text{stress 1} = [\sum_{i<j}\sum (d_{ij} - f(\delta_{ij}))^2 / \sum_{i<j}\sum d_{ij}^2]^{1/2}$$

$$\text{stress 2} = [\sum_{i<j}\sum (d_{ij} - f(\delta_{ij}))^2 / (\sum_{i<j}\sum d_{ij} - \overline{d_{..}})^2]^{1/2}$$

이 스트레스는 적합도(goodness of fit) 또는 비적합도(badness of fit) 등으로 불린다. SAS의 PROC MDS에서는 Formula=1 (또는 2)으로 사용되고 있다. 그러므로 d_{ij}와 δ_{ij}간의 관계를 최적화하기 위해서는 이 스트레스를 최소화하는 $f(\cdot)$를 발견하여야 한다. 거리 d_{ij}가 구간척도 또는 비율척도인 경우에는 회귀분석에 쓰이는 최소제곱법을 이용하여 a와 b를 구하며, d_{ij}가 순서척도 모형인 경우에는 최소제곱단조회귀(least square monotonic regression) 알고리즘을 사용하여 최적단조 변환함수 $f(\cdot)$을 구한다.

다음으로 δ_{ij}의 최적 변환에 의하여 구한 스트레스를 최소화시키는 q차원의 좌표 점을 구한다. 구하는 방법에는 최대급경사 방법(steepest descent method), 가우스-뉴튼 방법(Gauss-Newton method)과 Levenberg-Marquardt 방법 등 여러 가지가 있으나 여기서는 설명을 생략한다.

n개의 개체를 표현할 저차원의 차원의 수 q는 다차원척도 그림의 차원의 수를 결정하는 문제와 관련된다. 차원의 수가 증가하면 스트레스는 항상 감소하므로 스트레스의 감소 폭이 큰 경우에 대응하는 차원의 수를 결정하는 것을 추천한다(<프로그램 8-1>과 [결과 8-1]의 후반부 참조 바람). 일반적으로 4차원 이하의 차원 수를 설정하도록 추천하나, 자료의 기하학적 해석이 원만하게 이루어지고 설명하기 쉬운 2차원으로 차원 축소하는 것을 권장한다. SAS의 PROC MDS에서 차원 수는 디폴트로 2차원이다('DIM=2'). 차원의 수 q를 결정하기 위한 Kruskal의 판별 기준은 다음과 같다.

스트레스(%)	0	2.5	5	10	20
비적합도	완벽	매우 좋음	좋음	보통	나쁨

다차원척도법에서는 일반적으로 p차원의 개체들에 대한 거리 d_{ij}가 축소된 q차원의 거리 δ_{ij}와 일치되도록 스트레스를 최소화하는 2차원 좌표 점을 얻는다. 이들 좌표 점으

로 표현되는 이원(Two-way)다차원척도 그림에 대한 해석은 그룹화와 순서에 의하여 이루어진다. 개체들이 가까이 모여 그룹화 되어있으면 개체들이 공통의 특성을 갖고 있는 집단이라고 해석되며, 개체 사이의 순서화되어 있는 것은 좌표축으로 설명되는 중요한 특성에 따라 정렬되어있다고 설명된다. 즉 같은 성질을 갖는 집단으로 해석되고 중요한 특성에 따라 정렬될 수 있다. 예제를 통해 자료 분석을 해보자.

8.2 예제

1. 예제 1

다음은 18명의 학생들이 12개 국가를 각각 두 나라씩 짝지은 66가지 경우에 대해 1(매우 다르다)부터 9(매우 유사하다)의 척도로 응답하여 그 평균으로 12개국의 유사성 행렬을 얻었다. 이 자료는 대칭이며 <프로그램 8-1>에 수록되어 있다. SAS의 PROC MDS에서는 유사성 자료를 비유사성 자료로 변환시키는데 대각원소 값에서 비대각원소 값을 빼주어 비유사성 행렬로 만들어 사용한다. 이것은 아래 프로그램의 PROC MDS문에서 선택사양 'SIMILAR=9'로 처리되었다. 여기에서 우리는 유사성 자료나 비유사성 자료로 다차원척도법을 실시해도 동일한 결과를 얻을 수 있음을 알 수 있다. 그리고 측정 수준을 순서척도(level=ordinal)로 지정하였으며 이는 곧 비계량 다차원척도법을 사용하는 것을 의미한다. PROC MDS문의 선택사양 중에서 'NOPHIST'는 반복계산 과정을 출력시키지 말라는 명령어이며, 'PFIT'와 'PCONFIG'는 [결과 8-1]과 같은 결과만을 출력시키라는 명령어이다. PROC MDS문의 선택사양으로 'PFIT'을 사용하여 나타난 [결과 8-1]에서의 'Badness-of-Fit Criterion'는 스트레스의 값을 나타낸다. PROC MDS문에서 차원수는 디폴트로 2차원이다 ('DIM=2'). 그러나 <프로그램 8-1>의 두 번째 PROC MDS문에서는 1차원부터 4차원까지 차원수를 증가시키면서 스트레스 값의 변화를 살펴보고자 하며, 'OCRIT'는 비적합도 (badness of fit) 기준을 OUT=dataset에 저장하라는 명령어이다. 이 값을 이용하여 <프로그램 8-1>의 마지막 PROC PLOT 과정을 이용하여 차원의 수와 대응하는 스트레스를 그래프로 표현하였으며 차원의 수를 결정하는 데 도움이 된다.

프·로·그·램 8-1

```
DATA NATION;
INPUT (BRAZIL CONGO CUBA EGYPT FRANCE INDIA
       ISRAEL JAPAN CHINA USSR USA YUGO)(5.2) @60 ;
CARDS;
9.00
4.83 9.00
```

```
5.28 4.26 9.00
3.44 5.00 5.17 9.00
4.72 4.00 4.11 4.78 9.00
4.50 4.83 4.00 5.83 3.44 9.00
3.83 3.33 3.61 4.67 4.00 4.11 9.00
3.50 3.39 2.94 3.84 4.11 4.50 4.83 9.00
2.39 4.00 5.50 4.39 3.67 4.11 3.00 4.17 9.00
3.06 3.39 5.44 4.39 5.06 4.50 4.17 4.61 5.72 9.00
5.39 2.39 3.17 3.33 5.94 4.28 5.94 6.06 2.56 5.00 9.00
3.17 3.50 5.11 4.28 4.72 4.00 4.44 4.28 5.06 6.67 3.56 9.00
;

PROC MDS DATA=NATION LEVEL=ORDINAL
          NOPHIST PFIT PCONFIG OUT=TWO;
RUN;
PROC PLOT DATA=TWO;
    PLOT DIM2*DIM1='*' $_NAME_ /HREF=0 VREF=0
                 VAXIS=-2 TO 2 HAXIS=-2 TO 2 BOX;
WHERE _TYPE_='CONFIG';
RUN;

PROC MDS DATA=NATION LEVEL=ORDINAL SIMILAR=9
        NOPHIST DIM=1 TO 4 OCRIT OUT=THREE;
RUN;
DATA THREE; SET THREE;
    DIM=_DIMENS_;
    STRESS=DIM1;
PROC PLOT DATA=THREE;
    PLOT STRESS * DIM  ='*';
RUN;
```

결과 **8-1**

SAS 시스템

Multidimensional Scaling: Data=WORK.NATION.DATA

Shape=TRIANGLE Condition=MATRIX Level=ORDINAL

Coef=IDENTITY Dimension=2 Formula=1 Fit=1

Configuration		
	Dim1	Dim2
BRAZIL	-0.34	1.78
CONGO	1.41	1.28
CUBA	1.43	-0.27
EGYPT	0.79	0.31
FRANCE	-0.61	0.31
INDIA	0.40	0.61
ISRAEL	-1.45	0.35
JAPAN	-1.30	-0.78
CHINA	1.26	-1.18
USSR	0.01	-1.23
USA	-1.66	0.03
YUGO	0.07	-1.20

SAS 시스템

Multidimensional Scaling: Data=WORK.NATION.DATA

Shape=TRIANGLE Condition=MATRIX Level=ORDINAL

Coef=IDENTITY Dimension=2 Formula=1 Fit=1

MATRIX	Number of Nonmissing Data	Weight	Badness of Fit Criterion	Distance Correlation	Uncorrected Distance Correlation
1	66	1.00	0.20	0.85	0.98

Dim2*Dim1$_NAME_ 도표. 사용된 기호: '*'.

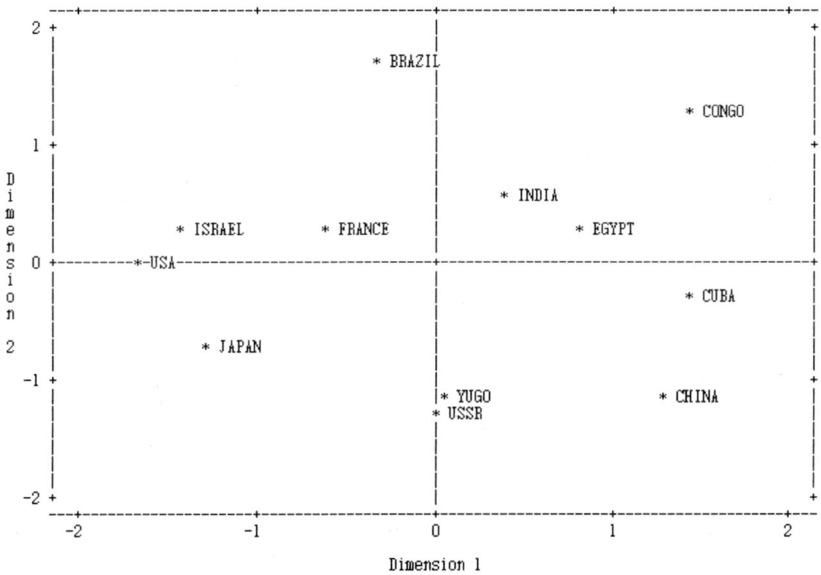

STRESS*DIM 도표. 사용된 기호: '*'.

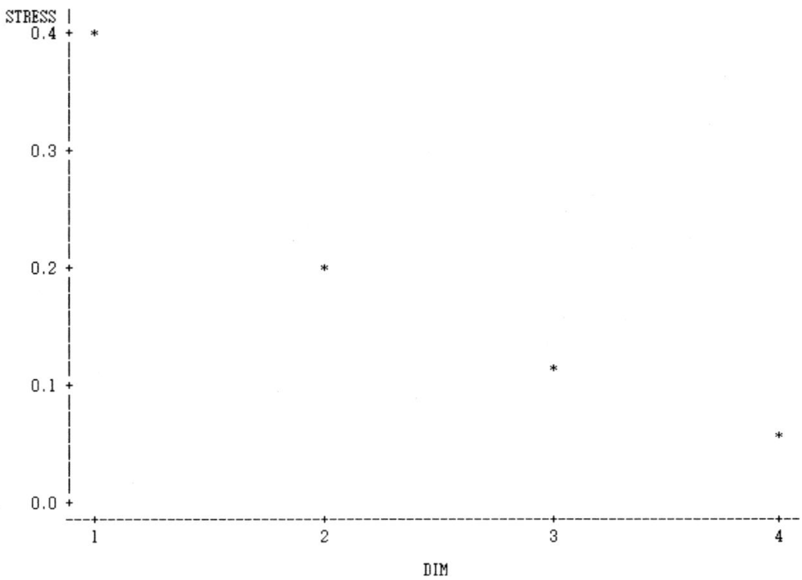

위 결과를 살펴보면 스트레스 값은 0.20을 나타내어 좋은 값을 제공하지 않지만, 이원 다차원척도법을 실시한 결과와 그것을 그림으로 나타낸 결과를 분석하면 다음과 같이 요약된 그림으로 정치성을 표현한 축과 경제성을 표현한 축으로 구성된 이차원 그림표로 해석할 수 있다.

민주국 ↖	개발도상국 ↗
↙ 개발국	↘ 공산국

SAS의 PROC MDS에서는 기본적인(default) 차원은 2차원이다. 이를 재확인하고자 1차원부터 4차원까지 다차원척도법을 실시하여 스트레스의 감소 정도를 SCREE PLOT과 유사하게 판단할 수 있는 도표를 작성하는 프로그램을 <프로그램 8-1>의 마지막 부분에 제공하고 있다.

2. 예제 2

본서에서 예제로 선정한 도시별 복지기능 특성자료를 다차원척도법으로 분석해보자. 우선 도시별 복지기능 특성자료에서 도시별 거리 자료는 '**PROC DISTANCE**' 과정을 이용하여 생성하고 <프로그램 8-2>와 같이 다차원척도법으로 분석해 보자.

프·로·그·램 8-2 도시별 복지기능 특성자료의 다차원척도법 분석

```
PROC DISTANCE DATA= city METHOD=sqeuclid OUT=distcity ;
VAR interval(X1 X3-X7) ;
ID  X01 ;
RUN ;

PROC MDS DATA=distcity level=absolute pconfig OUT=mdsgraph ;
ID  X01 ;

PROC PLOT DATA=mdsgraph ;
PLOT DIM2*DIM1='*' $ X01 / href=0 vref=0 box   ;
RUN ;
```

<프로그램 8-2>의 결과 중에서 그림으로 나타낸 결과만을 나타내고 그림을 중심으로 분석해보자.

Dim2*Dim1$X01 도표. 사용된 기호: '*'.

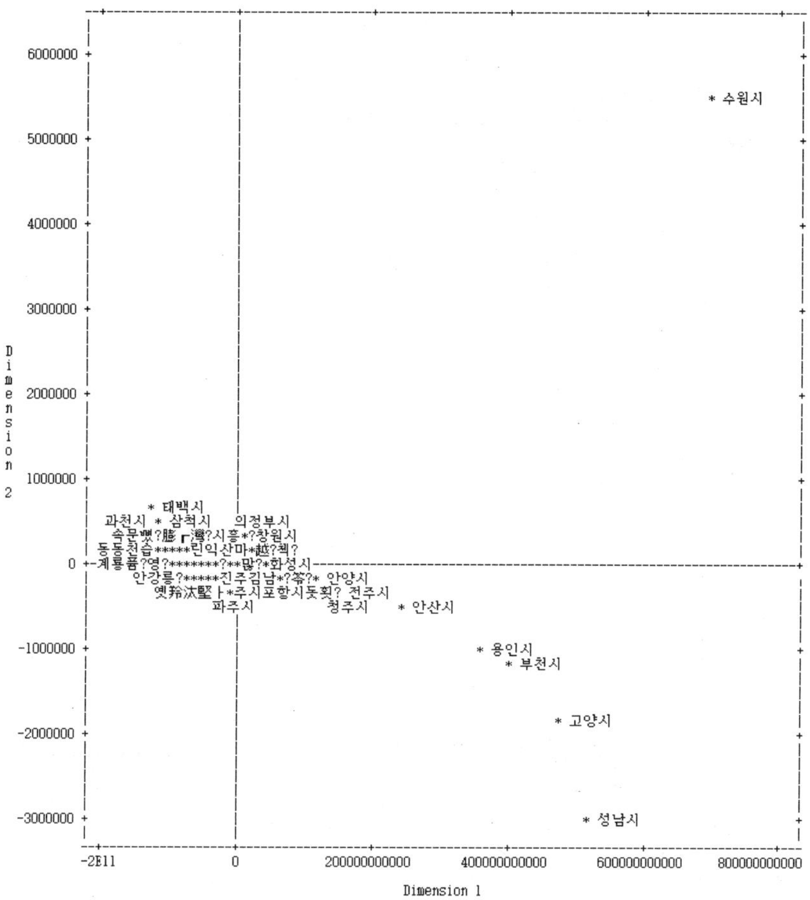

NOTE: 1 개의 결측값이 존재합니다. 28 개의 관측치가 숨겨져 있습니다. 205 개의 레이블 문자가 숨겨져 있습니다.

3. 예제 3

본서에서 두번째 예제로 선정한 국내 상위기업 재무자료를 다차원척도법으로 분석하여보자. 대기업 중에서 현대자동차 그룹에 속한 회사들만 분석하여보자. <프로그램 8-3>을 이용하여 다차원척도법을 실시하고 분석하자.

프·로·그·램 8-3 현대자동차 그룹 회사 재무자료의 다차원척도법 분석

```
DATA financeHMC ; SET finance ; IF GROUP ='현대' ;
PROC DISTANCE DATA=financeHMC METHOD=sqeuclid OUT=distfinance ;
VAR  interval(sale operating ordinary net_profit
     total_asset capital_stock o_capita) ;
ID name ;
RUN ;
```

```
PROC MDS  DATA=distfinance  level=absolute pconfig
        OUT=mdsgraph ;
ID name ;

PROC PLOT DATA=mdsgraph ;
PLOT DIM2*DIM1='*' $ name / href=0 vref=0 box   ;
RUN ;
```

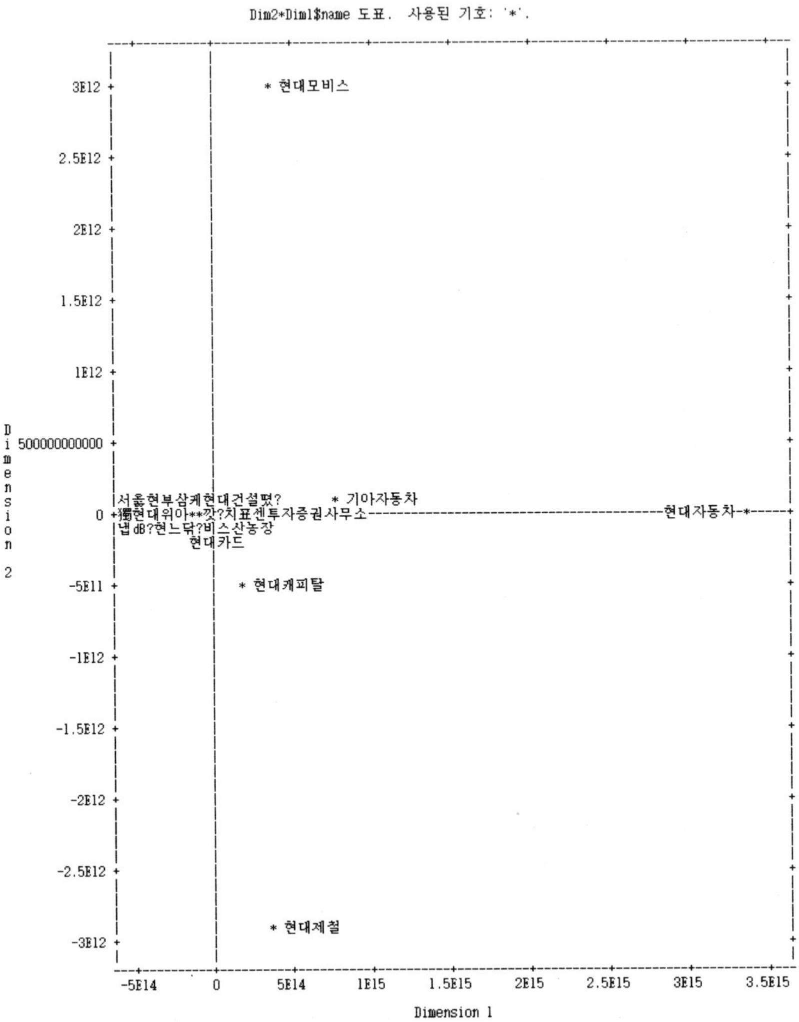

프·로·그·램 8-1

```
ALSCAL
  VARIABLES=BRAZIL CONGO CUBA EGYPT FRANCE INDIA ISRAEL JAPAN CHINA
USSR USA YUGO
  /SHAPE=SYMMETRIC
  /LEVEL=ORDINAL
  /CONDITION=MATRIX
  /MODEL=EUCLID
  /CRITERIA=CONVERGE(0.001)  STRESSMIN(0.005)  ITER(30)  CUTOFF(0)
DIMENS(2,2)
  /PLOT=DEFAULT.
```

프·로·그·램 8-2

```
GET
  FILE='G:\city.sav'.
DATASET NAME 데이터집합1 WINDOW=FRONT.

PROXIMITIES 총인구 문화공간 체육시설 총병상수 사회복지시설수용인원 보육시설
  /ID=시별
  /VIEW=CASE
  /MEASURE=SEUCLID
  /STANDARDIZE= NONE.

ALSCAL

/MATRIX=IN('C:\Users\...\AppData\Local\Temp\spss4664\spssalsc.tmp')
  /LEVEL=RATIO
  /CONDITION=MATRIX
  /MODEL=EUCLID
  /CRITERIA=CONVERGE(0.001)  STRESSMIN(0.005)  ITER(30)  CUTOFF(0)
DIMENS(2,2)
  /PLOT=DEFAULT.
```

프·로·그·램 8-3 '현대'

```
GET
  FILE='G:\finance_hmc.sav'.
DATASET NAME 데이터집합1 WINDOW=FRONT.

PROXIMITIES  sale  operating  ordinary  net_profit  total_asset
capital_stock o_capita filter_$
  /ID=name
```

```
  /VIEW=CASE
  /MEASURE=SEUCLID
  /STANDARDIZE= NONE.

ALSCAL/MATRIX=IN('C:\Users\...\AppData\Local\Temp\spss4664\
spssalsc.tmp')
  /LEVEL=RATIO
  /CONDITION=MATRIX
  /MODEL=EUCLID
  /CRITERIA=CONVERGE(0.001)  STRESSMIN(0.005)  ITER(30)  CUTOFF(0)
DIMENS(2,2)
  /PLOT=DEFAULT.
```

연습 문제

1. 학생들에게 12개 국가를 각각 두 나라씩 짝지은 66가지의 경우에 대해 1(매우 다르다)부터 9(매우 유사하다)의 척도로 응답하여 그 평균으로 12개 국가의 유사성 행렬자료를 얻었다. 유사성 행렬자료를 비유사성 행렬로 변환하여 다차원척도법을 이용하여 분석하여라.

Brazil	.											
Congo	4.83	.										
Cuba	5.28	4.26	.									
Egypt	3.44	5.00	5.17	.								
France	4.72	4.00	4.11	4.78	.							
India	4.50	4.83	4.00	5.83	3.44	.						
Israel	3.83	3.33	3.61	4.67	4.00	4.11	.					
Japan	3.50	3.39	2.94	3.84	4.11	4.50	4.83	.				
China	2.39	4.00	5.50	4.39	3.67	4.11	3.00	4.17	.			
USSR	3.06	3.39	5.44	4.39	5.06	4.50	4.17	4.61	5.72	.		
USA	5.39	2.39	3.17	3.33	5.94	4.28	5.94	6.06	2.56	5.00	.	
Yugoslav	3.17	3.50	5.11	4.28	4.72	4.00	4.44	4.28	5.06	6.67	3.56	.

2. 국내 상위기업 재무자료 중에서 삼성과 SK 기업에 속한 회사들의 재무자료를 다차원척도법을 이용하여 분석하여라.

제9장

대응분석

9.1 대응분석

대응분석(correspondence analysis)은 범주형 변수로 이루어진 분할표 자료의 행(row)과 열(column) 범주를 동시에 저차원 공간상의 점들로 나타내어 변수들의 관계를 탐구하는 탐색적 자료분석 방법이다(최용석 2001). 대응분석은 이차원 분할표(two-way contingency table)에 적용되는 단순대응분석(simple correspondence analysis) 또는 이원대응분석(two-way correspondence analysis)과 다차원 분할표 자료에 적용되는 중대응분석(multiple correspondence analysis)으로 구분된다. 본서에서는 행과 열범주를 나타내는 변수가 두 개뿐인 이차원 분할표의 단순대응분석을 다루고자 하며 특히 대응분석에서 행과 열범주의 독립성과 동질성 문제를 살펴보고자 한다.

대응분석 방법은 일본에서는 '수량화 제3방법'(third quantification method)으로 불리우며, 미국에서는 'reciprocal averaging' 또는 'appropriate scoring', 네덜란드에서는 'homogeneity analysis', 캐나다에서는 'dual scaling' 그리고 이스라엘에서는 'scalogram'이라고도 한다(Greenacre 1984).

행과 열의 수가 각각 n과 p인 이차원 분할표 자료행렬을 $\boldsymbol{N}=(n_{ij})$, $n_{ij} \geq 0(i=1, \ldots, n, j=1, \ldots, p)$라 하자. $\boldsymbol{N}$의 i번째 행 $(n_{i1}, \ldots, n_{ip})$은 크기가 $n_{i+}=n_{i1}+\cdots+n_{ip}$이고 p개의 범주를 갖는 다항 표본으로 생각할 수 있다. 그리고 $\mathbf{1}_n$과 $\mathbf{1}_p$를 크기가 $n\times 1$과 $p\times 1$로 각각 n개와 p개가 1인 원소를 갖는 벡터라 하면 $n_{++}=\mathbf{1}_n^{\prime}\boldsymbol{N}\mathbf{1}_p$은 $\boldsymbol{N}$의 모든 원소

들의 합이 된다. 이때 대응행렬(correspondence matrix)은

$$\boldsymbol{F} = (f_{ij}),\ f_{ij} = n_{ij}/n_{++}\ \ (i=1,\ldots,n\ ,\ j=1,\ldots,p) \tag{9-1}$$

로 정의되는데 이는 상대도수(relative frequencies)로 이루어져 있는 자료행렬임을 알 수 있다.

크기가 $f_{i+} = f_{i1} + \cdots + f_{ip}$인 i번째 행프로파일(row profile) 벡터가 $\boldsymbol{r}_i = (f_{i1}/f_{i+},\ \ldots,\ f_{ip}/f_{i+})'$로 정의될 때 이들 n개의 행프로파일 $\boldsymbol{r}_1,\ \ldots,\ \boldsymbol{r}_n$은 p차원 가중유클리드공간(weighted Euclidean space)에서 행좌표점(벡터)으로 생각할 수 있다. 여기서 가중유클리드공간이란 두 개의 행좌표 $\boldsymbol{r}_i$와 $\boldsymbol{r}_k$ 사이의 거리 (일반적인 카이제곱 χ^2 거리)가 가중치 $f_{+j} = f_{1j} + \cdots + f_{nj}$를 갖고

$$d_p^2(\boldsymbol{r}_i,\ \boldsymbol{r}_k) = \sum_j (f_{ij}/f_{i+} - f_{kj}/f_{k+})^2/f_{+j} \tag{9-2}$$

로 정의되는 p차원의 유클리드공간을 말한다.

다음으로 크기가 $f_{+j} = f_{1j} + \cdots + f_{nj}$인 j번째 열프로파일(column profile)벡터를 $\boldsymbol{c}_j = (f_{1j}/f_{+j},\ \ldots,f_{nj}/f_{+j})'$라고 하면 이들 p개의 열프로파일 $\boldsymbol{c}_1,\ \ldots,\ \boldsymbol{c}_p$는 n차원의 가중유클리드공간에서 열좌표점(벡터)이 된다. 따라서 이들 간의 거리도 행좌표점의 거리식 (9-2)와 유사하게 정의된다.

일반적으로 대응분석은 앞서 정의한 많은 다변량분석에 적용되는 차원축소기법(method of dimensional reduction)을 통하여 p차원과 n차원의 가중유클리드공간에서의 행좌표점 $\boldsymbol{r}_1,\ \ldots,\ \boldsymbol{r}_n$과 열좌표점 $\boldsymbol{c}_1,\ \ldots,\boldsymbol{c}_p$를 하나의 그래프 (주로 2차원)에 동시에 나타내어 이들의 관계를 탐구하는 것이 목적이다.

한 그래프에 동시에 나타내는 방법에는 대칭적 방법과 투사적 방법이 있다 (최용석 2001). 대칭적 방법은 기하학적으로 p차원 공간상의 행좌표점과 n차원 공간상의 열좌표점을 각각의 저차원상의 단위벡터에 투사시켜 각각의 저차원 그래프를 얻고 이를 통하여 저차원 그래프(주로 2차원)에 각각 나타내고 이를 겹쳐서 한 그래프에 나타낸 것이다. 이 방법은 일반화 비정칙치분해(generalized singular value decomposition)를 따른다. 투사적 방법은 먼저 n개의 행좌표점을 저차원상의 단위벡터에 투사(projection)시키고 p개의 열범주들 역시 같은 단위벡터에 투사하여 하나의 그래프(주로 2차원)에 나타낸 것이다. 일반적으로 이 방법은 대칭적 방법과 같이 일반화 비정칙치분해를 이용하고 기하학적으로는 $(p-1)$차원의 심플렉스상의 기하를 다루고 있다. 그러나 두 방법 모두가 기하학적으로 투사를 이용하여 차원축소를 하고 대수적으로 같은 절차를 이용한다는 점은 같다.

SAS의 PROC CORRESP 과정에서 대응분석의 알고리즘의 디폴트는 투사적 방법이며 그 외 몇 가지를 수행할 수 있다. 이들에 대한 자세한 설명은 9.2절에서 하며, 여기서는 대칭적 방법의 대수적 절차를 간단히 공부하자.

식 (9-1)의 대응행렬 $\boldsymbol{F}$의 일반화 비정칙치분해는 다음과 같다.

$$\boldsymbol{F} = \boldsymbol{A}\boldsymbol{D}_u\boldsymbol{B}' \tag{9-3}$$

여기서 $\boldsymbol{A}'\boldsymbol{D}_r^{-1}\boldsymbol{A} = \boldsymbol{B}'\boldsymbol{D}_c^{-1}\boldsymbol{B} = \boldsymbol{I}$이고 $\boldsymbol{D}_r = diag(f_{1+}, \ ..., \ f_{n+})$과 $\boldsymbol{D}_c = diag(f_{+1}, \ ..., \ f_{+p})$는 크기가 $n \times n$과 $p \times p$인 대각행렬이고 $\boldsymbol{D}_u$는 비정칙치(singular value)를 대각원소로 하는 대각행렬이다.

식 (9-3)으로부터 p차원 공간상의 n개의 행프로파일과 n차원 공간상의 p개의 열프로파일을 저차원 그래프에 나타내기 위한 좌표점은 각각

$$\boldsymbol{D}_r^{-1}\boldsymbol{A}\boldsymbol{D}_u \text{와 } \boldsymbol{D}_c^{-1}\boldsymbol{B}\boldsymbol{D}_u \tag{9-4}$$

의 열벡터이다. 여기서 항상 1번째 열은 제외해야 한다. 이는 식 (9-3)의 $\boldsymbol{F}$의 일반화 비정칙치분해에서 $\boldsymbol{D}_u$를 구성하는 비정칙치 중에서 최대값은 항상 1이 되고 $\boldsymbol{A}$와 $\boldsymbol{B}$의 1번째 열벡터가 이 값에 대응하기 때문이다. 따라서 대응행렬 $\boldsymbol{F}$의 일반화 비정칙치분해를 대수적으로 이용하는 대응분석은 비정칙치가 1 다음으로 큰 값을 최대 비정칙치로 한다. 이런 현상을 피하려면 대수적으로 식 (9-1)의 대응행렬 $\boldsymbol{F}$ 대신에 $\boldsymbol{F} - \boldsymbol{r}\boldsymbol{c}'$라는 중심화 대응행렬(centered correspondence matrix)의 비정칙치분해를 이용하면 된다. 여기서 $\boldsymbol{r} = (f_{1+}, \ ..., \ f_{n+})'$이고 $\boldsymbol{c} = (f_{+1}, \ ..., f_{+p})'$인 크기가 $n \times 1$과 $p \times 1$인 대응행렬 $\boldsymbol{F}$의 열과 행의 합으로 이루어진 벡터이다.

지금까지의 내용을 요약하자면 다음과 같다.

> 1) 이원분할표 자료행렬 $\boldsymbol{N}$의 대응행렬 $\boldsymbol{F}$의 일반화 비정칙치분해 $\boldsymbol{F} = \boldsymbol{A}\boldsymbol{D}_u\boldsymbol{B}'$를 생각한다.
> 2) 행과 열범주를 나타내는 저차원 그래프의 좌표점은 식 (9-4)의 $\boldsymbol{D}_r^{-1}\boldsymbol{A}\boldsymbol{D}_u$와 $\boldsymbol{D}_c^{-1}\boldsymbol{B}\boldsymbol{D}_u$로부터 얻는다.
> 3) 2)의 행렬에서 2번째, 3번째 열벡터를 좌표점으로 하여 그래프를 그리면 좌표축이 2개인 2차원 그림을 얻게 된다.

일반적으로 잘 알려진 차원축소 기법인 주성분분석에서와 같이 최대 비정칙치에 대응하는 좌표축만 고려한다면 식 (9-4)의 행렬의 제1열만 1차원 그래프에 그리면 되고 경우에 따라 제2, 3의 비정칙치에 해당하는 좌표축도 고려할 수 있다.

끝으로 절차 3)에서 얻은 2차원 그림에서 행좌표점과 열좌표점의 거리로서 그들의 관계를 보여 준다. 행좌표점 간의 거리나 열좌표점 간의 거리는 각각 유클리드 거리를 의미

하나 행좌표점과 열좌표점 사이의 거리는 큰 의미가 없고 다만 방향성만 가질 뿐이다. 이러한 기하학적인 설명은 식 (9-2)에서 정의한 χ^2 거리에 근거한 것이다.

9.2 단순대응분석

단순대응분석(simple correspondence analysis)의 알고리즘을 대수적 그리고 기하학적으로 살펴보자. 먼저 크기가 $n \times p$인 $\boldsymbol{N}$을 결측치(misssing value)가 없는 이차원 분할표 자료로 이루어지는 자료행렬이라 하자. 그리고 $\boldsymbol{N}$을 원소들의 전체합으로 나눈 원소로 이루어지는 $\boldsymbol{F}$를 대응행렬(correspondence matrix)이라 정의하자. $\boldsymbol{F}$의 행과 열의 합으로 이루어지는 벡터를 r과 c로 각각 정의할 때 $\boldsymbol{D}_r$과 $\boldsymbol{D}_c$는 이들 합을 대각원소로 하는 대각행렬이다. 이를 대수적으로 나타내면 다음과 같다.

자료행렬 : $\boldsymbol{N}(n_{ij}) \quad n_{ij} \geq 0, \ (i=1,...,n \ ; \ j=1,...,p)$

대응행렬 : $\boldsymbol{F}=(f_{ij}), \ f_{ij}=n_{ij}/n_{++} \quad (n_{++}=\boldsymbol{1}_n'\boldsymbol{N}\boldsymbol{1}_p)$

행과 열의 합 : $\boldsymbol{r}=\boldsymbol{F}\boldsymbol{1}_n, \ \boldsymbol{c}=\boldsymbol{F}'\boldsymbol{1}_p \quad (r_i>0, \ c_j>0)$

대각행렬 : $\boldsymbol{D}_r=diag(\boldsymbol{r}), \ \boldsymbol{D}_c=diag(\boldsymbol{c})$

여기서 대응행렬 $\boldsymbol{F}$의 원소는 상대도수 (relative frequency)이고 이들의 합은 1이 된다. $\boldsymbol{r}$과 $\boldsymbol{c}$는 각각 행과 열의 주변비율 (marginal proportion)로 $f_{i+}=f_{i1}+\cdots+f_{ip} \quad (i=1,...,n)$와 $f_{+j}=f_{1j}+\ \cdots+f_{nj} \quad (j=1,...,p)$로 이루어진 벡터인데 대응분석에서는 행과 열의 가중치 (weight)나 양 (mass)으로 불려진다. 이들의 역수는 식 (9-2)와 같은 카이제곱거리가 정의되는 p차원 (변수 차원)과 n차원 (관측치 차원)의 가중유클리드공간에서 차원 가중치로 각각 역할을 하기도 한다. 그리고 이런 가중유클리드공간 E^p와 E^n상의 행좌표점과 열좌표점은 각각 행과 열의 가중치를 가진 행프로파일벡터 $\boldsymbol{r}_i=(f_{i1},...,f_{ip})'/f_{i+}$ $(i=1,...,n)$와 열프로파일벡터 $\boldsymbol{c}_i=(f_{1j},...,f_{nj})'/f_{+j} \ (j=1,...,p)$를 말한다. 그리고 이들은 대수적으로 다음 행렬로부터 얻어진다.

행프로파일행렬 : $\boldsymbol{R}=\boldsymbol{D}_r^{-1}\boldsymbol{F}=(\boldsymbol{r}_1,\cdots,\boldsymbol{r}_n)'$

열프로파일행렬 : $\boldsymbol{C}=\boldsymbol{D}_c^{-1}\boldsymbol{F}=(\boldsymbol{c}_1,\cdots,\boldsymbol{c}_p)'$

지금까지의 내용은 가중유클리드공간 E^p와 E^n에서 정의되는 좌표점과 가중치 그리고 χ^2 거리에 대한 것으로 [표 9-1]에 정리해 두었다.

그러므로 대응분석은 p차원과 n차원의 가중유클리드공간에서 정의되는 좌표점들을 χ^2 거리 (유클리드거리)라는 성질을 가지면서 차원축소 (주로 2차원)를 통하여 얻어지는 그래프로써 행과 열의 관계를 설명하려는 그래프적 다변량분석 방법이다. 대응분석에서 차원축소는 대수적으로 대응행렬 $\boldsymbol{F}$의 일반화 비정칙치분해에 의해서 이루어진다. 기하학적으로는 대응행렬 $\boldsymbol{F}$의 일반화 비정칙치분해는 χ^2에 의해서 정의되는 가중유클리드 공간상의 행좌표점들을 나타내려는 적절한 저차원 $(1 \le p^* \le p)$의 부분공간(subspace)을 제공하는 것이며, 주성분분석의 주된 개념이기도 하다.

앞에서 소개한 대응행렬 $\boldsymbol{F}$의 일반화 비정칙치분해는 식 (9-3)과 같이

$$\boldsymbol{F} = \boldsymbol{A}\boldsymbol{D}_u\boldsymbol{B}'$$

이 되고 $\boldsymbol{A}'\boldsymbol{D}_r^{-1}\boldsymbol{A} = \boldsymbol{B}'\boldsymbol{D}_c^{-1}\boldsymbol{B} = \boldsymbol{I}$ 인 조건을 갖는다. 여기서 $\boldsymbol{A}$와 $\boldsymbol{B}$의 열은 열과 행좌표점들의 저차원상의 주축(principal axis)을 제공한다. 그러나 1장 1절에서 말했듯이 식 (9-3)의 일반화 비정칙치분해에서 $\boldsymbol{D}_u$를 구성하는 비정칙치 중에서 최대값은 항상 1이 되고 이 값 다음으로 큰 값을 최대비정칙치로 하였다.

이런 현상을 피하려면 다음과 같은 중심화 대응행렬(centered correspondence matrix)의 일반화 비정칙치분해를 이용한다.

$$\boldsymbol{F} - \boldsymbol{r}\boldsymbol{c}' = \boldsymbol{U}\boldsymbol{D}_\lambda\boldsymbol{V}' \tag{9-5}$$

여기서 $\boldsymbol{r}$과 $\boldsymbol{c}$는 행과 열의 가중치로 실제는 각각 열과 행의 프로파일의 중심 (centroid) 역할을 한다. 그리고 $\boldsymbol{U}'\boldsymbol{D}_r^{-1}\boldsymbol{U} = \boldsymbol{V}\boldsymbol{D}_c^{-1}\boldsymbol{V} = \boldsymbol{I}$이고 $\boldsymbol{D}_\lambda$는 비정칙치를 대각원소로 하는

표 9-1 가중유클리드공간의 성질

가중유클리드공간	E^p	E^n
좌표점	n개의 행프로파일벡터: $\boldsymbol{r}_1, \ldots, \boldsymbol{r}_n$	p개의 열프로파일벡터: $\boldsymbol{c}_1, \ldots, \boldsymbol{c}_n$
좌표점의 가중치	행의 합 r의 n개 원소: $f_{1+}, \ldots, f_{n+}$	열의 합 c의 p개 원소: $f_{+1}, \ldots, f_{+p}$
χ^2 거리	차원 가중치 D_c^{-1}에 의해서 정의되는 유클리드 공간의 행좌표점의 거리 : $d_p^2(\boldsymbol{r}_i, \boldsymbol{r}_k) = \sum_j^p (f_{ij}/f_{i+} - f_{ki}/f_{k+})^2/f_{+j}$	차원 가중치 D_r^{-1}에 의해서 정의되는 유클리드 공간의 열좌표점의 거리 : $d_n^2(\boldsymbol{c}_j, \boldsymbol{c}_l) = \sum_j^n (f_{ij}/f_{+j} - f_{il}/f_{+l})^2/f_{i+}$

대각행렬이다. 따라서 대응행렬 F와 중심화 대응행렬 $\boldsymbol{F}-\boldsymbol{r}\boldsymbol{c}'$의 일반화 비정칙치분해 식 (9-3)과 (9-5)의 관계는 다음과 같다.

$$\begin{aligned} \boldsymbol{A} &= (\boldsymbol{r} \;\; \boldsymbol{U}) \\ \boldsymbol{B} &= (\boldsymbol{c} \;\; \boldsymbol{V}) \\ \boldsymbol{D}_u &= \begin{pmatrix} 1 & 0' \\ 0 & \boldsymbol{D}_\lambda \end{pmatrix} \end{aligned}$$

SAS에서 대응분석을 위한 PROC CORRESP 과정에서는 행과 열범주를 나타내는 저차원 그래프의 좌표점을 얻는데 식 (9-3)의 대응행렬 $\boldsymbol{F}$의 일반화 비정칙치분해의 대수적 알고리즘을 따르고 대응분석의 결과물은 식 (9-3)에서 $\boldsymbol{D}_u$의 첫번째 비정칙인 1은 미리 제외하고 이 값에 대응하는 $\boldsymbol{A}$와 $\boldsymbol{B}$의 첫번째 열도 제외한 내용을 출력시킨다. 따라서 실제 알고리즘은 식 (9-5)의 중심화 대응행렬의 일반화 비정칙분해를 따른다.

대응분석에서 몇 개의 비정칙치와 이에 대응하는 식 (9-4)의 열벡터를 이용할 것인가라는 질문은 다변량방법인 주성분분석의 차원축소와 관련이 있다. 전통적으로 주성분분석에서 고유값의 전체합에 대한 최대 고유값으로부터 내림차순으로 몇 개의 고유값이 차지하는 비율을 보고서 고려할 만한 고유값에 대응되는 좌표축의 수를 결정하듯이 대응분석에서도 같은 방식을 따르는데 이때는 비정칙치 제곱의 고유값에 해당한다. 일반화 비정칙분해 식 (9-5)로부터 비정칙치 λ_k의 제곱이 고유값(대응분석에서는 이를 주결여성(principal inertia) 이라고 함)에 해당하므로 s차원의 대응분석 그림에 대한 설명력은 다음과 같이 정의할 수 있다.

$$\sum_{k=1}^{s} \lambda_k^2 / \sum_{k=1}^{t} \lambda_k^2 \times 100(\%), \quad t=1,\ldots,p\;(=\min\{n-1,\, p-1\})$$

경험적으로 설명력이 70% 이상이면 충분하고 시각적으로 쉽게 파악할 수 있는 $s=2$차원의 대응분석 그림이 선호된다.

이제 식 (9-3)의 대응행렬 F의 일반화 비정칙치분해를 이용하여 E^p의 n개의 행프로파일과 E^n의 p개의 열프로파일을 저차원 그래프에 나타내기 위한 좌표점에 대해 설명해 보자. 이를 위하여 PROC CORRESP 과정의 문법과 이들에 대한 몇 가지 전형적인 활용의 예를 보이고자 한다.

SAS의 PROC CORRESP 과정에서는 [표 9-2]와 [표 9-3]에 정리해 둔 행과 열에 대한 좌표점으로 각각 6가지를 제공하고 있다. 이는 옵션으로 사용자가 원하는 좌표점을 선택할 수 있다.

옵션 'ROW=' 와 'COLUMN=' 의 여러가지 짝맞추기는 의미가 없다. 예를 들어 'ROW=A'와 'COLUMN=DBID1/2'를 설정하면 대응분석에서 행과 열범주의 대응관계는 대수적·기하학적으로 아무런 설명력이 없다. 여기서 많이 사용되는 몇 가지 행과 열의 좌표

표 9-2 행좌표점 선택을 위한 'ROW='옵션

옵션	행렬 연산
A	$\boldsymbol{A}$
AD	$\boldsymbol{AD}_u$
DA	$\boldsymbol{D}_r^{-1}\boldsymbol{A}$
DAD	$\boldsymbol{D}_r^{-1}\boldsymbol{AD}_u$
DAD1/2	$\boldsymbol{D}_r^{-1}\boldsymbol{AD}_u^{1/2}$
DAID1/2	$\boldsymbol{D}_r^{-1}\boldsymbol{A}(I+\boldsymbol{D}_u)^{1/2}$

표 9-3 열좌표점 선택을 위한 'COLUMN='옵션

옵션	행렬 연산
B	$\boldsymbol{B}$
BD	$\boldsymbol{BD}_u$
DB	$\boldsymbol{D}_c^{-1}\boldsymbol{B}$
DBD	$\boldsymbol{D}_c^{-1}\boldsymbol{BD}_u$
DBD1/2	$\boldsymbol{D}_c^{-1}\boldsymbol{BD}_u^{1/2}$
DBID1/2	$\boldsymbol{D}_c^{-1}\boldsymbol{B}(I+\boldsymbol{D}_u)^{1/2}$

점의 짝을 설명하려 한다.

> 일반적으로 자주 쓰이는 행과 열좌표점의 짝은 식 (9-4)의 $\boldsymbol{D}_r^{-1}\boldsymbol{AD}_u$와 $\boldsymbol{D}_c^{-1}\boldsymbol{BD}_u$이다.

이는 9.1절에서 설명한 대칭적 방법을 따르고 따라서 식 (9-5)의 대응행렬 $\boldsymbol{F}$의 일반화 비정칙치분해는 대수적인 절차를 따른다. 실제로 이 좌표점짝은 PROC CORRESP 문에서 디폴트로 주어져 있으므로 <프로그램 9-1>과 같이 이용하면 된다. 그리고 사용자가 옵션으로 'ROW=DAD'와 'COLUMN=DBD'또는 간단히 'PROFILE=BOTH'를 추가하여 이용하여도 좌표축이 디폴트로 되어 있는 PROC CORRESP 문과 동일한 결과를 얻게 된다.

여기선 두 좌표의 기하학적 성질을 알아보자. 먼저 행좌표 $\boldsymbol{D}_r^{-1}\boldsymbol{AD}_u$는 식 (9-3)의 대응행렬 $\boldsymbol{F}$의 일반화 비정칙치분해와 조건인 $\boldsymbol{B}'\boldsymbol{D}_c^{-1}\boldsymbol{B}=I$를 이용하여

$$\boldsymbol{D}_r^{-1}\boldsymbol{AD}_u=\boldsymbol{D}_r^{-1}\boldsymbol{AD}_u\boldsymbol{B}'\boldsymbol{D}_c^{-1}\boldsymbol{B}=(\boldsymbol{D}_r^{-1}\boldsymbol{F})(\boldsymbol{D}_c^{-1/2})(\boldsymbol{D}_c^{-1/2}\boldsymbol{B}) \tag{9-6}$$

로 분해된다. 여기서 $\boldsymbol{D}_r^{-1}\boldsymbol{F}$는 가중유클리드 공간상의 n개 행좌표점에 해당하는 행프로파

일을 제공하는 행프로파일벡터 $\boldsymbol{r}_I = (f_{i1} + \cdots + f_{ip})'/f_{i+}$ $(i=1,...,n)$로 구성되어 있음을 잘 알고 있다. 물론 두 개의 행좌표점 $\boldsymbol{r}_i$와 $\boldsymbol{r}_k$ 사이에는 식 (9-2)나 [표 9-1]의 χ^2 거리를 따르는데 이를 행렬로 표현하면 다음과 같다.

$$d_p^2(\boldsymbol{r}_i, \boldsymbol{r}_k) = (\boldsymbol{r}_i - \boldsymbol{r}_k)' \boldsymbol{D}_c^{-1} (\boldsymbol{r}_i - \boldsymbol{r}_k) \tag{9-7}$$

그리고 식 (9-6)을 보면 $\boldsymbol{D}_r^{-1}\boldsymbol{F}$에 $\boldsymbol{D}_c^{-1/2}$이 곱해져 있다. 이 결과 행프로파일벡터 $\boldsymbol{r}_i$는 재척도(rescale)되고 이를 $\tilde{\boldsymbol{r}}_i = \boldsymbol{D}_c^{-1/2}\boldsymbol{r}_i$라 하자. 그러면 가중유클리드상의 χ^2 거리인 식 (9-7)은 $(\boldsymbol{r}_i - \boldsymbol{r}_k)'\boldsymbol{D}_c^{-1}(\boldsymbol{r}_i - \boldsymbol{r}_k) = (\tilde{\boldsymbol{r}}_i - \tilde{\boldsymbol{r}}_k)'(\tilde{\boldsymbol{r}}_i - \tilde{\boldsymbol{r}}_k)$가 되고 따라서 이는 일반적인 유클리드거리(ordinary Euclidean distances)가 된다. 식 (9-6)의 $\boldsymbol{D}_c^{-1/2}\boldsymbol{B}$는 $(\boldsymbol{D}_c^{-1/2}\boldsymbol{B})'(\boldsymbol{D}_c^{-1/2}\boldsymbol{B}) = \boldsymbol{I}$에 의해서 직교행렬이 되고 이를 뒤에서 곱한다는 것은 기하학적으로 재척도된 행좌표점 $\boldsymbol{r}_i$를 좌표축에 대해서 직교변환 시키는 효과를 갖는다. 다음으로 열좌표 $\boldsymbol{D}_c^{-1}\boldsymbol{B}\boldsymbol{D}_u$에 대해서도 동일하게 행좌표에 대한 기하학적 성질을 적용할 수 있다.

행좌표점과 열좌표점 사이의 거리는 기하학적으로 아무런 의미가 없고 다만 두 좌표점이 같은 거리에 위치한다면 이들이 나타내는 행범주와 열범주가 대응관계에 있다고 본다.

또한 범주형 자료에서와 같이 대응분석에도 자료행렬 $\boldsymbol{N} = (n_{ij})$, $n_{ij} \geq 0$, $(i = 1, \ ..., n, \ j = 1, \ ..., \ p)$의 행과 열범주의 독립성 문제를 검정하는데는 카이제곱통계량

$$\begin{aligned} \chi^2 &= \sum_{i=1}^{n}\sum_{j=1}^{p}(n_{ij} - n_{i+}n_{+j}/n_{++})^2/(n_{i+}n_{+j}/n_{++}) \\ &= n\sum_{i=1}^{n} f_{i+}(\boldsymbol{r}_i - \boldsymbol{c})'\boldsymbol{D}_c^{-1}(\boldsymbol{r}_i - \boldsymbol{c}) \end{aligned} \tag{9-8}$$

이 쓰인다. 여기서 $f_{i+} = n_{i+}/n$는 i번째 행좌표점의 가중치이고 $(f_{+1}, \cdots, f_{+p})' = \sum_{i=1}^{n} f_{i+}r_i$는 열의 합이며 이는 $\boldsymbol{c} = \sum_{i=1}^{n} f_{i+}r_i$가 되어 행좌표점 $\boldsymbol{r}_i$ $(i = 1, \cdots, n)$의 가중평균으로 행좌표점의 중심 (centroid)역할을 한다. 따라서 식 (9-8)로부터 기하적으로 χ^2/n는 중심으로부터 행좌표점의 카이제곱거리의 가중평균을 의미한다. 대응분석에서는 자주 통계량 χ^2/n를 자료 행렬의 '총 inertia'라 부른다.

식 (9-8)의 카이제곱통계량 χ^2에 대해서 좀 더 설명해 보자. 자료행렬 $\boldsymbol{N}$의 i번째 행 $(n_{i1}, \cdots, n_{ip})$는 크기가 n_{i+}이고 p개의 범주를 갖는 다항 표본으로 생각할 수 있다. 이때 행과 열범주의 독립성 가정인 $n_{ij} = n_{i+}n_{+j}/n$, $(i = 1, ..., n \ , j = 1, ..., p)$는 행범주의 동질성 가정 $n_{1j}/n_{1+} = n_{2j}/n_{2+} = \cdots = n_{nj}/n_{n+}$, $(j = 1, ..., p)$와 동일함을 파악할 수 있다.

따라서 식 (9-8)의 카이제곱 통계량이 유의하다면 기하적으로 행범주를 나타내는 행좌표점이 중심으로부터 멀리 떨어져 있고 이는 동질성 가정을 위반함을 의미한다.

행과 열좌표점에 대한 짝으로는 이외에도

> PROC CORRESP 문의 옵션 'PROFILE=ROW' 또는 'ROW= DAD'와 'COLUMN=DB'는 행좌표점으로 $D_r^{-1}AD_u$와 열좌표점 $D_c^{-1}B$를 제공한다.

이들은 [표 9-2]와 [표 9-3]에서 각각 확인할 수 있다. 이 좌표점들에 의해서 그려진 대응분석그림은 투사적 방법에 의한 심플렉스상의 기하를 따른다. 즉 표준화된 각 열좌표점이 p개의 정점이 되는 $(p-1)$차원의 심플렉스공간에서 n개의 행좌표점이 위치하고 있다. 여기서 행좌표 $D_r^{-1}AD_u$는

$$D_r^{-1}AD_u = D_r^{-1}FD_c^{-1}B = RD_c^{-1}B$$

로 대수적으로 나타나 열좌표의 가중중심이 된다. 그리고 행좌표점들 간의 거리는 옵션 'PROFILE=ROW' 또는 'ROW=DAD'와 'COLUMN=DB'이 제공하는 기하학적 의미를 갖는다. 주목할 점은 행과 열좌표점들 사이의 거리뿐만 아니라 열좌표점들간의 거리도 기하학적으로 해석할 수 없다. 이 좌표짝과는 반대로

> 표준화된 행좌표 $D_r^{-1}A$와 열좌표 $D_c^{-1}BD_u$를 제공하는 옵션 'PROFILE=ROW' 또는 'ROW=DA'와 'COLUMN=DBD'이 있다.

이들에 대한 기하학적 해석은 앞서 설명한 좌표짝 ($D_r^{-1}AD_u$와 $D_c^{-1}B$)과 유사하다. 역시 행좌표점들 간의 거리와 행과 열좌표점들 간의 거리는 기하적으로 아무런 의미가 없다.

9.3 예제

1. 예제 1

다음의 자료는 1984년 미국에서 실시한 직무만족도 자료이다 (홍종선, 최현집 1999). 이 자료를 이용하여 대응분석을 실시해보자.

소득($)	직무 만족도			
	매우 불만족 (VD)	약간 불만족 (LD)	약간 만족 (PS)	매우 만족 (VS)
< 6,000 (D)	20	24	80	82
6,000-15,000 (C)	22	38	104	125
15,000-25,000 (B)	13	28	81	113
> 25,000 (A)	7	18	54	92

<프로그램 9-1>의 PROC CORRESP 문에서 'OUTC=__'는 좌표 (coordinate)를 결과자료에 추가하라는 명령어이며, 'SHORT'는 대응분석 결과를 요약해서 출력시키라는 명령어이다.

프·로·그·램 9-1 직무만족도 자료

```
DATA JOB_SAT;
DO INCOME='D', 'C', 'B', 'A' ;
 DO SATISF= 'VD', 'LD', 'PS', 'VS' ;
     INPUT COUNT @@; OUTPUT ;
END ; END ;
CARDS;
20 24  80  82
22 38 104 125
13 28  81 113
 7 18  54  92
RUN ;
PROC CORRESP DATA= JOB_SAT OUTC= GRAPHJOB SHORT ;
     TABLES INCOME SATISF ;
     WEIGHT COUNT;
PROC PLOT  DATA=GRAPHJOB ;
PLOT DIM1 * DIM2 ='*' $ _NAME_ / HREF=0 VREF=0 BOX
    HAXIS=-1 TO 2 VAXIS=-1 TO 2  HPOS=50 VPOS=25;
RUN ;
```

결과 9-1

SAS 시스템

The CORRESP Procedure

Inertia and Chi-Square Decomposition					
Singular Value	Principal Inertia	Chi-Square	Percent	Cumulative Percent	4 8 12 16 20
0.55624	0.30940	1115.08	20.54	20.54	**************************
0.51229	0.26244	945.85	17.42	37.95	**********************
0.50357	0.25358	913.90	16.83	54.79	*********************
0.49643	0.24645	888.19	16.36	71.14	********************
0.48771	0.23786	857.24	15.79	86.93	********************
0.44376	0.19693	709.72	13.07	100.00	****************
Total	1.50665	5429.98	100.00		
Degrees of Freedom = 49					

Row Coordinates		
	Dim1	Dim2
A	-0.8695	-0.4657
B	-0.3095	0.1812
C	0.2468	0.5964
D	0.7286	-0.6568
LD	0.2097	1.3521
PS	0.3326	-0.1265
VD	1.4185	-0.6039
VS	-0.5260	-0.1657

Column Coordinates		
	Dim1	Dim2
A	-0.8695	-0.4657
B	-0.3095	0.1812
C	0.2468	0.5964
D	0.7286	-0.6568
LD	0.2097	1.3521
PS	0.3326	-0.1265
VD	1.4185	-0.6039
VS	-0.5260	-0.1657

Dim1*Dim2$_NAME_ 도표. 사용된 기호: '*'.

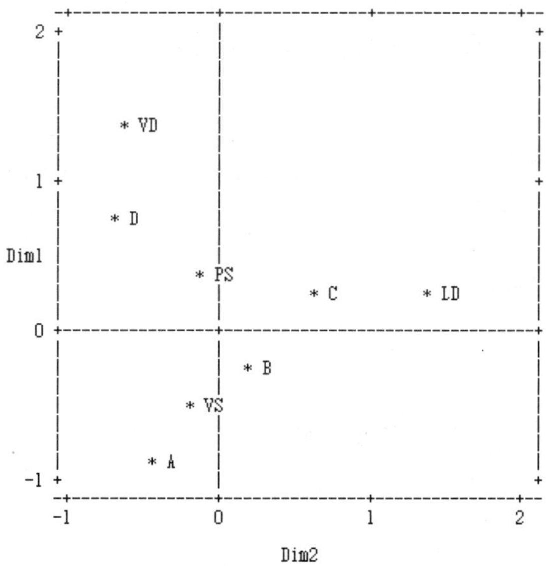

Note: 1 개의 결측값이 존재합니다. 8개의 관측치가 숨겨져 있습니다.

[결과 9-1]의 처음에 'Singular Value'는 식 (9-3)에서 설명한 비정칙행렬 D_u의 대각원소이며, 'Principal Inertia'의 값은 이 비정칙값의 제곱인 고유값이다. 첫번째와 두번째 고유값이 전체에서 37.95%를 차지하여 2개의 좌표축으로 행과 열변수의 대응관계를 충분히 설명할 수 없음을 의미한다.

범주형 자료의 행변수와 열변수의 독립성 또는 동질성을 검정하는 카이제곱 X^2 검정통계량 값이 $X^2 = 5429.98$으로 매우 큰 값이므로 귀무가설을 기각하여 행과 열변수가 독립적 또는 동질적이라고 판단할 수 없다. 대응분석 그림을 작성하기 위한 행과 열 좌표가 'Row Coordinates' 또는 'Column Coordinates'에 나타나 있는데 여기서 'Row Coordinates'와 'Column Coordinates'의 좌표는 동일하다. 그리고 카이제곱 X^2 검정통계량의 자유도가 (행의 수-1)$\times$(열의 수-1)으로 9이어야 하는데 $(8-1)\times(8-1)=49$로 나타난 것은 PROC CORRESP 과정에서 'TABLE'문을 사용하였기 때문이다. <프로그램 9-3과 4>와 같은 DATA SET인 경우에는 PROC CORRESP 과정에서 'VAR'문과 'ID'문을 사용하였는데 이 경우의 결과에서 카이제곱 X^2 검정통계량의 자유도 및 대응분석 그림을 작성하기 위한 행변수와 열변수의 좌표가 올바르게 나타난다.

대응분석 그림을 살펴보면, 그림의 북서방향에 매우불만족(VD)과 최저 소득수준(D)이 같은 방향에 위치하여 대응하고 있으며, 동쪽방향에 매우 불만족(LD)과 소득수준(C)이 대응하고, 그림의 남쪽에 매우만족(VS)과 최상의 소득수준(A)이 대응하는 것을 파악할 수 있다.

2. 예제 2

다음의 자료는 미국 위스콘신주에서 1976년에 실시한 대통령 예비선서 자료이다 (홍종선, 최현집 1999). 이 자료를 이용하여 대응분석을 실시한 SAS 프로그램은 다음과 같다.

정당가입	정치관		
	진보(LIB)	중립(MOD)	보수(CON)
민주당(REP)	143	156	100
중립(MID)	119	210	141
공화당(DEM)	15	72	127

프·로·그·램 9-2 정치 성향 자료

```
DATA POLITICS ;
DO PARTY='REP', 'MID', 'DEM' ;
 DO POL= 'LIB', 'MOD', 'CON' ;
      INPUT COUNT @@ ; OUTPUT ;
END ; END ;
```

```
CARDS ;
143 156 100
119 210 141
 15  72 127
;
PROC CORRESP DATA=  POLITICS OUTC= GRAPHPOL SHORT ;
     TABLES PARTY POL  ;
     WEIGHT COUNT ;
PROC PLOT  DATA=GRAPHPOL ;
PLOT DIM1 * DIM2 ='*' $ _NAME_ / HREF=0 VREF=0 BOX
          HAXIS=-1 TO 2 VAXIS=-1 TO 2  HPOS=50 VPOS=25 ;
RUN ;
```

<프로그램 9-2>의 결과를 보면 비정칙행렬 D_u의 대각원소에서 가장 큰 두 개의 값은 0.6495와 0.5346이며 이 값의 제곱인 고유값은 각각 0.4219, 0.2858이다. 이 두 고유값은 전체에서 67.59%를 차지하여 2개의 좌표축으로 행과 열변수의 대응관계를 충분히 설명할 수 있다고 판단하기 어렵다.

범주형 자료의 행변수와 열변수의 독립성 또는 동질성을 검정하는 카이제곱 X^2 검정통계량 값이 4536.1로 매우 큰 값이므로 귀무가설을 기각하여 행과 열변수가 독립적 또는 동질적이라고 판단할 수 없다.

<프로그램 9-2>의 결과에서 PROC PLOT에 해당하는 그림만을 제시하고 분석한다.

```
              Dim1*Dim2$_NAME_ 도표.  사용된 기호: '*'.

     -+---------------+---------------+---------------+-
   2 +                |                               +
     |                |                               |
     |                |                               |
     |                |                               |
     |                |                               |
     |                |   * DEM                       |
     |                |                               |
   1 +                |                               +
     |                |                               |
     |                |   * CON                       |
     |                |                               |
Dim1 |                |                               |
     |                |                               |
     |                |                               |
   0 +----------------+-------------------------------+
     | MOD * MID      |                               |
     |                |                               |
     |                |       * REP                   |
     |                |                               |
     |                |                               |
     |                |       * LIB                   |
  -1 +                |                               +
     -+---------------+---------------+---------------+-
     -1               0               1               2

                             Dim2
```

Note: 1 개의 결측값이 존재합니다. 7 개의 관측치가 숨겨져 있습니다.

'Row Coordinates' 또는 'Column Coordinates'에 나타난 좌표를 이용하여 작성한 대응분석 그림을 살펴보면, 그림의 북쪽방향에 공화당(DEM)과 보수(CON)성향이 대응하고, 남쪽에는 민주당(REP)과 진보(LIB)성향이 그리고 서쪽에는 중립적이 정치성향(MOD와 MID)이 대응하는 것을 파악할 수 있다.

3. 예제 3

17대 대통령선거 개표결과 자료이며 시도별로 정리되었다. 이 자료를 대응분석하기 위한 SAS 프로그램은 다음과 같다.

프·로·그·램 9-3 대선 개표자료: 시도별

```
DATA ELECTION ;
 INPUT REGION $ DY MB YG IJ KH KM KY K M HC ;
LABEL DY='정동영' MB='이명박' YG='권영길' IJ='이인제' KH='문국현'
          KM='정근모'  KY='허경영' K='전관'  M='금민'  HC='이회창'
          REGION='지역' ;
 CARDS ;
서울시 1237812 2689162 116344 23214 358781 3013 22405 911 3501 596226
부산시 236708 1018715 48901 4599 94285 770 7351 406 1198 346319
대구시 75932 876719 25777 1847 50514 367 3375 221 727 228199
인천시 286565 593283 42069 7612 84814 797 5769 323 1068 183057
광주시 527588 56875 13597 7118 31524 398 1547 96 289 22520
대전시 159700 246008 17207 7223 48143 467 2356 204 683 195957
울산시 70736 279891 43607 1884 28605 271 2099 121 467 90905
경기도  1181936  2603443  144830  30513  354492  3378  23554  1312  3207
670742
충청북도 165637 289499 25285 7965 39884 561 3435 321 759 162750
충청남도 192999 313693 32132 22592 43383 934 3814 568 1131 304259
전라북도 777236 86149 18139 6550 26573 590 1777 270 538 34630
전라남도 757309 88834 23178 23074 31289 938 2179 517 743 34790
경상북도 96822 1033957 39327 3823 47345 819 4696 699 1458 195526
경상남도 189463 843662 82645 4935 73893 1310 6063 612 1261 329486
제주도 81570 96495 10954 1674 19421 152 1273 144 344 37495
강원도 136668 376004 28129 6085 42552 615 5063 436 849 127102
;
PROC CORRESP DATA= ELECTION OUTC= GRAPHELE SHORT ;
     VAR  DY MB YG IJ KH KM KY K M HC ;
      ID REGION ;

PROC PLOT  DATA=GRAPHELE ;
PLOT DIM1 * DIM2 ='*' $ REGION / HREF=0 VREF=0 BOX  ;
RUN ;
```

<프로그램 9-3>의 결과를 통하여 비정칙행렬 D_u의 대각원소에서 가장 큰 두 개의 값은 0.4603과 0.1585이며 이 값의 제곱인 고유값은 각각 0.2119, 0.0251이다. 이 두 고유값

은 전체에서 96.23%를 차지하여 2개의 좌표축으로 행과 열변수의 대응관계를 충분히 설명할 수 있다고 판단할 수 있다.

범주형 자료의 행변수와 열변수의 독립성 또는 동질성을 검정하는 카이제곱 X^2 검정통계량 값은 매우 큰 값이며 자유도 135를 따르는 카이제곱 분포와 비교하면 검정통계량 값에 대응하는 p-값이 매우 작으므로 귀무가설을 기각하여 행과 열변수가 독립적 또는 동질적이라고 판단할 수 없다.

<프로그램 9-3>의 결과에서 PROC PLOT에 해당하는 그림만을 제시하고 분석한다.

'Row Coordinates'와 'Column Coordinates'에 나타난 좌표를 이용하여 작성한 대응분석 그림을 살펴보면, 북쪽방향에 전남, 전북과 광주시와 정동영 후보가 대응하고 있으며, 동쪽방향에는 충남, 대전시, 충북지역이 이인제후보와 이회창후보와 대응하고 있음을 쉽게 파악할 수 있다. 그리고 이명박 당선자는 경북, 대구시, 서울시, 부산시 등 많은 지역에서 대응하고 있음을 파악할 수 있다.

Dim1*Dim2$REGION 도표. 사용된 기호: '*'.

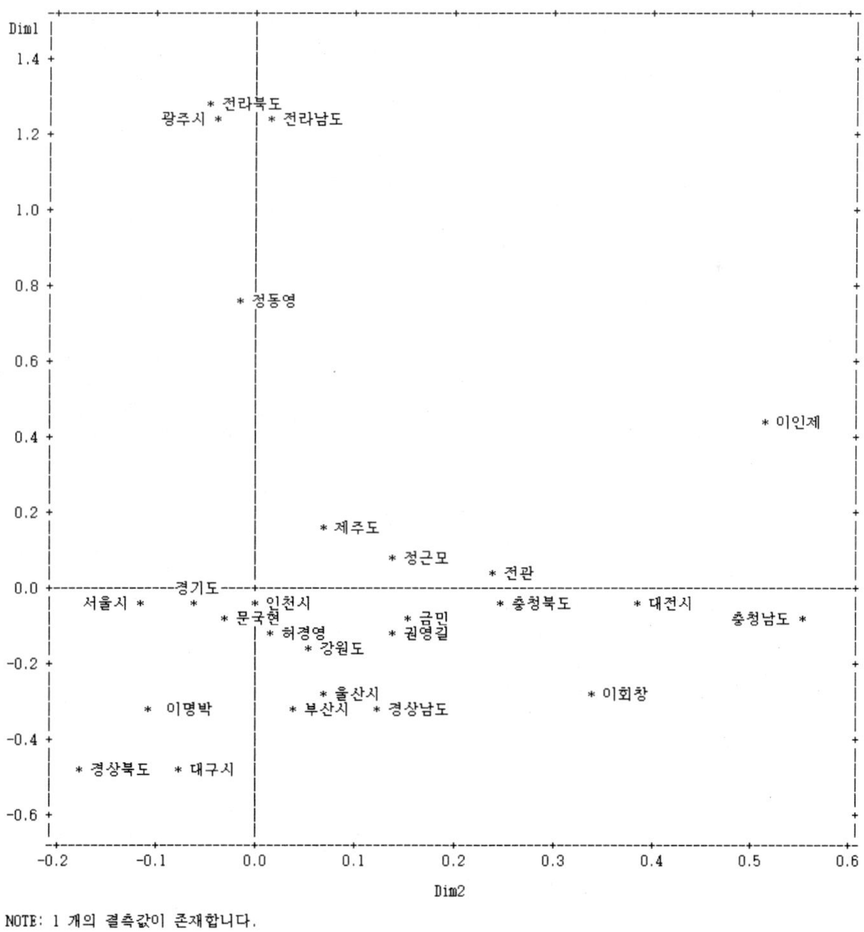

NOTE: 1 개의 결측값이 존재합니다.

4. 예제 4

17대 대통령선거 개표결과 자료이며 서울특별시만 발췌하여 구별로 정리되었다. 이 자료를 대응분석하기 위한 SAS 프로그램은 다음과 같다.

프·로·그·램 9-4 대선 개표자료: 서울특별시

```
TITLE 'ELECTION DATA2' ;
DATA ELECTION2 ;
 INPUT SEOUL $ DY MB YG IJ KH KM KY K M HC ;
LABEL SEOUL='서울시구별' DY='정동영' MB='이명박' YG='권영길' IJ='이인제'
      KH='문국현' KM='정근모' KY='허경영' K='전관' M='금민' HC='이회창' ;
 CARDS ;
종로구 21515 45172 1889 398 5722 56 331 13 77 9984
중구 17299 35335 1387 328 4324 33 240 9 52 7278
용산구 25967 66096 2358 532 7544 78 486 12 77 13554
성동구 41902 88602 3811 894 11330 100 727 38 118 17389
광진구 46597 94864 4159 845 14052 106 943 33 114 21275
동대문구 49064 100709 4443 910 12660 79 826 41 138 20931
중랑구 54085 105608 4913 961 13083 89 1066 31 150 23503
성북구 60790 123186 5597 1062 17007 147 958 30 193 25572
강북구 47290 85791 4278 1039 10913 91 770 36 121 17373
도봉구 46515 99596 4563 842 13355 88 795 42 101 21578
노원구 76021 157439 8445 1351 22951 207 1274 77 213 37607
은평구 59909 108240 5069 1127 15139 127 1020 51 183 26376
서대문구 46522 87645 4364 828 12833 118 752 24 135 20548
마포구 49343 97347 5627 863 16037 120 889 35 218 23936
양천구 59636 127919 5232 966 16751 156 1011 46 137 29211
강서구 68471 138876 6363 1335 20464 189 1440 51 169 33701
구로구 55683 102968 5587 1169 16083 110 1021 31 143 28102
금천구 34966 55968 3289 767 7597 64 545 28 90 15140
영등포구 51008 106558 4716 962 14819 124 873 44 138 26129
동작구 53613 106067 4988 1010 16943 144 980 49 145 25411
관악구 77804 121270 8362 1695 23536 167 1321 56 247 32942
서초구 34112 136443 2969 582 13223 133 700 15 124 23535
강남구 41493 187778 3806 722 16465 177 989 23 142 31023
송파구 66697 180704 5499 1100 20642 162 1344 53 162 36436
강동구 51510 128981 4630 926 15308 148 1104 43 11427692
;
PROC CORRESP DATA= ELECTION2 OUTC= GRAPHELE2 SHORT ;
     VAR  DY MB YG IJ KH KM KY K M HC ;
     ID SEOUL ;
PROC PLOT  DATA=GRAPHELE2 ;
PLOT DIM1 * DIM2 ='*' $  SEOUL / HREF=0 VREF=0 BOX ;
RUN;
```

<프로그램 9-4>의 결과를 통하여 비정칙행렬 D_u의 대각원소에서 가장 큰 두 개의 값은 0.1045와 0.0256이며 이 값의 제곱인 고유값은 각각 0.0110, 0.0007이다. 이 두 고유값

은 전체에서 96.57%를 차지하여 2개의 좌표축으로 행과 열변수의 대응관계를 충분히 설명할 수 있다고 판단할 수 있다.

범주형 자료의 행변수와 열변수의 독립성 또는 동질성을 검정하는 카이제곱 X^2 검정통계량 값은 매우 큰 값이며 자유도 216을 따르는 카이제곱 분포와 비교하면 검정통계량 값에 대응하는 p-값이 매우 작으므로 귀무가설을 기각하여 행과 열변수가 독립적 또는 동질적이라고 판단할 수 없다.

<프로그램 9-4>의 결과에서 PROC PLOT에 해당하는 그림만을 제시하고 분석해보자. 'Row Coordinates'와 'Column Coordinates'에 나타난 좌표를 이용하여 작성한 대응분석 그림을 살펴보면, 서울특별시 중에서 강남구, 서초구, 송파구가 이명박 당선자에 대응하고 있음을 파악할 수 있다.

Dim1*Dim2$SEOUL 도표. 사용된 기호: '*'.

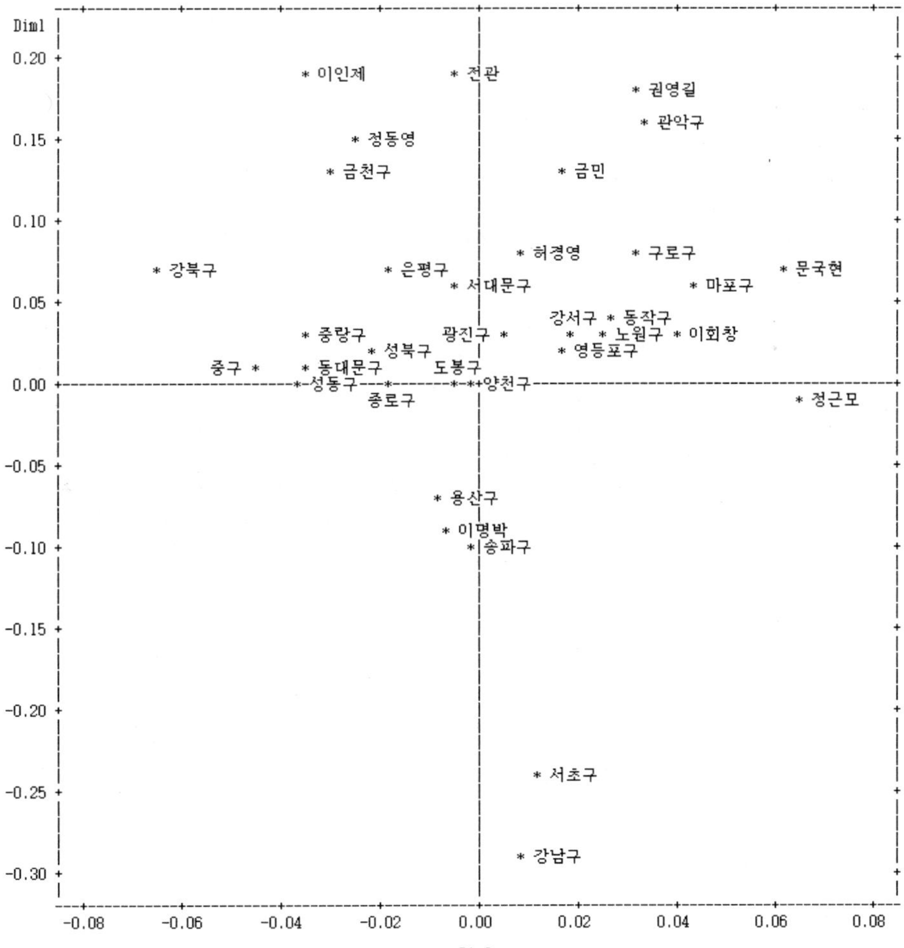

NOTE: 1 개의 결측값이 존재합니다.

프·로·그·램 9-1

```
RECODE INCOME ('D'=1) ('C'=2) ('B'=3) ('A'=4) INTO income1.
EXECUTE.
RECODE SATISF ('VD'=1) ('LD'=2) ('PS'=3) ('VS'=4) INTO SATISF1.
EXECUTE.
WEIGHT BY COUNT.
CORRESPONDENCE TABLE=income1(1 4) BY SATISF1(1 4)
  /DIMENSIONS=2
  /MEASURE=CHISQ
  /STANDARDIZE=RCMEAN
  /NORMALIZATION=SYMMETRICAL
  /PRINT=TABLE RPOINTS CPOINTS
  /PLOT=NDIM(1,MAX) BIPLOT(20).
```

프·로·그·램 9-2

```
RECODE PARTY ('REP'=1) ('MID'=2) (ELSE=3) INTO PARTY1.
EXECUTE.
RECODE POL ('LIB'=1) ('MOD'=2) (ELSE=3) INTO POL1.
EXECUTE.
WEIGHT BY COUNT.
CORRESPONDENCE TABLE=PARTY1(1 3) BY POL1(1 3)
  /DIMENSIONS=2
  /MEASURE=CHISQ
  /STANDARDIZE=RCMEAN
  /NORMALIZATION=SYMMETRICAL
  /PRINT=TABLE RPOINTS CPOINTS
  /PLOT=NDIM(1,MAX) BIPLOT(20).
```

연습 문제

1. 17대 대통령선거 개표결과 자료에서 자신이 속한 도시 또는 도에 해당하는 개표결과만을 발췌 구별 또는 군별로 정리하여 대응분석하여라.

2. 부산에 거주하는 기혼여성을 대상으로 설문조사 자료이다 (최용석 2001). 학력과 유명상품 선호도를 조사한 상품 선호도자료를 대응분석하여라.

유명상표선호도	학력			
	고졸이하	전문대졸	대졸	대학원졸
아주 그렇다	7	5	6	2
조금 그렇다	72	64	54	10
보통이다	77	34	40	6
별로 그렇지 않다	58	22	20	11
전혀 그렇지 않다	25	0	8	2

3. 어느 회사에서 지위에 따른 개인의 흡연습관을 조사한 자료이다 (최용석 2001). 대응분석을 실시하고 분석하여라.

지위	흡연습관				총계
	전혀하지 않는다	적게 한다	보통 한다	많이 한다	
상위경영직	4	2	3	2	11
하위경영직	4	3	7	4	18
상위고용직	25	10	12	4	51
하위고용직	18	24	33	13	88
비서직	10	6	7	2	25

제10장

범주형 자료분석

10.1 로그선형모형

우리들이 흔히 접할 수 있는 많은 사회과학 자료는 빈도수(frequencies, counts)로 나타나고, 특히 이 빈도수들이 상호 교차 분류되어 분할표(contingency table)의 형태로 얻어진다. 두개의 범주형 변수 예를 들어 흡연의 유무와 폐암의 존재 여부에 따라서 교차 분류된 자료를 분석한다고 가정하자. 이러한 두 변수가 교차 분류된 2차원 분할표에서 두 변수간의 독립성과 동질성에 대한 분석은 피어슨 X^2 검정 또는 가능도비 G^2 검정을 통하여 파악할 수 있다. 그러나 많은 자료들은 몇 개의 범주형 변수들이 동시에 측정된 다차원 분할표로 형성된다. 대부분의 조사자들은 이런 복잡한 다차원 분할표를 관심 있는 두 변수만의 이차원 주변합표(contingency marginal tables)로 요약 축소하여 2차원 분할표에서의 X^2 또는 G^2 검정을 수행함으로써 두 변수들의 관계만을 분석한다. 다시 말해서, 여러 범주형 변수 중에서 두개의 범주형 변수의 관계만을 분석한다. 이러한 분석 과정은 두 변수들간의 관련성을 자세히 알아 볼 수 있지만 다음과 같은 단점이 있다.

1. 한 쌍의 범주형 변수들간의 주변 관련성과 다른 변수가 새로 등장하였을 때의 관련성을 복합적으로 설명할 수 없다.
2. 여러 쌍에 대한 변수들의 관련성을 동시에 측정할 수 없다.
3. 변수들의 3차나 그 이상의 차수의 교호작용(interaction)의 가능성이 무시된다.

위에서 언급한 단점들을 보완하기 위하여 다차원 상황에서 교차 분류된 다차원 범주형 자료의 통계적 분석을 위한 로그선형모형(loglinear models)을 공부한다.

우선 가장 간단한 이차원 분할표에서 로그선형모형을 고려하여 보자. 2×2 분할표에서 (i,j) 칸(cell)의 관찰값은 O_{ij}로, 전체 표본수를 $n=\sum\sum O_{ij}$로, 또한 각 칸의 기대값을 E_{ij}로 나타내었다. 그리고 독립성모형하에서는 다음과 같은 식이 성립한다.

$$E_{ij}=\frac{1}{n}(\sum_i O_{ij})(\sum_j O_{ij})\equiv\frac{1}{n}O_{i+}O_{+j},\ \ i=1,2,\ \ j=1,2,$$

여기서 $O_{i+}=\sum_j O_{ij}\ O_{+j}=\sum_i O_{ij}$이다. 위 식의 양변에 로그(log)를 취하면 다음과 같다.

$$\log E_{ij}=\log O_{i+}+\log O_{+j}-\log n$$

여기에서 I개의 행과 J개의 열이 있는 $I\times J$ 분할표를 확장하여 생각한다면 분산분석 기호와 유사하다는 것을 알 수 있다. 또한 E_{ij}는 자료를 바탕으로 추정한 기대값이므로 E_{ij}의 모수를 M_{ij}로 한다면 다음과 같은 가산형으로 표현할 수 있다.

$$\log M_{ij}=u+u_{1(i)}+u_{2(j)}, \tag{10-1}$$

여기서 u는 로그를 취한 기대모수값의 총평균이며

$$u=\frac{1}{IJ}\sum_i\sum_j\log M_{ij}$$

$u+u_{1(i)}$는 첫 번째 변수의 i번째의 수준에서 J개의 칸에 있는 로그를 취한 기대모수값들의 평균이다.

$$u+u_{1(i)}=\frac{1}{J}\sum_{j=1}^{J}\log M_{ij}$$

그리고 유사하게

$$u+u_{2(j)}=\frac{1}{I}\sum_{i=1}^{I}\log M_{ij}$$

로 표현할 수 있다. 다시 말하여 $u_{1(i)}$와 $u_{2(j)}$는 총평균 u로부터 편차를 나타내기 때문에 모형에 대한 제약식은 다음과 같다.

$$\sum_i u_{i(i)} = \sum_j u_{2(j)} = 0$$

또한 위 로그선형모형에서 두 변수간의 교호작용항을 첨가시킬 수 있는데 이때의 모형식과 제약식은 다음과 같다.

$$\log M_{ij} = u + u_{1(i)} + u_{2(j)} + u_{12(ij)}, \tag{10-2}$$

$$\sum_i u_{1(i)} = \sum_j u_{2(j)} = 0$$
$$\sum_i u_{12(ij)} = \sum_j u_{12(ij)} = 0.$$

예를 들어 2×2 분할표에서는 교호작용항에 대한 제약식 때문에

$$u_{12(11)} = - u_{12(12)} = - u_{12(21)} = u_{12(22)}$$

를 얻을 수 있다. 여기서 교호작용을 측정할 수 있는 모수는 한 개 존재한다.

독자가 이미 잘 알고 있는 분할표 자료 분석방법으로 피어슨 X^2와 가능도비 G^2 검정방법 이외에 여기서 다루는 로그선형모형을 이용하여 분석할 수 있다. 2차원 분할표에 대한 로그선형모형의 적합은 3차원 분할표에 대한 로그선형모형의 축소모형이므로, 로그선형모형의 범주형 자료 분석은 다음 절에서부터 본격적인 논의가 시작될 것이다.

10.2 3차원 분할표

세 개의 범주형 변수가 상호 교차된 3차원인 $I \times J \times K$ 분할표를 고려하자. 이 분할표에서 첫번째 변수의 수준수는 I이고 두 번째, 세번째 변수의 수준수는 각각 J와 K임을 나타내고 있다. 여기서 i번째 행과 j번째 열, k번째 층에서 (이하(i,j,k)칸이라 함) 관찰된 도수를 O_{ijk}이라 하고 대응되는 기대모수값을 M_{ijk}라 하자. 또한 이 기대값의 추정량을 E_{ijk}라 할 때 $\widehat{M}_{ijk} = E_{ijk}$로 표시할 수 있다. 그리고 주변합들에 대한 기호는 하나의 변수에 대하여 합할 때 '+' 의 첨자로 교체시킨다.

두 변수가 독립일 때와 유사하게, 세 개의 범주형 변수가 서로 독립이라면 (i,j,k)칸에 대한 기대값의 추정량은

$$E_{ijk} = \frac{O_{i++}}{n}\frac{O_{+j+}}{n}\frac{O_{++k}}{n}n$$
$$= \frac{O_{i++}O_{+j+}O_{++k}}{n^2}$$

이다. 이 식에 로그를 취하면

$$\log E_{ijk} = \log O_{i++} + \log O_{+j+} + \log O_{++k} - 2\log n$$

이며 E_{ijk}는 모수 M_{ijk}로 교체하여 분산분석 형태의 기호로 나타내면 다음과 같다.

$$\log M_{ijk} = u + u_{1(i)} + u_{2(j)} + u_{3(k)} \tag{10-3}$$

여기서 (10-3)식의 제약식은

$$\sum_i u_{1(i)} = \sum_j u_{2(j)} = \sum_k u_{3(k)} = 0$$

이며 각 항은 전체평균 u로부터의 편차들을 나타내는 항이다.

그러나 세 변수들이 독립이 아니라고 가정하자. 그러면 우리는 세 변수들간의 구조적 관계를 표현하는 다음과 같은 네 가지 다른 형태의 모형들을 고려할 수 있다.

(1) 두 개 변수의 결합과 나머지 한 변수가 독립이다.
(2) 하나의 변수가 조건으로 주어졌을 때 나머지 두 변수가 조건부 독립이다.
(3) 두 변수의 교호작용이 세 번째 변수의 값에 영향을 받지 않는다.
(4) 세 변수들과 관계 있는 이차 교호작용이 있다.

위의 모든 모형들은 일반적인 로그모형으로서 알려진 것의 특별한 경우이다.

3차원 분할표에 대한 일반적 로그모형식은 다음과 같이 정의된다.

$$\log M_{ijk} = u + u_{1(i)} + u_{2(j)} + u_{3(k)} + u_{12(ij)} + u_{13(ik)} + u_{23(jk)} + u_{123(ijk)} \tag{10-4}$$

식 (10-4)의 제약식은 (10-2)에서의 제약조건을 자연스럽게 확장하면 된다. 모형식 (10-4)에는 이차교호작용항이 있으므로 위에서 구분한 네번째 모형 형태 (4)와 일치하고 있다.

이런 여러 형태의 로그선형모형의 기대모수를 추정할 수 있으며 추정된 기대값을 바탕으로 임의의 로그선형모형의 적합성을 검정할 수 있는데 특정한 로그선형모형의 적합성을 검정하기 위한 가설은 다음과 같이 설정한다.

H_0: 어느 특정한 로그선형모형이 자료에 적합하다. (10-5)
$(\log M_{ijk} = u + u_{1(i)} + u_{2(j)} + u_{3(k)} + \cdots)$

H_1: 어느 특정한 로그선형모형이 자료에 적합하지 않다.
$(\log M_{ijk} \neq u + u_{1(i)} + u_{2(j)} + u_{3(k)} + \cdots)$

잘 알려진 다음의 두 통계량 중 하나를 사용하여 모형의 적합 여부를 검정할 수 있다.

【표 10-1】

모형	모수의 수	자유도
$u+u_1+u_2+u_3$	$1+(I-1)+(J-1)+(K-1)$ 4	$IJK-I-J-K+2$ 4
$u+u_1+u_2+u_3+u_{12}$	$1+(I-1)+(J-1)+(K-1)$ $+(I-1)(J-1)$ 5	$(K-1)(IJ-1)$ 5
$u+u_1+u_2+u_3$ $u_{12}+u_{23}$	$1+(I-1)+(J-1)+(K-1)$ $+(I-1)(J-1)+(J-1)(K-1)$ 6	$J(I-1)(K-1)$ 2
$u+u_1+u_2+u_3$ $u_{12}+u_{13}+u_{23}$	$1+(I-1)+(J-1)+(K-1)$ $+(I-1)(J-1)+(J-1)(K-1)$ $7+(I-1)(K-1)$	$(I-1)(J-1)(K-1)$ $+(I-1)(K-1)$ 1
$u+u_1+u_2+u_3$ $u_{12}+u_{13}+u_{23}$ $+u_{123}$	IJK 0	0 0

$$\text{피어슨 } X^2 \text{ 통계량 :} \quad X^2=\sum\frac{(O_{ijk}-E_{ijk})^2}{E_{ijk}} \tag{10-6}$$

$$\text{가능도비 검정통계량 :} \quad G^2=2\sum O_{ijk}\log\left(\frac{O_{ijk}}{E_{ijk}}\right) \tag{10-7}$$

위 두 통계량은 근사적으로 χ^2분포를 따르며 자유도는 다음과 같이 계산된다.

$$\text{자유도} = \text{칸의 개수} - \text{적합된 모형에서 모수의 수} \tag{10-8}$$

검정통계량 X^2 또는 G^2값이 크면 귀무가설을 기각한다. 즉 자유도에 대응하는 χ^2분포와 비교하여 구한 $p-$값을 유의수준과 비교함은 물론이다. $I\times J\times K$ 분할표에서 고려할 수 있는 모형의 종류와 각 모형에 따르는 자유도를 [표 10-1]에 만들어 보았다. 또한 $I=J=K=2$인 $2\times2\times2$ 분할표에서의 자유도도 구하였다.

검정 결과에 따라 판단할 때 한 가지 주의해야 할 점이 있다. 보통 일반적 가설검정에서는 귀무가설을 기각하기를 원하기 때문에 검정통계량 값이 크며 따라서 적은 p-값을 선호한다. 그러나 이에 반하여 분할표로 되어 있는 자료를 대상으로 하는 로그선형모형에 대한 가설검정은 검정통계량 값이 작아서 귀무가설을 기각할 수 없어야 귀무가설의 모형이 자료에 적합하다고 할 수 있다.

통계량 X^2과 G^2은 근사적으로 동일한 χ^2분포를 따른다. 이것은 귀무가설이 사실일 때 매우 큰 표본에서 통계량 값은 같아진다는 의미이다. 여기서 표본이 매우 크다는 의미는 전체 표본수가 칸의 수의 최소한 10배가 된다는 뜻으로 해석될 수 있다.

10.3 예제

1. 예제 1

다음의 3차원 범주형 자료를 분석해보자. 남궁평과 홍종선(1991)에서 발췌한 자료로 도마뱀 서식처의 높이(변수 1)와 지름(변수 2)을 도마뱀의 두 종류(변수 3)에 따라 교차분류된 2×2×2 분할표를 도마뱀의 서식 습관에 관한 연구를 위하여 만들었다.

표 10-2

		종류 A		종류 B	
		10cm 미만	10cm 이상	10cm 미만	10cm 이상
서식지 높이	145cm 이상	32	11	61	41
	145cm 미만	86	35	73	70

우선 세 개의 범주형 변수들에 대해서 쌍을 만들어 각각의 독립성검정을 하여 두 변수 간의 관계를 살펴보았다. 다음의 프로그램과 그 결과를 살펴보자.

프·로·그·램 10-1

```
DATA ONE;
    DO I=1 TO 2;
      DO K=1 TO 2;
        DO J=1 TO 2;
    INPUT O @@;  OUTPUT;
        END; END; END;
CARDS;
  32  11   61  41
  86  35   73  70
RUN;

PROC FREQ DATA=ONE;
TABLE I * J / EXPECTED CHISQ NOROW NOCOL NOPERCENT;
TABLE J * K / EXPECTED CHISQ NOROW NOCOL NOPERCENT;
TABLE I * K / EXPECTED CHISQ NOROW NOCOL NOPERCENT;
WEIGHT O;
RUN;
```

결과 **10-1**

SAS 시스템
FREQ 프로시저

테이블 : I * J			
	J		
I	1	2	총합
1	93 89.34	52 55.66	145
2	159 162.66	105 101.34	264
총합	252	157	409

빈도
기대값

I * J 테이블에 대한 통계량

통계량	자유도	값	확률
카이제곱	1	0.6052	0.4366
우도비 카이제곱	1	0.6077	0.4357
연속성 수정 카이제곱	1	0.4511	0.5018
Mantel-Haenszel 카이제곱	1	0.6037	0.4372
파이 계수		0.0385	
우발성 계수		0.0384	
크래머의 V		0.0385	

Fisher의 정확 검정	
(1,1) 셀 빈도(F)	93
하단측 p값 Pr <= F	0.8115
상단측 p값 Pr >= F	0.2514
테이블 확률 (P)	0.0629
양측 p값 Pr <= P	0.4584

표본 크기 = 409

테이블 : J * K			
	K		
J	1	2	총합
1	118 101.05	134 150.95	252
2	46 62.954	111 94.046	157
총합	164	245	409

빈도
기대값

J * K 테이블에 대한 통계량

통계량	자유도	값	확률
카이제곱	1	12.3703	0.0004
우도비 카이제곱	1	12.6062	0.0004
연속성 수정 카이제곱	1	11.6514	0.0006
Mantel-Haenszel 카이제곱	1	12.3401	0.0004
파이 계수		0.1739	
우발성 계수		0.1713	
크래머의 V		0.1739	

Fisher의 정확 검정	
(1,1) 셀 빈도(F)	118
하단측 p값 Pr <= F	0.9999
상단측 p값 Pr >= F	2.890E-04
테이블 확률 (P)	1.599E-04
양측 p값 Pr <= P	4.290E-04

표본 크기 = 409

테이블 : I * K			
	K		
I	1	2	총합
1	43 58.142	102 86.858	145
2	121 105.86	143 158.14	264
총합	164	245	409

빈도
기대값

I * K 테이블에 대한 통계량

통계량	자유도	값	확률
카이제곱	1	10.1987	0.0014
우도비 카이제곱	1	10.4049	0.0013
연속성 수정 카이제곱	1	9.5362	0.0020
Mantel-Haenszel 카이제곱	1	10.1737	0.0014
파이 계수		-0.1579	
우발성 계수		0.1560	
크래머의 V		-0.1579	

Fisher의 정확 검정	
(1,1) 셀 빈도(F)	43
하단측 p값 Pr <= F	9.209E-04
상단측 p값 Pr >= F	0.9996
테이블 확률 (P)	4.875E-04
양측 p값 Pr <= P	0.0015

표본 크기 = 409

위 결과에서 변수 1과 변수 2는 독립적이나($X^2 = 0.605$, p-값$= 0.437$), 변수 2와 3 그리고 변수 1과 3은 독립적이 아니라고 할 수 있다($X^2 = 12.37$, p-값$= 0.0004$와 $X^2 = 10.2$, p-값$= 0.001$). 그러므로 서식처의 높이와 지름은 독립적이며 도마뱀의 종류와 서식 습관들은 매우 밀접한 관계를 갖고 있다고 할 수 있다.

이제부터 이 세 변수에 대한 범주형 자료에 적합한 로그선형모형을 찾고자 한다. SAS에서는 PROC CATMOD라는 과정이 이러한 요구를 해결해 주고, 위의 [결과 10-1]을 통하여 변수 1과 3 그리고 변수 2와 3이 연관이 있으므로 위 자료에 적합한 모형으로 다음과 같은 로그선형모형을 설정하고 분석하자.

$$\log M_{ijk} = u + u_1 + u_2 + u_3 + u_{23} + u_{13}$$

프·로·그·램 10-2

```
PROC CATMOD DATA=ONE;
    WEIGHT O;
    MODEL I*J*K=_RESPONSE_ / NOPROFILE NORESPONSE
             NOINT NOITER NODESIGN ML;
    LOGLIN I J K J*K I*K;
RUN;
```

결과 10-2

SAS 시스템

FREQ 프로시저

Data Summary			
Response	I*J*K	Response Levels	8
Weight Variable	O	Populations	1
Data Set	ONE	Total Frequency	409
Frequency Missing	0	Observations	8

Maximum Likelihood Analysis
Maximum likelihood computations converged.

Maximum Likelihood Analysis of Variance			
Source	DF	Chi-Square	Pr > ChiSq
I	1	38.99	<.0001
J	1	27.37	<.0001
K	1	28.15	<.0001
J*K	1	12.17	0.0005
I*K	1	10.05	0.0015
Likelihood Ratio	2	2.03	0.3632

Analysis of Maximum Likelihood Estimates					
Parameter		Estimate	Standard Error	Chi Square	Pr > ChiSq
I	1	-0.3431	0.0549	38.99	<.0001
J	1	0.2826	0.0540	27.37	<.0001
K	1	-0.3090	0.0582	28.15	<.0001
J*K	1 1	0.1884	0.0540	12.17	0.0005
I*K	1 1	-0.1742	0.0549	10.05	0.0015

[결과 10-2]를 통하여 선정된 모형에 대한 출력 결과로부터 두 개의 분산분석표를 발견할 수 있으며, 각 분산분석표 밑에 적합도 검정통계량을 나타내고 있다. SAS의 PROC CATMOD의 Model 문에서 선택사양으로 ML(Maximum Likelihood)을 사용하지 않으면 분산분석표 아래에 RESIDUAL로 시작되는 문장이 나타나는데 이 RESIDUAL은 피어슨 X^2 검정에 관한 자유도와 검정통계량값 그리고 대응하는 p-값을 구해 주고, <프로그램 10-1>과 같이 선택사양으로 ML을 명시하면 가능도비 검정 결과가 나타나는데 [결과 10-1]에서와 같이 LIKELIHOOD RATIO는 가능도비 G^2검정에 관한 자유도와 통계량값 그리고 대응하는 p-값을 구하였다. 여기서에서는 가능도비 검정에 대하여만 언급하고자 한다. $G^2 = 2.03$ 그리고 자유도 2에 대응하는 p-값$= 0.3632$이므로 귀무가설에서 설정한 로그선형모형이 자료를 잘 설명한다고 결론내릴 수 있다.

변수 1과 3 그리고 변수 2와 3의 교호작용항이 첨가된 로그선형모형에서 앞에서 실시한 두 변수간의 독립성 χ^2검정의 분석 결과(변수 1과 변수 3 그리고 변수 2와 변수 3은 각각 독립적이 아니다)와 동일함을 잘 나타내고 있다. 자료에 적합하게 설정된 로그선형모형식에서 계수들의 추정값을 [결과 10-2]에서 찾아 정리하면 다음과 같다.

$$
\begin{aligned}
u_{1(1)} &= -0.3421 = -u_{1(2)} \\
u_{2(1)} &= 0.2826 = -u_{2(2)} \\
u_{3(1)} &= -0.3090 = -u_{3(2)} \\
u_{23(11)} &= 0.1884 = -u_{23(12)} = -u_{23(21)} = u_{23(22)} \\
u_{13(11)} &= -0.1742 = -u_{13(12)} = -u_{13(21)} = u_{13(22)}
\end{aligned}
$$

그리고 이 추정량들은 모두 유의수준 5% 또는 1%에서 유의한 값들을 갖고 있음을 알 수 있다. 이것은 어느 특정한 계수에 대한 귀무가설 H_0: $u_{_} = 0$이 기각되었다는 의미이다.

2. 예제 2

다음의 자료를 분석하여 보자. 자료에 대하여 자세한 설명은 생략하고 남궁평과 홍종선(1991)에서 자료를 인용하였다. 세 변수가 분류된 4×4×5 분할표를 [표 10-3]에 나타내었고, 개인의 직업 (4종류 : O1=개인사업, O2=전문적 자영업, O3=선생님, O4=월급자)을 첫째 변수로, 두번째 변수는 국민학교부터 교육받은 연도 수의 정도 (E1=6년까지, E2=9년까지, E3=12년까지, E4=12년이상)로, 세번째 변수는 4353명의 지원자가 치른 적성검사의 성적을 5범주(A1=낮은 점수, ~ A5=높은 점수)로 나누어 분할표를 만들었다.

▮표 10-3▮

	O1				O2				O3				O4			
	E1	E2	E3	E4	E1	E2	E3	E4	E1	E2	E3	E4	E1	E2	E3	E4
A1	42	55	22	3	1	2	8	19	0	0	1	19	172	151	107	42
A2	72	82	60	12	1	2	15	33	0	3	3	60	208	198	206	92
A3	90	106	85	25	2	5	25	83	1	4	5	86	279	271	331	191
A4	27	48	47	8	2	2	10	45	0	0	2	36	99	126	179	97
A5	8	18	19	5	0	0	12	19	0	0	1	14	36	35	99	79

위 자료의 이름을 TWO라고 하고 자료에 적합한 모형은

$$\log M_{ijk} = u + u_1 + u_2 + u_3 + u_{12} + u_{23} + u_{13}$$

으로 설정한 후 분석하고자 하는 프로그램을 작성해 보았다.

프·로·그·램 10-3

```
DATA TWO;
   DO I=1 TO 4;
      DO J=1 TO 5;
         DO K=1 TO 4;
     INPUT CELL @@;
          IF CELL=0 THEN CELL=0.005;
          OUTPUT;
   END; END; END;
CARDS;
 42   55   22    3   72    82   60   12
 90  106   85   25   27    48   47    8
  8   18   19    5    1     2    8   19
  1    2   15   33    2     5   25   83
  2    2   10   45    0     0   12   19
  0    0    1   19    0     3    3   60
  1    4    5   86    0     0    2   36
  0    0    1   14  172   151  107   42
```

```
208   198  206   92  279   271  331  191
 99   126  179   97   36    35   99   79
;

PROC CATMOD;
    WEIGHT CELL;
    MODEL I*J*K=_RESPONSE_ / NOPROFILE NORESPONSE
          NOINT NOITER NODESIGN NOGLS ML NOPARM;
    LOGLIN I J K I*J J*K I*K;
RUN;
```

<프로그램 10-3>의 결과에서 설정된 모형의 G^2값은 24.67이며 대응하는 p-값은 .9233이다. 이것은 이 모형이 자료에 매우 적합한 모형임을 입증해 주고 있다. 따라서 세 변수의 일차교호작용들이 있고 이차교호작용항은 없는 로그선형모형이 자료를 가장 잘 설명하고 있다고 할 수 있다. 여기에서 이 로그선형모형식의 계수를 추정하고 통계적 의미를 앞의 예제와 같이 고려하는 것은 독자에게 맡긴다.

4차원 이상의 고차원 분할표에 대해서 3차원 분할표와 같은 상황의 비교적 직접적인 확장이 가능하다. 4차원 분할표의 확장을 예로 들어보자. 가장 일반적 로그선형모형식은 $(i,\ j,\ k,\ l)$칸의 기대도수에 로그를 취한 다음과 같은 형태로 쓸 수 있다.

$$\begin{aligned}\log M_{ijkl} = \ & u + u_{1(i)} + u_{2(j)} + u_{3(k)} + u_{4(l)} \\ & + u_{12(ij)} + u_{12(ik)} + u_{14(il)} + u_{23(jk)} + u_{24(jl)} + u_{34(kl)} \\ & + u_{123(ijk)} + u_{124(ijl)} + u_{134(ikl)} + u_{234(jkl)} \\ & + u_{1234(ijkl)}\end{aligned} \tag{10-9}$$

4개 변수들이 모두 완전 독립적일 때는 위 일반식에서 모든 교호작용항들을 0이라고 놓을 수 있다. 이때 기대모수의 추정량은 다음과 같다.

$$\widehat{M}_{ijkl} = E_{ijkl} = \frac{O_{i+++}O_{+j++}O_{++k+}O_{+++l}}{n^3}$$

그 외 특정한 모형에 대한 기대모수값의 추정량은 반복적 비율적합방법(iterative proportional fitting method, IPF)으로 최대가능도추정량을 계산하는 데 SAS의 PROC CATMOD 과정에서는 이러한 반복적 비율적합방법으로 기대값을 추정하여 주고 있다. 또한 통계량의 자유도 계산은 3차원 분할표에서 구한 동일한 방법으로 구할 수 있다.

3. 예제 3

다음의 예제를 분석하여 보자. 남궁평과 홍종선(1991)의 5장에 있는 자료를 발췌한 것으로 1,008명을 표본 대상으로 선정하여 두 종류의 세탁비누(표준 제품 M과 새로운 제품

▮ 표 10-4 ▮

물의 부드러운 정도Ⓘ	상표의 선호도Ⓛ	상표M의 사용자 Ⓙ		상표M의 비사용자	
		고 온	저 온Ⓚ	고 온	저 온
부드러움	X	19	57	29	63
	M	29	49	27	53
보 통	X	23	47	33	66
	M	47	55	23	50
거 침	X	24	37	42	68
	M	43	52	30	42

X)를 비교하는 실험을 하였다. 상표 선호도(M 또는 X)를 질문하는 것과 더불어 다음과 같은 질문을 하였다. 표본 구성원이 이전에 상표 M을 사용해 본 적이 있는가에 대한 여부(예 또는 아니오), 사용하는 세탁 용수의 부드러운 정도(부드러움, 보통, 거칠음) 그리고 세탁 용수의 온도(고온, 저온), 여기서 '부드러운 정도', '사용 여부', '온도', 그리고 '선호도'를 각각 변수 1, 2, 3, 4로 한다. 따라서 이 분할표는 $3 \times 2 \times 2 \times 2$이며 선호도가 반응 변수이고 나머지 세 변수가 설명 변수인 것을 알 수 있다. 그러나 여기서는 이 자료에 대한 변수의 정보는 이용하지 않는다. 자료는 다음과 같다.

많은 조합을 통하여 네 변수가 포함된 다양한 로그선형모형식이 가능하다. 이러한 많은 모형식을 하나하나 검정하면 많은 시간이 소요되므로, 위 자료의 성격을 이해하면서 시간과 경비의 절감을 위하여 다음과 같이 모형식을 선택해 보자 (u항에서 $ijkl$첨자는 생략한다).

$$\text{(a)}\ \log M_{ijkl} = u + u_1 + u_2 + u_3 + u_4$$

'상표 선호도'와 '사용 여부'와는 당연히 연관되어 있을 것이다. 따라서 모형에 이 교호작용항 u_{24}를 첨가시킨다.

$$\text{(b)}\ \log M_{ijkl} = u + u_1 + u_2 + u_3 + u_4 + u_{24}$$

어떤 세제는 찬물을 사용하게 고안되었고 어떤 것은 뜨거운 물을 사용하게 고안되었기 때문에 '선호도'가 '온도'와 연관되어 있는 것이 합리적일 것이다. 그리고 이 교호작용항 u_{34}를 첨가시킨다.

$$\text{(c)}\ \log M_{ijkl} = u + u_1 + u_2 + u_3 + u_4 + u_{24} + u_{34}$$

다음으로 물이 부드러우면 부드러울수록 세제 생산자가 제안하는 온도는 일반적으로 높기 때문에 '부드러운 정도'와 '온도'간의 교호작용 u_{13}을 고려하기 위하여 모형을 첨가시킨다.

(d) $\log M_{ijkl} = u + u_1 + u_2 + u_3 + u_4 + u_{24} + u_{34} + u_{13}$

마지막으로 3변수 교호작용을 포함하는 2차 교호작용항을 첨가한다.

(e) $\log M_{ijkl} = u + u_1 + u_2 + u_3 + u_4 + u_{24} + u_{34} + u_{13} + u_{23} + u_{234}$

(f) $\log M_{ijkl} = u + u_1 + u_2 + u_3 + u_4 + u_{24} + u_{34} + u_{13} + u_{23} + u_{234} + u_{123}$

위 여섯개의 모형식에 대한 자료 분석의 프로그램과 출력 결과는 다음과 같다.

프·로·그·램 10-4

```
DATA DETERG;
    INPUT I $  L $  J $  K $  O  @@;
  LABEL  I='SOFTNESS'  L='BRAND'  J='PREV'  K='TEMP';
CARDS;
SOFT X YES HIGH 19 SOFT X YES LOW 57 SOFT X NO HIGH 29
SOFT X NO  LOW 63 SOFT M YES HIGH 29 SOFT M YES LOW 49
SOFT M NO HIGH 27 SOFT M NO LOW 53 MED  X YES HIGH 23
MED  X YES LOW 47 MED  X NO HIGH 33 MED  X NO LOW 66
MED  M YES HIGH 47 MED  M YES LOW 55 MED  M NO HIGH 23
MED  M NO LOW 50 HARD X YES HIGH 24 HARD X YES LOW 37
HARD X NO HIGH 42 HARD X NO LOW 68 HARD M YES HIGH 43
HARD M YES LOW 52 HARD M NO HIGH 30 HARD M NO LOW 42
RUN;

PROC CATMOD DATA=DETERG;
    WEIGHT O;
    MODEL I*J*K*L=_RESPONSE_ / NOPROFILE NORESPONSE
                  NOINT NOITER NODESIGN ML;
    LOGLIN I J K L;
TITLE3 'LOGLINEAR MODEL A';
RUN;

PROC CATMOD;
    WEIGHT O;
    MODEL I*J*K*L=_RESPONSE_ / NOPROFILE NORESPONSE
                  NOINT NOITER NODESIGN ML;
    LOGLIN I J K L J*L;
TITLE3 'LOGLINEAR MODEL B';
RUN;

PROC CATMOD;
    WEIGHT O;
    MODEL I*J*K*L=_RESPONSE_ / NOPROFILE NORESPONSE
                  NOINT NOITER NODESIGN ML;
    LOGLIN I J K L J*L K*L;
TITLE3 'LOGLINEAR MODEL C';
```

```
RUN;

PROC CATMOD;
    WEIGHT O;
    MODEL I*J*K*L=_RESPONSE_ / NOPROFILE NORESPONSE
                  NOINT NOITER NODESIGN ML;
    LOGLIN I J K L J*L K*L I*K;
TITLE3 'LOGLINEAR MODEL D';
RUN;

PROC CATMOD;
    WEIGHT O;
    MODEL I*J*K*L=_RESPONSE_ / NOPROFILE NORESPONSE
                  NOINT NOITER NODESIGN ML;
    LOGLIN I J K L J*L K*L I*K J*K J*K*L;
TITLE3 'LOGLINEAR MODEL E';
RUN;

PROC CATMOD;
    WEIGHT O;
    MODEL I*J*K*L=_RESPONSE_ / NOPROFILE NORESPONSE
                  NOINT NOITER NODESIGN ML;
    LOGLIN I J K L J*L K*L I*K J*K I*J J*K*L I*J*K;
TITLE3 'LOGLINEAR MODEL F';
RUN;
```

<프로그램 10-4>의 여섯 모형을 이용하여 자료에 적용한 컴퓨터 결과를 통하여 가능도비 검정통계량과 자유도를 [표 10-5]에 요약하였다. 그리고 모형 (f)를 완전모형(full model)으로 간주한다면 모형 (e)는 모형 (f)의 축소모형(reduced model)이 되며, 또한 모형 (d)는 모형 (e)의 축소모형이라고 할 수 있다. 두 모형간에 차이가 존재하는가를 검정할 수 있는데, 각 모형들 차이에 대한 검정통계량값과 자유도는 모형에 대응하는 통계량값과 자유도의 차이가 된다. 그러므로 우리는 각 모형의 적합도에 대한 표로부터 그리고 여섯 모형의 각 단계에서 모형의 차이에 대한 표를 다음과 같이 만들 수 있다.

[표 10-5]를 통하여 아래 부분부터 위로 올라가면서 하나씩 검정하고 살펴보자. 표의

표 10-5

로그선형모형	자유도	G^2	모형간의 차이	자유도	G^2
(a)	18	49.9*			
(b)	17	22.4	(b)와 (a)	1	20.5*
(c)	16	18.0	(c)와 (b)	1	4.4*
(d)	14	11.9	(d)와 (c)	2	6.1*
(e)	12	8.4	(e)와 (d)	2	3.5
(f)	8	5.7	(f)와 (e)	4	2.7

*표는 해당되는 자유도의 χ^2분포와 비교하여 유의수준 5%에서 귀무가설 모형을 기각하는 것을 의미한다.

위 부분으로부터 아래로 내려오면서 살펴볼 수 있으며 이것은 아래부터 위로 올라가는 것의 역순이다.

우선 복잡한 모형 (f)부터 출발하여 보자. 모형 (f)는 유의수준 5%에서 통계적으로 유의하지 않으므로 자료에 적합하다고 할 수 있으며 ($G^2 = 5.66$, p-값 =0.686), 모형 (e)도 마찬가지이다($G^2 = 8.41$, p-값=0.733).

또한 모형 (f)와 모형 (e)의 차이가 유의하지 않으므로 두 모형간에는 차이가 존재한다고 말할 수 없다($G^2 = 2.75$, p-값> 0.50). 모형 (d)도 자료를 잘 적합시키고 있으며 ($G^2 = 11.9$, p-값=0.615), 모형 (e)와의 차이도 존재하지 않는다($G^2 = 3.5$, p-값> 0.10). 모형 (c) 역시 자료를 잘 설명하고 있으나 ($G^2 = 18.0$, p-값=0.325) 모형 (d)와 모형 (c)의 차이는 유의하다는 결론을 얻었다. ($G^2 = 5.66$, p-값≤ 0.05). 그러므로 모형 (d)가 모형 (c)보다 자료를 잘 적합한다고 할 수 있다. 따라서 위자료를 가장 합리적이고 효율적으로 설명하고 있는 최상의 모형은 모형 (d)라고 선택할 수 있다.

이 과정을 좀 더 통계학적으로 설명하여 보자. 다시 [표 10-5]의 아래 부분부터 가설을 검정하여 보자. 우선 모형 (f)에 대한 가설은 다음과 같다.

H_0 : 모형 (f)가 자료에 적합하다.

H_1 : 모형 (f)가 자료에 적합하지 않다.

가능도비 검정통계량을 사용하여 구한 통계량 값은 $G^2 = 5.7$이며 자유도 8의 χ^2분포와 비교하여 보면 이 통계량 값은 상위 60% 지점보다 좌측에 있으므로 p-값이 0.60보다 크다. 따라서 귀무가설을 기각 할 수 없다. 그러므로 귀무가설 모형인 (f)모형은 자료를 잘 설명하고 있다고 할 수 있다. 이와 같은 방법으로 모형 (e)부터 모형 (a)까지 검정할 수 있다.

그리고 그 다음으로 [표 10-5] 오른쪽에 있는 모형간의 차이에 대한 검정법을 알아보도록 하자. 가설은 다음과 같이 설정한다.

H_0 : 모형 (f)와 모형 (e)간의 차이가 없다.
즉, 모형 (f)와 모형 (e)는 동등하게 자료를 설명하고 있다.

H_1: 모형 (f)와 모형 (e) 간의 차이가 있다.
즉, 모형 (f)와 모형 (e)는 동등하게 자료를 설명하지 않는다.

가능도비 검정통계량값은 $G^2 = 2.7$이며 자유도 4의 χ^2분포와 비교하여 볼 때 $p-$값이 0.50보다 크다. 따라서 귀무가설을 기각할 수 없으며 이것은 모형간의 차이가 없다라고 해석할 수 있다. 이와 같은 방법으로 모형 (e)와 (d)와의 차이를 검정하는 것이다. 이런 과정을 간략히 만든 것이 앞의 [표 10-5]이며 이 표의 작성 요령과 해석 방법에 많은 관심을 가져 주기 바란다.

프·로·그·램 10-1

```
DATA LIST FREE / I K J O.
BEGIN DATA.
1 1 1 32 1 1 2 11 1 2 1 61 1 2 2 41
1 2 2 86 2 1 2 35 2 2 1 73 2 2 2 70
END DATA.
WEIGHT BY O.

CROSSTABS
  /TABLES = I J  BY J K
  /STATISTIC=CHISQ
  /CELLS= COUNT EXPECTED.
```

프·로·그·램 10-2

```
DATA LIST FREE / I K J O.
BEGIN DATA.
1 1 1 32 1 1 2 11 1 2 1 61 1 2 2 41
1 2 2 86 2 1 2 35 2 2 1 73 2 2 2 70
END DATA.

WEIGHT BY O.

LOGLINEAR I(1 2) J(1 2) K(1 2)
  /PRINT= ALL
  /CRITERIA ITERATION(20) CONVERGE(.001) DELTA(.5)
  /DESIGN I J K.

LOGLINEAR  I(1 2) J(1 2) K(1 2)
  /PRINT= ALL
  /CRITERIA ITERATION(20) CONVERGE(.001) DELTA(.5)
  /DESIGN I J K I*J.

LOGLINEAR  I(1 2) J(1 2) K(1 2)
  /PRINT= ALL
  /CRITERIA ITERATION(20) CONVERGE(.001) DELTA(.5)
  /DESIGN I J K I*K.
```

```
DATA LIST FREE / I K J O.
BEGIN DATA.
1 1 1 32 1 1 2 11 1 2 1 61 1 2 2 41
1 2 2 86 2 1 2 35 2 2 1 73 2 2 2 70
END DATA.

WEIGHT BY O.

LOGLINEAR I(1 2) J(1 2) K(1 2)
  /PRINT= ALL
  /CRITERIA ITERATION(20) CONVERGE(.001) DELTA(.5)
  /DESIGN I J K.

LOGLINEAR  I(1 2) J(1 2) K(1 2)
  /PRINT= ALL
  /CRITERIA ITERATION(20) CONVERGE(.001) DELTA(.5)
  /DESIGN I J K I*J.

LOGLINEAR  I(1 2) J(1 2) K(1 2)
  /PRINT= ALL
  /CRITERIA ITERATION(20) CONVERGE(.001) DELTA(.5)
  /DESIGN I J K I*K.

LOGLINEAR  I(1 2) J(1 2) K(1 2)
  /PRINT= ALL
  /CRITERIA ITERATION(20) CONVERGE(.001) DELTA(.5)
  /DESIGN I J K J*K.

LOGLINEAR  I(1 2) J(1 2) K(1 2)
  /PRINT= ALL
  /CRITERIA ITERATION(20) CONVERGE(.001) DELTA(.5)
  /DESIGN I J K I*J I*K.

LOGLINEAR  I(1 2) J(1 2) K(1 2)
  /PRINT= ALL
  /CRITERIA ITERATION(20) CONVERGE(.001) DELTA(.5)
  /DESIGN I J K I*J J*K.

LOGLINEAR  I(1 2) J(1 2) K(1 2)
  /PRINT= ALL
  /CRITERIA ITERATION(20) CONVERGE(.001) DELTA(.5)
  /DESIGN I J K I*K J*K.

LOGLINEAR  I(1 2) J(1 2) K(1 2)
  /PRINT= ALL
    /CRITERIA ITERATION(20) CONVERGE(.001) DELTA(.5)
/DESIGN I J K I*J I*K J*K.
```

프·로·그·램 10-3

```
   DATA LIST FREE / I J K O.
BEGIN DATA.
1 1 1  42 1 1 2  55 1 1 3  22 1 1 4   3
1 2 1  72 1 2 2  82 1 2 3  60 1 2 4  12
1 3 1  90 1 3 2 106 1 3 3  85 1 3 4  25
1 4 1  27 1 4 2  48 1 4 3  47 1 4 4   8
1 5 1   8 1 5 2  18 1 5 3  19 1 5 4   5
2 1 1   1 2 1 2   2 2 1 3   8 2 1 4  19
2 2 1   1 2 2 2   2 2 2 3  15 2 2 4  33
2 3 1   2 2 3 2   5 2 3 3  25 2 3 4  83
2 4 1   2 2 4 2   2 2 4 3  10 2 4 4  45
2 5 1   0 2 5 2   0 2 5 3  12 2 5 4  19
3 1 1   0 3 1 2   0 3 1 3   1 3 1 4  19
3 2 1   0 3 2 2   3 3 2 3   3 3 2 4  60
3 3 1   1 3 3 2   4 3 3 3   5 3 3 4  86
3 4 1   0 3 4 2   0 3 4 3   2 3 4 4  36
3 5 1   0 3 5 2   0 3 5 3   1 3 5 4  14
4 1 1 172 4 1 2 151 4 1 3 107 4 1 4  42
4 2 1 208 4 2 2 198 4 2 3 206 4 2 4  92
4 3 1 279 4 3 2 271 4 3 3 331 4 3 4 191
4 4 1  99 4 4 2 126 4 4 3 179 4 4 4  97
4 5 1  36 4 5 2  35 4 5 3  99 4 5 4  79
END DATA.

RECODE O (0=0.0005).

WEIGHT BY O.

LOGLINEAR I(1 4) J(1 5) K(1 4)
  /PRINT= ALL
  /CRITERIA ITERATION(20) CONVERGE(.001) DELTA(.5)
  /DESIGN I J K.

LOGLINEAR  I(1 4) J(1 5) K(1 4)
  /PRINT= ALL
  /CRITERIA ITERATION(20) CONVERGE(.001) DELTA(.5)
  /DESIGN I J K I*J.

LOGLINEAR  I(1 4) J(1 5) K(1 4)
  /PRINT= ALL
  /CRITERIA ITERATION(20) CONVERGE(.001) DELTA(.5)
  /DESIGN I J K I*K.

LOGLINEAR  I(1 4) J(1 5) K(1 4)
  /PRINT= ALL
  /CRITERIA ITERATION(20) CONVERGE(.001) DELTA(.5)
  /DESIGN I J K J*K.
```

```
LOGLINEAR  I(1 4) J(1 5) K(1 4)
  /PRINT= ALL
  /CRITERIA ITERATION(20) CONVERGE(.001) DELTA(.5)
  /DESIGN I J K I*J I*K.

LOGLINEAR  I(1 4) J(1 5) K(1 4)
  /PRINT= ALL
  /CRITERIA ITERATION(20) CONVERGE(.001) DELTA(.5)
  /DESIGN I J K I*J J*K.

LOGLINEAR  I(1 4) J(1 5) K(1 4)
  /PRINT= ALL
  /CRITERIA ITERATION(20) CONVERGE(.001) DELTA(.5)
  /DESIGN I J K I*K J*K.

LOGLINEAR  I(1 4) J(1 5) K(1 4)
  /PRINT= ALL
  /CRITERIA ITERATION(20) CONVERGE(.001) DELTA(.5)
  /DESIGN I J K I*J I*K J*K.
```

프·로·그·램 10-4

```
DATA LIST FREE/ I L J K O.
VALUE LABELS I 1='SOFT' 2='MED' 3='HARD'.
VALUE LABELS L 1='X' 2='M'.
VALUE LABELS J 1='YES' 2='NO'.
VALUE LABELS K 1='HIGH' 2='LOW'.
BEGIN DATA.
1 1 1 1 19 1 1 1 2 57 1 1 2 1 29 1 1 2 2 63
1 2 1 1 29 1 2 1 2 49 1 2 2 1 27 1 2 2 2 53
2 1 1 1 23 2 1 1 2 47 2 1 2 1 33 2 1 2 2 66
2 2 1 1 47 2 2 1 2 55 2 2 2 1 23 2 2 2 2 50
3 1 1 1 24 3 1 1 2 37 3 1 2 1 42 3 1 2 2 68
3 2 1 1 43 3 2 1 2 52 3 2 2 1 30 3 2 2 2 42

END DATA.

WEIGHT BY O.

LOGLINEAR I(1 3) J(1 2) K(1 2) L(1 2)
  /PRINT= ALL
  /CRITERIA ITERATION(20) CONVERGE(.001) DELTA(.5)
  /DESIGN I J K L.

LOGLINEAR     I(1     3)     J(1     2)     K(1     2)     L(1     2)

  /PRINT= ALL
  /CRITERIA ITERATION(20) CONVERGE(.001) DELTA(.5)
  /DESIGN I J K L J*L.
```

```
LOGLINEAR I(1 3) J(1 2) K(1 2) L(1 2)
  /PRINT= ALL
  /CRITERIA ITERATION(20) CONVERGE(.001) DELTA(.5)
  /DESIGN I J K L J*L K*L.

LOGLINEAR I(1 3) J(1 2) K(1 2) L(1 2)
  /PRINT= ALL
  /CRITERIA ITERATION(20) CONVERGE(.001) DELTA(.5)
  /DESIGN I J K L J*L K*L I*K.

LOGLINEAR I(1 3) J(1 2) K(1 2) L(1 2)
  /PRINT= ALL
  /CRITERIA ITERATION(20) CONVERGE(.001) DELTA(.5)
  /DESIGN I J K L J*L K*L I*K J*K.

LOGLINEAR I(1 3) J(1 2) K(1 2) L(1 2)
  /PRINT= ALL
  /CRITERIA ITERATION(20) CONVERGE(.001) DELTA(.5)
  /DESIGN I J K L J*L K*L I*K J*K J*K*L.

LOGLINEAR I(1 3) J(1 2) K(1 2) L(1 2)
  /PRINT= ALL
  /CRITERIA ITERATION(20) CONVERGE(.001) DELTA(.5)
  /DESIGN I J K L J*L K*L I*K J*K J*K*L I*J*K.
```

연습 문제

1. 당뇨병 환자의 확률표본에 대한 자료를 아래 표를 제공하였다. 이 자료에 적절한 로그선형모형을 적합시키고 다른 두 변수에 대한 집안의 영향과 다른 변수들간의 연관성에 대해서 언급하여라.

당뇨병이 있는 집안	예		아니오	
인슐린 투약 여부	예	아니오	예	아니오
시작한 나이 〈 45	6	1	16	2
〉 45	6	36	8	48

2. 어느 대학에서 대학원 입학에 있어서의 성차별에 관한 연구에서 1983년 101개 대학원 과정의 12,763명의 모든 지원자에 대해 조사하였다. 자료는 2×2의 형태로 처음 표시되었다. 이 자료는 성편견을 제시하는 것처럼 보이는데, 남성과 여성에 대한 대학원 입학 비율이 같다는 가설을 검정하여라.

		입 학		합 계
		예	아니오	
지원	남자	3738	4704	8442
	여자	1494	2827	4321

3. (계속) 위자료를 다시 분할하여 가장 큰 6개 대학원 과정에 대한 입학허가 자료가 수록되어 있다.

전 공	남자		여자	
	지원자수	허가된 비율	지원자수	허가된 비율
A	825	62	108	82
B	560	63	25	68
C	325	37	593	34
D	417	33	375	35
E	191	28	393	24
F	373	6	341	7

이 자료를 $2 \times 2 \times 6$ 분할표로 다시 표현하고 자료를 합리적으로 잘 적합시키는 로그선형모형을 찾아라.

4. 정신병 치료를 받는 362명의 환자들이 4가지 자료에 따라 분류된 자료는 다음과 같다. 자료를 잘 적합시키는 로그선형모형을 찾아라.

		의기 소침			
		예		아니오	
정당성	건실성	안정성		안정성	
		내성적	외성적	내성적	외성적
활 발	건 실	15	23	25	14
	발 작	9	14	46	47
지나치게 활발	건 실	30	22	22	8
	발 작	32	16	27	12

5. 차 크기가 사고 부상간의 관련성 여부에 사고의 형태, 사고의 심각성 그리고 운전자가 튕겨져 나왔는가의 여부에 따라 사고를 분류하였다.

		사고 형태			
		충 돌		전 복	
차의 종류	운전자의 튕김여부	부상 정도		부상 정도	
		경상	중상	경상	중상
소 형	아니오	350	150	60	122
	예	26	23	19	80
대 형	아니오	1878	1022	148	404
	예	111	161	22	265

(a) 어느 변수가 반응변수이고 어느 것이 설명변수인가?

(b) 이 자료에 잘 적합하는 로그선형모형을 찾아라.

제11장

로지트모형

11.1 로지트모형

제10장에서 공부한 로그선형모형에서 특정한 변수의 비율이 우리의 관심의 대상이 될 수 있다. 특히 다른 범주형 변수들은 '설계변수'이고 두 개의 값을 가진 '반응변수' (설명변수)에 대한 범주형 변수의 효과를 평가하는 모형에 관심을 가질 때, 반응변수의 비율에 대하여 연구하기 위하여 자료에 적합한 모형을 찾기를 원한다.

10.3절의 세제 연구 자료로부터 예제를 들어 설명하겠다. 변수 '선호도'를 반응변수로 보며 '부드러운 정도', '사용 여부' 그리고 '온도'를 설명변수로 하자. 그리고 이런 설명변수들이 '선호도'에 어떻게 영향을 미치는 가에만 관심을 두기로 한다. 이런 경우에는 모든 i, j, k에 대하여 M_{ijk_1}/M_{ijk_2}를 살펴보는 것이 합리적이며 적합된 모형은 다음과 같이 유도될 수 있다. 우선 다음과 같은 로그선형모형을 살펴보자.

$$\begin{aligned}\log M_{ijkl} = & u + u_{1(i)} + u_{2(j)} + u_{3(k)} + u_{4(l)} + u_{12(ij)} + u_{13(ik)} + u_{14(il)} \\ & + u_{23(jk)} + u_{24(jl)} + u_{34(kl)} + u_{123(ijk)} + u_{124(ijl)} + u_{134(ikl)} \\ & + u_{234(jkl)} \end{aligned} \quad (11\text{-}1)$$

여기서 비율 M_{ijk_1}/M_{ijk_2}에 대한 로그선형모형식은 다음과 같이 정의할 수 있다.

$$\begin{aligned}\log(M_{ijk_1}/M_{ijk_2}) &= (u_{4(1)} - u_{4(2)}) + (u_{14(i1)} - u_{14(i2)}) + (u_{24(j1)} - u_{24(j2)}) \\ &\quad + (u_{34(k1)} - u_{34(k2)}) + (u_{124(ij1)} - u_{124(ij2)}) \\ &\quad + (u_{134(ik1)} - u_{134(ik2)}) + (u_{234(jk1)} - u_{234(jk2)}) \\ &= 2[u_{4(1)} + u_{14(i1)} + u_{24(j1)} + u_{34(k1)} + u_{124(ij1)} + u_{134(ik1)} \\ &\quad + u_{234(jk1)}] \\ &\equiv w + w_{1(i)} + w_{2(j)} + w_{3(k)} + w_{12(ij)} + w_{13(ik)} + w_{23(jk)}\end{aligned} \tag{11-2}$$

이와 같은 모형식에서 w항들도 통상적인 분산분석과 유사한 제약조건을 갖는다. 이러한 모형을 로지트모형(logit model)이라고 한다.

1. 예제 1

로지트 추정량을 구하기 위한 간단한 예를 들어보자. 우리는 10.3절에서 세제 연구 자료를 가장 잘 적합시키는 모형은 모형 (d)로

$$\log M_{ijkl} = u + u_1 + u_2 + u_3 + u_4 + u_{24} + u_{34} + u_{13}$$

인 것을 이미 알고 있으며, 이 모형에 대한 로지트 모형 $logit_{ijk}$은

$$\begin{aligned}\log(M_{ijk_1}/M_{ijk_2}) &= 2[u_{4(1)} + u_{24(j1)} + u_{34(k1)}] \\ &\equiv w + w_{2(j)} + w_{3(k)}\end{aligned}$$

이다. 이 로지트 모형에서 각 계수들을 추정하기 위하여 [결과 10-4]에서 모형 (d)에 관한 결과의 일부를 다시 정리한 [결과 10-4A]를 참조하기 바란다.

결과 10-4A

SAS 시스템

LOGLINEAR MODEL D
The CATMOD Procedure

Data Summary			
Response	I*J*K*L	Response Levels	24
Weight Variable	O	Populations	1
Data Set	DETERG	Total Frequency	1008
Frequency Missing	0	Observations	24

Maximum Likelihood Analysis
Maximum likelihood computations converged.

Maximum Likelihood Analysis of Variance			
Source	DF	Chi-Square	Pr > ChiSq
I	2	1.55	0.4609
J	1	1.86	0.1727
K	1	71.36	<.0001
L	1	0.25	0.6164
J*L	1	20.37	<.0001
K*L	1	4.35	0.0370
I*K	2	6.06	0.0483
Likelihood Ratio	14	11.89	0.6154

Analysis of Maximum Likelihood Estimates					
Parameter		Estimate	Standard Error	Chi-Square	Pr > ChiSq
I	HARD	0.0313	0.0458	0.47	0.4946
	MED	0.0278	0.0461	0.36	0.5465
J	NO	0.0434	0.0319	1.86	0.1727
K	HIGH	-0.2783	0.0329	71.36	<.0001
L	M	0.0166	0.0331	0.25	0.6164
J*L	NO M	-0.1438	0.0319	20.37	<.0001
K*L	HIGH M	0.0684	0.0328	4.35	0.0370
I*K	HARD HIGH	0.0981	0.0458	4.59	0.0321
	MED HIGH	0.00345	0.0461	0.01	0.9403

[결과 10-4A]의 요약된 결과에서 로지트 추정 계수는 다음과 같이 구할 수 있다.

$$w \quad = 2u_{4(1)} = 2(0.0166) = 0.0332$$
$$w_{2(1)} = 2u_{24(k1)} = 2(-0.1463) =- 0.2872$$
$$w_{3(1)} = 2u_{34(j1)} = 2(0.0684) = 0.1368$$

또한 위에서 언급한 로지트 모형에 대한 분석을 SAS를 이용하여 직접 구할 수 있으며, 간단한 프로그램과 출력 결과는 다음과 같다.

프·로·그·램 11-1

```
PROC CATMOD  DATA=DETERG;
    RESPONSE 1 0;
    WEIGHT O;
    RESPONSE LOGIT;
    MODEL L=J K  /  ML NODESIGN NOPROFILE NOITER
          NORESPONSE  PRED=FREQ NOGLS;
RUN;
```

결과 11-1

SAS 시스템

LOGLINEAR MODEL D

The CATMOD Procedure

Data Summary			
Response	L	Response Levels	2
Weight Variable	O	Populations	4
Data Set	DETERG	Total Frequency	1008
Frequency Missing	0	Observations	24

SAS 시스템

LOGLINEAR MODEL D

The CATMOD Procedure

Maximum Likelihood Analysis
Maximum likelihood computations converged.

Maximum Likelihood Analysis of Variance			
Source	DF	Chi-Square	Pr > ChiSq
Intercept	1	0.22	0.6403
J	1	19.83	<.0001
K	1	3.79	0.0515
Likelihood Ratio	1	2.79	0.0950

Analysis of Maximum Likelihood Estimates					
Parameter		Estimate	Standard Error	Chi-Square	Pr > ChiSq
Intercept		0.0310	0.0663	0.22	0.6403
J	NO	-0.2842	0.0638	19.83	<.0001
K	HIGH	0.1290	0.0662	3.79	0.0515

Maximum Likelihood Predicted Values for Response Functions							
			Observed		Predicted		
J	K	Function Number	Function	Standard Error	Function	Standard Error	Residual
NO	HIGH	1	-0.26236	0.148712	-0.12432	0.12265	-0.13805
NO	LOW	1	-0.30647	0.10942	-0.38223	0.100171	0.075763
YES	HIGH	1	0.589469	0.153476	0.44416	0.12396	0.145309
YES	LOW	1	0.101096	0.1162	0.186244	0.104679	-0.08515

Maximum Likelihood Predicted Values for Frequencies							
			Observed		Predicted		
J	K	L	Frequency	Standard Error	Frequency	Standard Error	Residual
NO	HIGH	M	80	6.724388	86.28877	5.620169	-6.28877
		X	104	6.724388	97.71123	5.620169	6.288774
NO	LOW	M	145	9.139113	138.7112	8.259244	6.288774
		X	197	9.139113	203.2888	8.259244	-6.28877
YES	HIGH	M	119	6.515678	112.7112	5.45944	6.288774
		X	66	6.515678	72.28877	5.45944	-6.28877
YES	LOW	M	156	8.605847	162.2888	7.705413	-6.28877
		X	141	8.605847	134.7112	7.705413	6.288774

표 11-1

사용 여부	온도	선호도		기대값		X/M의 기대값
		X	M	X	M	
사용	고	66	119	72.3	112.7	0.44
		141	156	134.7	162.3	0.83
미사용	저	104	80	97.7	86.3	1.13
		197	145	203.3	138.7	1.47

[결과 11-1]에서 로지트 추정 계수는 다음과 같음을 발견할 수 있다.

$$w = 0.0310$$
$$w_{2(1)} = -0.2842$$
$$w_{3(1)} = 0.1290$$

이 계수값들은 [결과 10-4A]에서 유도한 값과 비교하면, 단지 반올림 과정에서 차이가 발생되었다고 간주할 수 있을 정도로 매우 유사함을 발견할 수 있다. 그리고 로지트 기대값을 구하기 위하여 [결과 11-1]을 통하여 다음과 같이 정리할 수 있다.

그러므로 세제 연구 자료에 대하여 가장 적절한 로지트모형은 사용 여부의 변수와 세탁 용수의 온도에 관한 변수를 포함하는 모형이며, 과거에 상표 M을 사용한 적이 있을 때 상표 X에 비하여 상표 M을 선호하며, 또한 세탁 용수의 온도가 높을수록 상표 M을 선호한다고 결론내릴 수 있다.

11.2 선형로지스틱모형

11.1절에서 설명변수와 반응변수간의 관계에 대한 논의를 계속하여 보자. 설명변수들에 대한 값들을 보다 정확하게 처리하기 위해 설명변수의 범주의 수를 증가시키고자 할 것이며 범주의 수가 증가됨에 따라 범주형 변수라기 보다는 연속형 변수로 처리되는 상황에 접근할 수 있다. 또한 전체 표본크기 n을 고정시킨 상태에서 범주의 수를 증가시키면 각 칸의 값들이 0이거나 1을 갖는 극단적인 경우가 발생할 수 있다. 이런 상황을 기술하는 분석 방법을 소개하기로 한다.

확률변수 Y_1, Y_2, ..., Y_n은 0 또는 1의 값을 취하는 독립적인 이항 확률변수이며

$$\Pr(Y_i = 1) = p, \quad i = 1,2,\ldots,n$$

라 하자. 그리고 i번째 변수에 대하여 두 개의 설명변수 Z_{i1}, Z_{i2}가 존재하고 다음과 같

은 식을 만족한다고 하자.

$$\log(\frac{p_i}{1-p_i}) = \beta_0 + \beta_1 Z_{i1} + \beta_2 Z_{i2,}\ i = 1, 2, ..., n$$

이것은 로지트에 있어 선형 모형과 동일하다. 이때 p_i는 다음과 같이 표현될 수 있다.

$$p_i = \frac{\exp(\beta_0 + \beta_1 Z_{i1} + \beta_2 Z_{i2})}{1 + \exp(\beta_0 + \beta_1 Z_{i1} + \beta_2 Z_{i2})}$$

위 모형을 확장하여 일반화시켜 보면, i번째 관찰을 위해 r개의 설명 변수의 값을 갖고 이 값들은 상수라고 가정할 때 다음과 같은 선형모형으로 나타낼 수 있다.

$$\log(\frac{p_i}{1-p_i}) = \beta_0 + \beta_1 Z_i + \cdots + \beta_r Z_{ir} \quad (11\text{-}3)$$

식 (11-3)의 좌변은 $\log(p_i/1-p_i)$형태인데 이를 로지트라고 부르기 때문에 식 (11-3)을 로지트모형이라고 한다. 그리고 로지트모형은 좀 더 구체적으로 로지스틱 회귀모형(logistic regression model) 또는 선형로지스틱모형(linear logistic model)이라고 한다. 식 (11-8)은

$$p_i = \frac{\exp(\beta_0 + \beta_1 z_{i1} + \cdots + \beta_r z_{ir})}{1 + \exp(\beta_0 + \beta_1 z_{i1} + \cdots + \beta_r z_{ir})} \quad (11\text{-}4)$$

으로 표현되며 위 모형에 대한 일반적인 자료가 [표 11-2]의 형태로 정리되었다고 하자. 여기서 n_i는 i번째 $(i = 1, ..., N)$ 부모집단(subpopulation)의 표본크기이고 m_i는 그 표본에서 $Y = 1$인 자료의 개수를 말한다. $n_i = 1$인 경우의 자료를 비집단화 자료(ungrouped data)라고 하고, $n_i > 1$인 경우의 자료를 집단화 자료(grouped data)라고 한다.

▌표 11-2▐ 로지트 분석을 위한 자료 형태

부모집단 번호	공변량				표본 크기	반응	
	Z_1	Z_2	$\cdots$	Z_r		$Y=1$	$Y=0$
1	z_{11}	z_{12}	$\cdots$	z_{1r}	n_1	m_1	$n_1 - m_1$
2	z_{21}	z_{22}	$\cdots$	z_{2r}	n_2	m_2	$n_2 - m_2$
$\vdots$	$\vdots$	$\vdots$		$\vdots$	$\vdots$	$\vdots$	$\vdots$
i	z_{i1}	z_{i2}	$\cdots$	z_{ir}	n_i	m_i	$n_i - m_i$
$\vdots$	$\vdots$	$\vdots$		$\vdots$	$\vdots$	$\vdots$	$\vdots$
N	z_{N1}	z_{N2}	$\cdots$	z_{Nr}	n_N	m_N	$n_N - m_N$

로지트모형 (11-3)에서 모수인 β_0, β_1, …, β_p의 가능도함수는 다음과 같다.

$$
\begin{aligned}
&L(\beta_0,\beta_1,\dots,\beta_r) \qquad (11\text{-}5)\\
&=\prod_{i=1}^{N}[P(Y_i=1|z_{i1},\dots,z_{ir})]^{m_i}[P(Y_i=0|z_{i1},\dots,z_{ir})]^{n_i-m_i}\\
&=\prod_{i=1}^{N}\frac{[\exp(\beta_0+\beta_1 z_{i1}+\cdots+\beta_r z_{ir})]^{m_i}}{[1+\exp(\beta_0+\beta_1 z_{i1}+\cdots+\beta_r z_{ir})]^{n_i}}
\end{aligned}
$$

최대가능도추정량을 구하기 위한 식 (11-5)의 최대화는 수치적 방법으로만 가능한데 SAS에서 사용되는 방법은 Netwon-Raphson 방법이다. 최대가능도추정 외에 로지트모형에 관한 추정 방법으로 사용되는 방법은 가중최소제곱(weighted least squares method)이 있다.

계수벡터 β의 추정량의 공분산행렬은 최대가능도추정법을 쓰는 경우에는 정보행렬(information matrix)로 주어지며 β_j의 표준오차(standard error)는 공분산행렬의 대각선 상의 $(j+1)$번째 원소의 제곱근으로 계산된다(여기서 $j=0$, 1, ..., r). 여기에서 Z의 영향력을 검정하기 위한 가설 H_0: $\beta_j=0$ H_1: $\beta_j\neq 0$에 대한 검정통계량은

$$\chi^2=(\text{추정값 } \hat\beta_j)^2/(\hat\beta_j\text{의 분산}) \qquad (11\text{-}6)$$

을 사용한다. 이 카이제곱통계량은 귀무가설 H_0하에서 자유도 1의 카이제곱 분포를 따른다.

모형의 적합도(goodness-of-fit)를 검토하기 위한 절차는 최대가능도 추정의 경우 일반화 가능도비검정(또는 Wald 검정이라고 함)을 통하여 얻어진다. 제약조건없는 모형(unrestricted model) 하에서의 가능도함수는 다음과 같고,

$$L(p_1,\dots,p_N)=\prod_{i=1}^{N}p_i^{m_i}(1-p_i)^{n_i-m_i}$$

10장에서 언급한 일반화 가능도비검정의 이론에 의한 검정통계량

$$G^2=2\left\{\max_p log\, L(p_1,\dots,p_N)\right\}-2\left\{\max_\beta log\, L(\beta_0,\beta_1,\dots,\beta_r)\right\} \qquad (11\text{-}7)$$

는 자유도 $N-(r+1)$인 카이제곱 분포를 따르게 된다. 통계량 G^2는 SAS에서 LIKELIHOOD RATIO로 수행 결과에 출력된다. 가중최소제곱 추정의 경우에도 이와 유사하게 적합도 검정통계량을 얻을 수 있으며 SAS는 수행 결과에 이것을 RESIDUAL로 출력한다.

앞에서 언급한 H_0: $\beta_j=0$에 대한 검정에서 한가지 유의할 점은 최대가능도 추정의 경우 흔히 통계학 교과서들에서 설명하고 있는 일반화 가능도비검정법으로부터 얻어지

는 카이제곱이 SAS에서 제공하는 카이제곱인 식 (11-6)과 반드시 일치하지는 않는다는 것이다. 일반화 가능도비검정에 따른 카이제곱 통계량은

$$T_j = 2\left\{\max_{\beta}[\log L(\beta_0, \ldots, \beta_{j-1}, \beta_j, \beta_{j+1}, \ldots, \beta_r)]\right\} - 2\left\{\max_{\beta}[\log L(\beta_0, \cdots, \beta_{j-1}, 0, \beta_{j+1}, \cdots, \beta_r)]\right\} \quad (11\text{-}8)$$

이고 이 통계량의 자유도는 1이다. SAS에서 T_j는 직접 계산되어 출력되지는 않지만, SAS의 수행 결과에 2배의 최대 로그가능도(log likelihood) 값이 출력되어 나오므로 공변량 X_1, ..., X_j, ..., X_r이 포함된 모형과 이 모형에서 X_j를 제거한 축소모형의 최대가능도추정의 결과로부터 T_j값을 구할 수 있다.

설명변수는 이항변수, 혹은 여러 범주를 갖고 있는 범주형 변수이거나 심지어 연속형 변수일 때도 가능하다. 예를 들어 설명 변수 Y가 연속형인 경우를 살펴보면 임의의 상수 c에 대하여 다음과 같다.

$$\log \frac{\Pr(Y_i \geq c)}{\Pr(Y_i < c)} = \beta_0 + \beta_1 Z_{i1} + \cdots + \beta_r Z_{ir}$$

1. 예제 2

다음의 자료는 토요일 저녁의 외식에 관한 소비자 연구에서 나온 것이다. 반응변수에서 0의 값은 외식을 하지 않은 경우이고 1의 값은 외식을 한 경우이다.

프·로·그·램 11-2

```
DATA MEAL;
    INPUT Y INCOME @@;
CARDS;
0 17 0 19 0 20   0 20.5 0 21.5 0 22 1 24   1 25 0 25 0 27
1 28 1 30 0 31.5 1 32   1 34   1 35 1 36.5 1 39 1 40 1 44
RUN;

PROC CATMOD DATA=MEAL;
DIRECT INCOME;
MODEL Y=INCOME/FREQ ML NOGLS PRED=FREQ;
RUN;
```

<프로그램 11-2>의 결과로부터 다음과 같이 분석할 수 있다.
확률 $p_x = P($ 외식 $|$ 소득 $= x)$라고 정의하면 위 자료에 대한 추정 로지트모형은

$$\log \frac{p_x}{1-p_x} = 9.6316 - 0.3608 \ X$$

이다. 소득 변수에 회귀계수 추정값은 -0.3608이며, H_0 : $\beta_{소득} = 0$에 대한 카이제곱 검정통계량 T의 값은 5.54이고 대응하는 $p-$값은 0.0186으로 매우 유의한 값이다. 그리고 모형의 적합도 검정통계량의 값은 $G^2 = 11.35$이며 큰 $p-$값을 갖고 있다. 따라서 위의 일차 선형 로지트모형이 적합하다고 결론내릴 수 있다.

2. 예제 3

다음의 예제를 분석하여 보자. 남궁평과 홍종선 (1991)에서 발췌한 자료로 주괴 (ingot)를 준비하고 검사하는 것을 포함하는 문제가 기술되고 있다. 4가지 가열 시간 (Z_1)과 5종류의 물에 식히는 담금 시간 (Z_2)에 대해 주괴가 검사되었다. 설명변수는 두 개이고 반응변수는 주괴를 늘일 준비가 되어 있는지 (1=준비, 0=준비 안됨)의 여부를 표시하고 있다. 그리고 이 자료의 분석 결과를 다음과 같이 얻을 수 있다.

프·로·그·램 11-3

```
DATA INGOT;
    INPUT HEAT SOAK NREADY NTOTAL @@;
    COUNT=NREADY;           Y=1; OUTPUT;
    COUNT=NTOTAL-NREADY;    Y=0; OUTPUT;
CARDS;
 7 1.0  0 10    7 1.7  0 17    7 2.2  0  7    7 2.8  0 12
 7 4.0  0  9   14 1.0  0 31   14 1.7  0 43   14 2.2  2 33
14 2.8  0 31   14 4.0  0 19   27 1.0  1 56   27 1.7  4 44
27 2.2  0 21   27 2.8  1 22   27 4.0  1 16   51 1.0  3 13
51 1.7  0  1   51 2.2  0  1   51 4.0  0  1
RUN;

PROC PRINT;
RUN;

PROC CATMOD DATA=INGOT;
    WEIGHT COUNT;
    DIRECT HEAT SOAK;
    MODEL Y=HEAT SOAK / FREQ ML NOGLS
                        COVB CORRB PRED=PROB;
RUN;
```

<프로그램 11-3>의 결과에서

$$\widehat{\beta_0} = 5.56 \quad \widehat{\beta_1} = -0.08 \quad \widehat{\beta_2} = -0.06$$

■ 표 11-3 ■

관찰번호	가열시간 Z_1	담금시간 Z_2	$\Pr(Y=1)$ 준비될 확률
1	7	1.0	.9928
2	7	1.7	.9925
3	7	2.2	.9923
4	7	2.8	.9920
5	7	4.0	.9915
6	14	1.0	.8973
7	14	1.7	.9868
8	14	2.2	.9864
9	14	2.8	.9860
10	14	4.0	.9850
11	27	1.0	.9640
12	27	1.7	.9626
13	27	2.2	.9616
14	27	2.8	.9603
15	27	4.0	.9576
16	51	1.0	.7890
17	51	1.7	.7823
18	51	2.2	.7774
19	51	4.0	.7592

임을 알 수 있으며 $\widehat{\beta}_2$는 통계적으로 유의하지 않음을 알 수 있다(p-값=0.86). 그러므로 물에 식히는 시간은 준비 여부를 설명하고 있지 않지만 가열 시간은 영향을 준다고 할 수 있다. 또한 가열 시간에 대한 기울기가 음수이므로 가열 시간이 길어짐에 따라 준비되는 비율 $\Pr(Y=1)$이 증가한다고 결론지을 수 있다.

모형의 적합성을 검정하는 가능도비 검정통계량 G^2값은 13.75이고 자유도 16을 따르는 χ^2분포와 비교하여 볼 때 p-값이 10%보다 크다는 것을 확인할 수 있으며 이것은 자료의 정확성이 비교적 좋다는 것으로 해석할 수 있다. 그러나 물에 식히는 시간의 변수를 제거하여 설명변수가 하나인 선형 로지스틱모형을 위 자료에 다시 적합시켜보면 가능도비 검정통계량의 값이 증가하기 때문에 자료를 더욱 적절하게 설명하는 모형이라고 결론내릴 수 있다.

그리고 위 선형로지스틱모형에서 첫번째 관찰값에 대한 기대값을 구하여 보자. 가열 시간의 값이 $Z_1=7$이고 담금 시간의 값이 $Z_2=1$이므로, 로지트의 추정값은

$$\widehat{\log}\left(\frac{P_1}{1-P_1}\right)=5.56-0.08(7)-0.006(1)=4.94$$

이므로 P_1의 추정값은

$$\widehat{P_1} = \exp(4.94)/(1+\exp(4.94)) = 0.993$$

이다. 그러므로 $Z_1 = 7$, $Z_2 = 1$인 상황에서 주괴를 늘릴 준비가 되어있을 확률은 0.993이라고 예측할 수 있다. <프로그램 11-3>에서 Model문의 선택사양 중 PRED=PROB를 추가함으로써 설명변수들의 여러 수준에 따라 확률을 구할 수 있는데 이를 정리하여 표로 만들면 다음과 같다.

로지스틱 회귀모형에서는 일반 회귀모형에서 회귀방정식의 평가에 도움을 주는 결정계수 R^2과 같은 기준이 이용 가능하지 않다는 점에 유의하기 바란다.

프·로·그·램 11-1

```
DATA LIST FREE/ I L J K O.
      VALUE LABELS I 1='SOFT' 2='MED' 3='HARD'.
      VALUE LABELS L 1='X' 2='M'.
      VALUE LABELS J 1='YES' 2='NO'.
      VALUE LABELS K 1='HIGH' 2='LOW'.
BEGIN DATA.
1 1 1 1 19 1 1 1 2 57 1 1 2 1 29 1 1 2 2 63
1 2 1 1 29 1 2 1 2 49 1 2 2 1 27 1 2 2 2 53
2 1 1 1 23 2 1 1 2 47 2 1 2 1 33 2 1 2 2 66
2 2 1 1 47 2 2 1 2 55 2 2 2 1 23 2 2 2 2 50
3 1 1 1 24 3 1 1 2 37 3 1 2 1 42 3 1 2 2 68
3 2 1 1 43 3 2 1 2 52 3 2 2 1 30 3 2 2 2 42
END DATA.

WEIGHT BY O.

LOGLINEAR L(1 2) BY J(1 2) K(1 2)
  /PRINT = ALL
  /CRITERIA ITERATION(20) CONVERGE(.001) DELTA(.5)
  /DESIGN L L*J L*K.
```

프·로·그·램 11-2

```
DATA LIST FREE / Y INCOME.
BEGIN DATA.
0 17 0 19 0 20   0 20.5 0 21.5 0 22 1 24   1 25 0 25 0 27
1 28 1 30 0 31.5 1 32   1 34   1 35 1 36.5 1 39 1 40 1 44
END DATA.

LOGISTIC REGRESSION  Y
  /METHOD=ENTER  INCOME.
```

프·로·그·램 11-3

```
DATA LIST FREE / HEAT SOAK COUNT Y.
BEGIN DATA.
 7      1.0       0    1    7      1.0      10     0
 7      1.7       0    1    7      1.7      17     0
 7      2.2       0    1    7      2.2       7     0
 7      2.8       0    1    7      2.8      12     0
 7      4.0       0    1    7      4.0       9     0
14      1.0       0    1   14      1.0      31     0
```

```
14     1.7     0   1  14     1.7     43   0
14     2.2     2   1  14     2.2     31   0
14     2.8     0   1  14     2.8     31   0
14     4.0     0   1  14     4.0     19   0
27     1.0     1   1  27     1.0     55   0
27     1.7     4   1  27     1.7     40   0
27     2.2     0   1  27     2.2     21   0
27     2.8     1   1  27     2.8     21   0
27     4.0     1   1  27     4.0     15   0
51     1.0     3   1  51     1.0     10   0
51     1.7     0   1  51     1.7      1   0
51     2.2     0   1  51     2.2      1   0
51     4.0     0   1  51     4.0      1   0
END DATA.

WEIGHT BY COUNT.

LOGISTIC REGRESSION   Y
  /METHOD=ENTER  HEAT SOAK.
```

연습 문제

1. Cox (1970)에서 인용한 독성실험 자료이다. 독성성분을 갖고 있는 약품의 용량은 로그(log) 단위로 표현되었다. 이 자료를 로지트 분석하여라.

용량	동물의 수	사망수	Y	X
0	30	2	1	2
			2	28
1	30	8	1	8
			2	22
2	30	15	1	15
			2	15
3	30	23	1	23
			2	7
4	30	27	1	27
			2	3

제12장

선형구조관계분석

12.1 구조방정식모형

공분산 구조방정식 모형(covariance structural equation model)은 가정한 원인-결과 변수(cause-effect variable)들로 현상을 규명하기 위하여 사용되는 선형 방정식들의 집합을 나타낸다. 구조방정식 모형은 특히 사회 및 행동 과학에서 많이 사용되는데, 예를 들면 사회적 위치와 성취도와의 관계, 기업 수익의 결정, 직무의 분류 등의 관계 분석에서 많이 사용된다.

회귀분석은 독립변수들의 집단이 종속변수와의 선형적인 함수 관계를 유도하고, 설정된 회귀 방정식에서 종속변수의 결과를 예측하는 통계적인 기법인데 반하여, 경로분석은 변수들간의 연결 관계가 가정되고 검정됨으로서 변수들이 어떻게 서로 영향을 미치는가에 대한 설명을 쉽게 표현하는 통계적 기법이다. 회귀분석과 경로분석의 공통점이 있다면, 그것은 두 방법이 측정변수(measured variable, observed variable)들만을 다룬다는 것이다. 반면에 공분산 구조방정식 모형은 측정된 변수뿐만 아니라 잠재변수(latent variable)까지 포함하므로 복잡하고 다양한 자료의 분석을 통하여 자료를 설명하고 현상을 규명하는 설명력이 높다. 여기서 잠재변수는 인자분석에서 공통인자(common factor)와 같이 관찰되지 않는 변수를 일컬으며 비측정변수(unobserved variable)이라고도 불린다.

구조방정식 모형을 설정하고, 자료에 적합시키고, 평가해 줄 수 있는 컴퓨터 프로그램이 Joereskog and Soerbom(1986, 1988)에 의하여 개발되었는데, 이는 LISREL(Linear Structural Relationships)시스템(현재 Version 8.80)으로 세계적으로 널리 사용되고 있다. LISREL을 이용한 공분산 구조방정식 모형 분석의 장점은 (1)통계적으로 정당화 될 수 있는 측정모형(measurement model)과 구조식모형(structural model)을 연립 방정식 모형으로 설정하여 동시에 분석할 수 있고, (2)잠재변수를 이용하여 관찰된 변수들을 분석할 수 있는 인자분석과 경로분석을 통합하여 모형의 분석을 보강시켜 주며, (3)회귀분석에서는 분석할 수 없는 비실험적인 자료(nonexperimental data)의 분석에 있어 특히 적합하다는 것을 들 수 있다.

일반적인 LISREL모형은 다음과 같다.

$$\eta = \boldsymbol{B}\eta + \boldsymbol{\Gamma}\xi + \zeta \tag{12-1}$$

$$\boldsymbol{Y} = \boldsymbol{\Lambda}_y \eta + \epsilon \tag{12-2}$$

$$\boldsymbol{X} = \boldsymbol{\Lambda}_x \xi + \delta$$

여기서

$$\begin{aligned} E(\zeta) &= 0, \quad Cov(\zeta) = \Psi \\ E(\epsilon) &= 0, \quad Cov(\epsilon) = \Theta_\epsilon \\ E(\delta) &= 0, \quad Cov(\delta) = \Theta_\delta \end{aligned} \tag{12-3}$$

이며, ζ, ϵ, δ는 상호 독립적이고 $Cov(\xi) = \boldsymbol{\Phi}$, 그리고 ζ는 ξ와, ϵ은 η와 δ는 ξ와 각각 독립적이다. 행렬 $\boldsymbol{B}$의 대각 원소는 0이다.

식 (12-1)에서 ξ와 η는 원인-결과 변수로서 직접적으로 관찰되지 않으며 이들을 잠재변수라고 불린다. 또한 (12-2)식에서 측정할 수 있는 $\boldsymbol{Y}$와 $\boldsymbol{X}$변수는 계수 행렬 $\boldsymbol{\Lambda}_y$, $\boldsymbol{\Lambda}_x$를 통해 η와 ξ의 변수들과 선형 관계를 갖고 있다. (12-1)식을 구조식모형(structural equation model), (12-2)식을 측정모형(measurement model)이라고 한다.

LISREL모형에서 경로그림과 같은 그림을 그리기 위해서는 일반적으로 [그림 12-1]에서와 같은 기호들을 사용한다. 측정된 외생변수는 X로, 측정된 내생변수는 Y로 표시하며, 모든 측정변수들은 정사각형으로 그리고, 관측되지 않은 잠재변수들은 원으로 표시한다. 또한 측정되지 않은 외생변수는 ξ로, 측정되지 않은 내생변수는 η(eta)로, 내생변수가 내생변수에 미치는 효과는 β(beta)로, 그리고 외생변수가 내생변수에 미치는 효과는 γ(gamma)로 표시한다. 측정되지 않은 외생변수간의 상관은 ϕ(phi)로, 각 방정식의 오차항은 ζ(zeta)로, 각 측정변수와 비측정변수간의 회귀 계수는 λ(lambda), 외생변수의 측정 오차는 δ(delta), 내생변수의 측정 오차는 ϵ(epsilon) 등으로 표기한다. 외생변수간의 상관관계는 경로분석에서 언급한 것과 같이 양쪽의 화살표가 달린 곡선으로 표시한다.

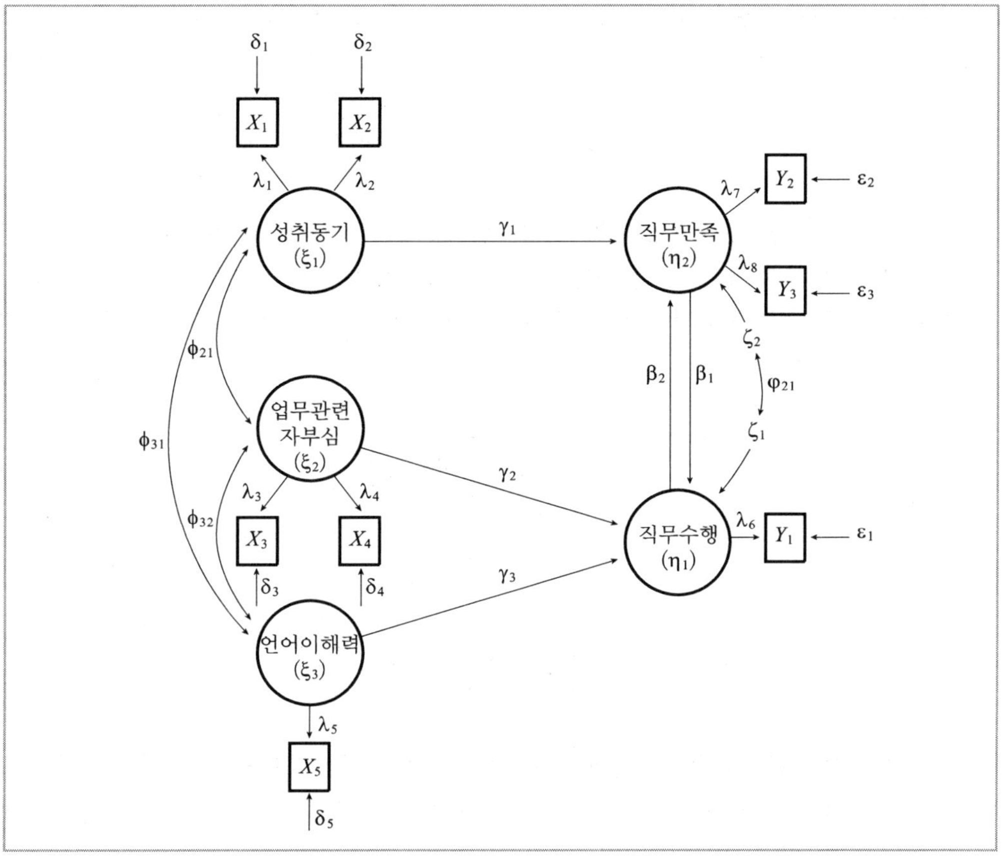

▮그림 12-1▮

[그림 12-1]은 Bagozzi (1980)가 직무 수행(η_1)과 직무 만족감(η_2) 간의 관계를 연구한 모형에서 인용한 것이다. Bagozzi는 직무 수행이 직무 만족감에 영향을 미친다는 가설을 세우고 이를 검증하려 하였다. 직무 수행과 만족감에 모두 영향을 미칠 수 있는 공통인자로서 성취 동기(ξ_1), 업무 관련 자부심(ξ_2), 그리고 언어 이해력(ξ_3) 등의 변수를 설정하였다. 이 모형은 3개의 잠재적 외생변수 ($\xi_1,\ \xi_2,\ \xi_3$)와 2개의 잠재적 내생변수($\eta_1,\ \eta_2$)로 이루어져 있다. 이 모형에 따르면 성취 동기(ξ_1)는 2개의 변수($X_1,\ X_2$)에 의해 측정되고 업무 관련 자부심(ξ_2)은 2개 ($X_3,\ X_4$), 언어 이해력(ξ_3)은 1개(X_5)의 변수에 의해 측정된다. 내생변수로서 직무 수행(η_2)은 2개($Y_2,\ Y_3$)의 변수로 측정된다. [그림 12-1]의 모형에 따르면 성취 동기는 직무 만족에 직접 영향을 미치고 직무 만족을 통하여 직무 수행에 영향을 미친다. 업무 관련 자부심과 언어 이해력은 직무 수행에 직접 영향을 미치고 직무 수행을 통하여 직무 만족에 간접적으로 영향을 미친다. 이 모형은 직무 수행은 직무 만족에 직접적인 영향을 미치고 직무 만족은 직무 수행에 직접적인 영향을 미치는, 말하자면 상호 인과성을 가정하는 비순차모형(非順次模型)(nonrecursive model)을 설정하고 있다. 그

림에 나타난 모형은 다음과 같은 구조방정식으로 나타낼 수 있다.

$$\begin{pmatrix}\eta_1\\ \eta_2\end{pmatrix}=\begin{pmatrix}0 & \beta_1\\ \beta_2 & 0\end{pmatrix}\begin{pmatrix}\eta_1\\ \eta_2\end{pmatrix}+\begin{pmatrix}0 & \gamma_2 & \gamma_3\\ \gamma_1 & 0 & 0\end{pmatrix}\begin{pmatrix}\xi_1\\ \xi_2\\ \xi_3\end{pmatrix}+\begin{pmatrix}\zeta_1\\ \zeta_2\end{pmatrix} \tag{12-4}$$

다음으로 측정모형은 잠재적 내생변수와 이를 측정하는 측정변수간의 관계를 명시하는 식과 잠재적 외생변수와 이를 측정하는 측정변수간의 관계를 명시하는 식으로 서술될 수 있다. 내생변수의 방정식은 (12-5)와 같이 나타내고 외생변수의 식은 (12-6)과 같이 인자모형을 나타낸다.

$$\begin{pmatrix}y_1\\ y_2\\ y_3\end{pmatrix}=\begin{pmatrix}\lambda_6 & 0\\ 0 & \lambda_7\\ 0 & \lambda_8\end{pmatrix}\begin{pmatrix}\eta_1\\ \eta_2\end{pmatrix}+\begin{pmatrix}\epsilon_1\\ \epsilon_2\\ \epsilon_3\end{pmatrix} \tag{12-5}$$

$$\begin{pmatrix}x_1\\ x_2\\ x_3\\ x_4\\ x_5\end{pmatrix}=\begin{pmatrix}\lambda_1 & 0 & 0\\ \lambda_2 & 0 & 0\\ 0 & \lambda_3 & 0\\ 0 & \lambda_4 & 0\\ 0 & 0 & \lambda_5\end{pmatrix}\begin{pmatrix}\xi_1\\ \xi_2\\ \xi_3\end{pmatrix}+\begin{pmatrix}\delta_1\\ \delta_2\\ \delta_3\\ \delta_4\\ \delta_5\end{pmatrix} \tag{12-6}$$

여기서 Y는 종속변수 관측값의 $p\times 1$ 벡터이다. Λ_y는 인자적재의 $p\times m$ 행렬이다. 그리고 X는 독립변수 측정값의 $q\times 1$ 벡터이며 Λ_x는 X가 관측되지 않은 독립변수 ξ에 대한 인자적재 계수 $q\times n$ 행렬이다.

12.2 공분산 구조와 추정

η와 ξ는 측정되지 않는 변수이므로 LISREL모형은 직접 규명될 수 없다. 그러나 인자분석에서와 같이 모형과 모형에 대한 가정은 특정한 공분산 구조(covariance structure)를 갖고 있다. 자료의 벡터를 $(\boldsymbol{Y}'\ \boldsymbol{X}')'$라고 하자. 그러면

$$\begin{aligned} Cov\begin{pmatrix}\boldsymbol{Y}\\ \boldsymbol{X}\end{pmatrix} &= \Sigma_{(p+q)*(p+q)} \\ &= \begin{pmatrix}\Sigma_{(p*p)} & \Sigma_{(p*q)}\\ \Sigma_{(q*p)} & \Sigma_{(q*q)}\end{pmatrix}=\begin{pmatrix}Cov(\boldsymbol{Y}) & Cov(\boldsymbol{Y},\boldsymbol{X})\\ Cov(\boldsymbol{X},\boldsymbol{Y}) & Cov(\boldsymbol{X})\end{pmatrix}\end{aligned} \tag{12-7}$$

토론을 간략하게 하고자 우선 $\boldsymbol{B}=0$으로 설정한다면,

$$
\begin{aligned}
Cov(\boldsymbol{Y}) = E(\boldsymbol{Y}'\boldsymbol{Y}) &= \Lambda_y Cov(\eta)\Lambda_y{}' + \Theta_\epsilon \qquad (12\text{-}8)\\
&= \Lambda_y(\Gamma\Phi\Gamma' + \Psi)\Lambda_y{}' + \Theta_\epsilon \\
Cov(\boldsymbol{X}) = E(\boldsymbol{X}'\boldsymbol{X}) &= \Lambda_x Cov(\xi)\Lambda_x{}' + \Theta_\delta \\
&= \Lambda_x\Phi\Lambda_y{}' + \Theta_\delta \\
Cov(\boldsymbol{Y},\boldsymbol{X}) = E(\boldsymbol{Y}\boldsymbol{X}') &= E(\Lambda_y(\Gamma\xi+\zeta)+\epsilon)(\Lambda_x\xi+\delta)' \\
&= \Lambda_y\Gamma\Phi\Lambda_x = [Cov(\boldsymbol{X},\boldsymbol{Y})]'.
\end{aligned}
$$

따라서 공분산들은 모형의 모수 Λ_x, Λ_y, Γ, Φ, Ψ, Θ_ϵ, Θ_δ의 (비선형) 함수이다.

주어진 관측 자료 $(\boldsymbol{y}_j{}', \boldsymbol{x}_j{}')'$, $j = 1, 2, \ldots, n$에 대하여 표본공분산행렬을 다음과 같이 구하여 $\boldsymbol{\Sigma}$에서와 같이 분할할 수 있다.

$$
\boldsymbol{S}_{(p+q)*(p+q)} = \begin{pmatrix} \boldsymbol{S}_{11} & \boldsymbol{S}_{12} \\ \boldsymbol{S}_{21} & \boldsymbol{S}_{22} \end{pmatrix}.
$$

그리고 위와 같은 표본공분산행렬의 정보는 모형의 모수들을 추정하는데 사용된다. 즉

$$
\hat{\boldsymbol{\Sigma}} = \boldsymbol{S} \qquad (12\text{-}9)
$$

을 이용하여 연립방정식을 만들어 해를 찾는다.

그러나 (12-9)에서 형성된 식들은 때때로 해가 존재하지 않는 경우가 있으며 이때는 적절한 초기값으로 시작하는 반복적인 계산을 사용하여 그 해를 구할 수 있다. 일반적으로 모수를 추정하기 위해서는 모수의 수보다 많은 방정식의 수를 필요로 하는데, t를 모수의 총 개수라고 한다면, p와 q는 다음을 만족해야 한다.

$$
t \leqq (p+q)(p+q+1)/2
$$

그러나 이 식은 모든 모수가 유일하게 존재한다고 보장하지는 못한다.

LISREL 프로그램에서는 모형의 모수를 추정하기 위하여 여러 가지의 최소제곱법(least squares)들과 최대가능도법(maximum likelihood) 등을 사용한다. LISREL에서의 default는 최대가능도법을 사용한다.

LISREL 프로그램에 자료를 입력하고자 할 때 [그림 12-1]과 같이 도형을 컴퓨터에 표현할 수 없으므로 행렬로 입력한다. 우선 구조방정식 모형에 대한 정보는 네 개의 행렬로 입력한다. 그 중 두 개는 경로계수를 나타내는 행렬(Γ (LISREL에서는 GA), $\boldsymbol{B}$(LISREL에서는 BE))이고 두 개는 공분산행렬(Φ (LISREL에서는 PH), Ψ(LISREL에서는 PS))이다. 또한 측정모형에 대한 정보도 네 개의 행렬로 입력하는데, 두 개는 인자적재 계수 행렬(Λ_x(LISREL에서는 LX), Λ_y(LISREL에서는 LY))이며, 두 개는 공분산행렬(Θ_ϵ(LISREL에서는 TD), Θ_δ(LISREL에서는 TD))이다. LISREL을 사용하는데 있어 자세한 설명은 뒤의 프로그램에서 언급하고자 한다.

12.3 적합도 검정

설정된 모형에 대하여 모수들을 추정하고 각각의 추정된 모수들에 대하여 표준오차와 그에 대응하는 t통계량의 값을 LISREL에서 제공한다. 그러므로 분석자는 각각의 추정된 모수들에 대하여 검정이 완료되면 그 다음 분석으로 설정된 모형이 주어진 자료에 전반적으로 적절한지에 대하여 모형의 적합성 검정을 해본다. LISREL에서 제공하는 모형의 적합도 검정방법으로는 가능도비검정 방법을 사용하여 얻은 X^2(카이제곱)검정법과 normed fit index(NFI), non-normed fit index(NNFI), 잔차의 제곱평균의 제곱근(root mean square residual; RMR), 그리고 접합도 지수(goodness of fit index; GFI), 조정된 접합도 지수 (adjusted goodness of fit index; AGFI)가 있는데, 대체로 유사한 값들을 나타내고 있지만 각각 서로 다른 장점과 문제점을 갖고 있다. 그러나 여기서는 일반적으로 많이 쓰이는 검정통계량 중 3개만을 설명하고자 한다.

카이제곱 검정법(X^2)

주어진 자료가 정규분포를 따른다는 가정 하에서 가능도비검정을 수행한 결과의 검정통계량으로 자료가 큰 경우에 통계적 검정력이 매우 좋은 검정방법이다. 이 통계량의 값이 매우 커서 그에 대응하는 $p-$값이 크면 설정된 모형은 자료에 적합하지 않다고 결론을 내릴 수 있다.

적합도 지수 검정법(GFI)

모수의 추정 방법으로 최대가능도 방법을 사용한 경우의 검정통계량은 다음과 같다.

$$GFI = 1 - tr(\hat{\Sigma}^{-1}\boldsymbol{S} - \boldsymbol{I})^2 / tr(\hat{\Sigma}^{-1}\boldsymbol{S})^2$$

GFI는 회귀분석에서 설명계수 R^2와 같은 성격을 갖고 있으며 위 통계량을 다시 해석하면

$$GFI = 1 - \frac{\text{오차변량}}{\text{전체변량}}.$$

이 통계량은 값은 일반적으로 0과 1 사이에 존재하며 1에 가까우면 모형은 자료에 적합하다고 설명되는데 특히 0.9 이상이면 매우 적합한 모형이 설정되었다고 결론내릴 수 있다.

조정된 적합도 지수 검정법($AGFI$)

위에서 설명한 GFI를 회귀분석에서의 R^2와 같은 의미로 해석한다면, 여기에서 설명할 $AGFI$는 회귀분석에서의 조정된 결정계수 R^2_{adj}과 같이 해석한다.

$$AGFI = 1 - \frac{k(k+1)}{2d}(1 - GFI),$$

여기에서 k는 측정변수의 개수이고 d는 설정된 모형의 자유도를 나타낸다.

지금까지 설명한 적합도 검정방법들은 이미 설정한 모형이 자료에 적절한가를 평가하는데 유용한 정보를 제공한다. 그리고 LISREL에서는 설정된 모형이 자료에 적절하다고 결론 내리기가 곤란한 경우에 자료를 더욱 잘 설명하는 새로운 모형을 발견(모형 표시의 새로운 발견; specification search)하는 정보를 주는데 이러한 정보의 종류는 표준화된 잔차(residual standardize; RS)를 통하여 파악할 수 있으며, 그 종류로 수정지수(modification index; MI), 그리고 고정지수(t-value; TV) 등이 있다. 이에 대한 설명은 LISREL 사용 설명서와 이순묵(1990) 등을 참고하여 숙지하기 바란다.

12.4 적합한 모형탐색 방법

선형 구조방정식 모형 분석에서는 추정된 모수의 값과 그와 연관된 효과에 관심이 있다. 따라서 자료에 적합한 유용한 모형을 발견하는 전략 방법은 다음과 같다.

1. 가능한 여러 방법(최소제곱법과 최대가능도법)을 사용하여 모수의 추정량을 구하고, 그들을 비교하여라. 특히 다음을 주의 깊게 살펴보아라.
   (가) 부호와 크기가 비슷한가?
   (나) 분산의 추정값이 양수인가?
   (다) 잔차 행렬 $\boldsymbol{B} - \hat{\boldsymbol{\Sigma}}$이 유사한가?
2. 표본 공분산행렬 $\boldsymbol{S}$와 더불어 표본 상관계수행렬 $\boldsymbol{R}$과 함께 분석해라. 그리고 그 결과들을 비교하여 관측된 변수의 표준화 작업이 결과에 어떠한 영향을 주었는지 파악하여 보라.
3. 자료가 큰 경우에는 자료를 반으로 나누어, 각각의 반에 위의 1단계와 2단계의 작업을 수행하고 그 결과를 비교하여라. 그리고 전체의 자료에 대하여 수행한 결과와도 비교 분석하여라.

위의 1단계부터 3단계까지를 수행하여 일치된 결과를 유도해 주는 모형이 있다면, 그 모형은 자료에 적합한 적절한 모형일 것이다. 또한 그러한 모형이 존재하지 않다면 그 모형은 수정되거나 기각되어 새로운 모형을 찾아야 할 것이다.

12.5 간단한 LISREL 사용 설명서

개략적으로 LISREL은 다음과 같이 Data문장, Model문과 Output문으로 구성된다.

Title line	(Title문 표시)
DA...	(DATA 입력)
....	(DATA 입력 보충)
MO...	(모형(MODEL) 입력)
....	(모형 입력 보충)
OU...	(출력(OUTPUT)의 선택사양 입력)

Title 문

LISREL 프로그램은 DA라는 단어를 읽기 전의 모든 문장을 Title으로 인지한다.

DATA 문의 선택사양들

NI = number of input variables;

NO = number of observation;

MA (matrix 형태) = CM (covariance matrix)

= KM (correlation matrix)

등등

LA (Label 문)의 예 :

(1) LA

y1 y2 x1 x2 x3 (free format이며, * 표시는 생략할 수 있다)

(2) LA

'behavior 1' 'behavior 2' 'ability 1' 'ability 2' 'ability 3'

DATA 입력 예 :

(1) CM FU (full matrix)

1.13 -.87 1.08

-.87 2.17 1.83

1.08 1.83 3.25

(2) CM SY (symmetric matrix)

1.13

-.87 2.17

1.08 1.83 3.25

MODEL 문의 선택사양들

NY = number of Y variables (p)

NX = number of X variables (q)

NE = number of η(eta) variables (m)

NK = number of ξ(ksi) variables (n)

다음 표를 보고 각각의 모수 행렬을 지정한다. 예로

LY = FU,FI

FREE LY 2 1 LY 4 2 (LY 행렬의 (2,1)과 (4,2)원소의 모수를 free상태로 바꿔라는 명령)

VALUE 1.0 LY 1 1 (LY 행렬의 (1,1)원소의 모수 값을 1.0으로 지정)

모수 행렬 표

이름	내용	기호	기본형태	기본상태
LY	Lambda-y	Λy	FU	FI
LX	Lambda-x	Λx	FU	FI
BE	Bet	B	ZE	FI
GA	Gamma	Γ	FU	FR
PH	Phi	Φ	SY	FR
PS	Psi	Ψ	SY	FR
TE	Theta-epsilon	$\Theta\varepsilon$	DI	FR
TD	Theta-delta	$\Theta\delta$	DI	FR

FORM : FU(full), SY(symmetrical), DI(diagonal), ZE(zero)

MODE : FI(fix) FR(free)

출력(OUTPUT) 문의 선택사양들

ML = 최대가능도방법 사용

GL = generalized least squares방법 사용

UL = unweighted least squares방법 사용

WL = weighted least squares방법 사용

등등

ALL = 모든 결과 출력

SE = 표준오차 출력

TV = t값 출력, 고정지수를 출력한다.

RS = 추정 공분산행렬, 잔차, 표준화된 잔차, Q-Q PLOT을 출력

EF = effect(총 효과, 간접효과) 출력

MI = 수정지수를 출력

등등

위에서 설명한 사용 설명서는 이해하기도 쉽지 않고 사용하기도 어렵다. 그러나 LISREL Version 8.0 부터는 WINDOWS용으로 보급되었으며 사용 방법이 많이 바뀌어 사용하기가 훨씬 쉬워졌다. LISREL Version 8.0의 기본적인 프로그램을 보면 그 내용이 무엇인지를 손쉽게 파악할 수 있으니 우선 기본적인 프로그램을 살펴보자.

```
Observed Variables: Y1-Y4 X1-X7           (측정변수 지정)
Covariance Matrix                         (자료 입력)
...
공분산 행렬 입력
...
Sample Size: 100
Latent Variables: Eta1 Eta2 Ksi1-Ksi3      (잠재변수 지정)
Relationships                               ┐
Eta1 = Eta2 Ksi1 Ksi2                       │  (구조식 모형)
Eta2 = Eta1 Ksi1 Ksi3                       │
Let the Errors of Eta1 and Eta2 Correlate   ┘
Y1 = 1*Eta1                    ┐ (측정 모형들)
Y2 = Eta1                      │
Y3 = 1*Eta2                    │
Y4 = Eta2                      │
X1= 1*Ksi1                     │
X2 X3 = Ksi1                   │
X4= 1*Ksi2                     │
X3 X5= Ksi2                    │
X6= 1*Ksi3                     │
X7= Ksi3                       ┘
Lisrel Output: RS MI TV     (출력 선택사양)
Path Diagram               (경로그림을 출력시켜 준다)
End of Program
```

12.6 예제

다음의 예는 어렸을 때(1967년)에 느끼는 소외감 증세(η_1)와 자랐을 때(1971년)에 느끼는 소외감 증세(η_2)가 얼마나 일반성이 있는지, 또한 사회 경제적 배경(ξ_1)이 소외감에 주는 영향이 어떤지에 관한 연구이다. 사용한 변수들은 다음과 같다.

$X1$ = 교육 수준
$X2$ = Duncan의 사회경제지수
$Y1$ = 1967년에 측정한 사회 무질서
$Y2$ = 1967년에 측정한 무력감
$Y3$ = 1971년에 측정한 사회 무질서
$Y4$ = 1971년에 측정한 무력감

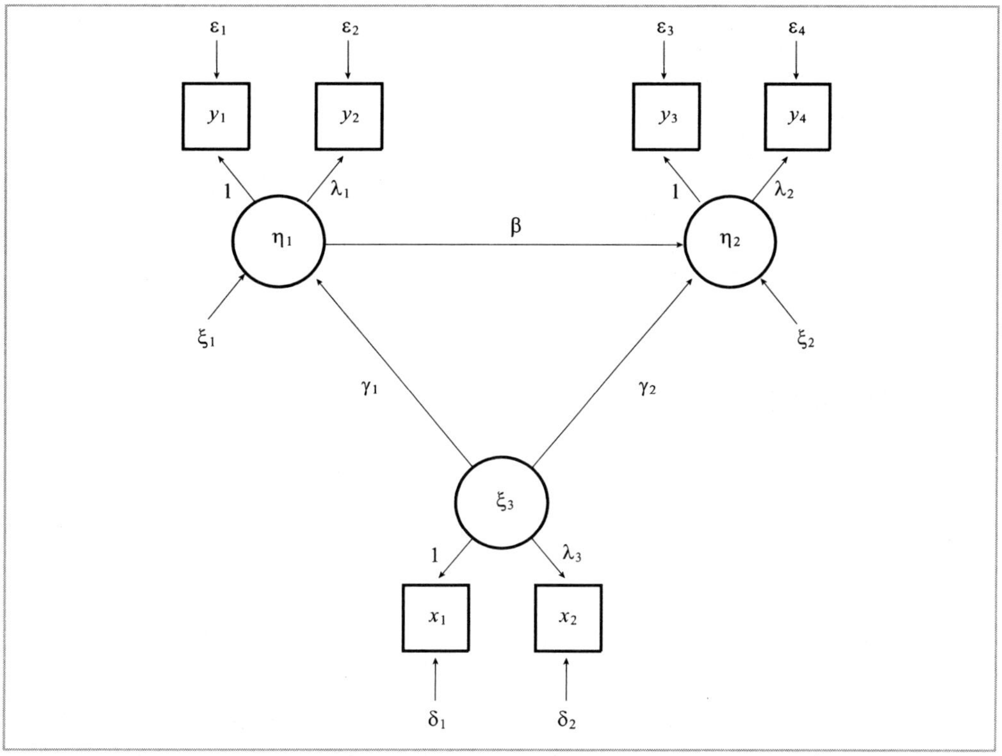

▮그림 12-2▮

우리가 설정한 모형에 대한 경로그림은 [그림 12-2]와 같으며, 표본수 932에 대하여 수집한 자료에 대한 공분산행렬은 <프로그램 12-1>에 수록되어 있다. 이 자료에 대하여 LISREL Version 8.80을 사용한 프로그램은 다음과 같다.

프·로·그·램 12-1

```
Hypothetical Model
Observed Variables: Y1-Y4 X1 X2
Covariance Matrix:
11.834
 6.947 9.364
 6.819 5.091 12.532
 4.783 5.028 7.495 9.986
 -3.389 -3.389 -3.841 -3.625 9.610
 -21.899 -18.831 -21.748 -18.775 35.522 450.288
Sample Size: 932
Latent Variables: Eta1 Eta2 Ksi1
Relationships
Eta1 = Ksi1
Eta2 = Eta1 Ksi1

Y1 = 1*Eta1
```

```
Y2 = Eta1
Y3 = 1*Eta2
Y4 = Eta2

X1=1*Ksi1
X2= Ksi1

LISREL Output: RS MI TV
Path Diagram
End of Problem
```

결과 12·1

```
                      LISREL 8.80 (STUDENT EDITION)

                                   BY

                      Karl G Joreskog & Dag Sorbom
                  This program is published exclusively by
                  Scientific Software International, Inc.
                     7383 N. Lincoln Avenue, Suite 100
                      Lincolnwood, IL 60712, U.S.A.
          Phone: (800)247-6113, (847)675-0720, Fax: (847)675-2140
      Copyright by Scientific Software International, Inc., 1981-2006
        Use of this program is subject to the terms specified in the
                     Universal Copyright Convention.
                      Website: www.ssicentral.com

The following lines were read from file C:\Users\… \dd.spl:

Observed Variables: Y1-Y4 X1 X2
Covariance Matrix:
11.834
6.947 9.364
6.819 5.091 12.532
4.783 5.028 7.495 9.986
-3.389 -3.389 -3.841 -3.625 9.610
-21.899 -18.831 -21.748 -18.775 35.522 450.288
Sample Size: 932
Latent Variables: Eta1 Eta2 Ksi1
Relationships
Eta1 = Ksi1
Eta2 = Eta1 Ksi1

Y1 = 1*Eta1
Y2 = Eta1
Y3 = 1*Eta2
Y4 = Eta2

X1 = 1*Ksi1
```

```
X2 = Ksi1

LISREL Output: RS MI TV
Path Diagram
End of Problem
       Covariance Matrix

                 Y1         Y2         Y3         Y4         X1         X2
            --------   --------   --------   --------   --------   --------
     Y1       11.83
     Y2        6.95       9.36
     Y3        6.82       5.09      12.53
     Y4        4.78       5.03       7.50       9.99
     X1       -3.39      -3.39      -3.84      -3.62       9.61
     X2      -21.90     -18.83     -21.75     -18.77      35.52     450.29

Parameter Specifications

       LAMBDA-Y


               Eta1       Eta2
            --------   --------
     Y1          0          0
     Y2          1          0
     Y3          0          0
     Y4          0          2

       LAMBDA-X

               Ksi1
            --------
     X1          0
     X2          3

       BETA

               Eta1       Eta2
            --------   --------
   Eta1          0          0
   Eta2          4          0

       GAMMA

               Ksi1
            --------
   Eta1          5
   Eta2          6

       PHI

               Ksi1
            --------
```

```
              7

         PSI

                 Eta1      Eta2
              --------  --------
                    8         9

         THETA-EPS

                   Y1        Y2        Y3        Y4
              --------  --------  --------  --------
                   10        11        12        13

         THETA-DELTA

                   X1        X2
              --------  --------
                   14        15

Number of Iterations =  8

LISREL Estimates (Maximum Likelihood)

         LAMBDA-Y

                 Eta1      Eta2
              --------  --------
       Y1        1.00       - -
       Y2        0.88       - -
               (0.04)
                20.97
       Y3         - -      1.00
       Y4         - -      0.85
                         (0.04)
                          21.45

         LAMBDA-X

                 Ksi1
              --------
       X1        1.00
       X2        5.70
               (0.47)
                12.15

         BETA

                 Eta1      Eta2
              --------  --------
     Eta1         - -       - -
     Eta2        0.68       - -
               (0.05)
                13.52
```

```
   GAMMA

          Ksi1
        --------
Eta1      -0.59
         (0.06)
         -10.27
Eta2      -0.23
         (0.05)
          -4.33

   Covariance Matrix of ETA and KSI

          Eta1       Eta2       Ksi1
        --------   --------   --------
Eta1      7.92
Eta2      6.27       8.86
Ksi1     -3.67      -3.97       6.23

   PHI

          Ksi1
        --------
          6.23
         (0.63)
          9.97

   PSI
   Note: This matrix is diagonal.

          Eta1       Eta2
        --------   --------
          5.75       3.64
         (0.50)     (0.38)
         11.58       9.54

   Squared Multiple Correlations for Structural Equations

          Eta1       Eta2
        --------   --------
          0.27       0.59

   Squared Multiple Correlations for Reduced Form

          Eta1       Eta2
        --------   --------
          0.27       0.29

   Reduced Form

          Ksi1
        --------
Eta1      -0.59
```

```
          (0.06)
          -10.27
Eta2       -0.64
          (0.06)
          -10.57

     THETA-EPS

            Y1         Y2         Y3         Y4
        --------   --------   --------   --------
           3.91       3.27       3.67       3.65
          (0.35)     (0.28)     (0.37)     (0.29)
          11.12      11.79       9.95      12.62

     Squared Multiple Correlations for Y - Variables

            Y1         Y2         Y3         Y4
        --------   --------   --------   --------
           0.67       0.65       0.71       0.63

     THETA-DELTA

            X1         X2
        --------   --------
           3.38     247.85
          (0.49)    (19.00)
           6.87      13.05

     Squared Multiple Correlations for X - Variables

            X1         X2
        --------   --------
           0.65       0.45


                        Goodness of Fit Statistics

                          Degrees of Freedom = 6
             Minimum Fit Function Chi-Square = 70.26 (P = 0.00)
   Normal Theory Weighted Least Squares Chi-Square = 69.67 (P = 0.00)
              Estimated Non-centrality Parameter (NCP) = 63.67
          90 Percent Confidence Interval for NCP = (40.44 ; 94.36)

                      Minimum Fit Function Value = 0.075
             Population Discrepancy Function Value (F0) = 0.068
           90 Percent Confidence Interval for F0 = (0.043 ; 0.10)
          Root Mean Square Error of Approximation (RMSEA) = 0.11
         90 Percent Confidence Interval for RMSEA = (0.085 ; 0.13)
           P-Value for Test of Close Fit (RMSEA < 0.05) = 0.00

                 Expected Cross-Validation Index (ECVI) = 0.11
          90 Percent Confidence Interval for ECVI = (0.082 ; 0.14)
```

```
ECVI for Saturated Model = 0.045
ECVI for Independence Model = 3.01

Chi-Square for Independence Model with 15 Degrees of Freedom = 2791.79
Independence AIC = 2803.79
Model AIC = 99.67
Saturated AIC = 42.00
Independence CAIC = 2838.81
Model CAIC = 187.23
Saturated CAIC = 164.58

Normed Fit Index (NFI) = 0.97
Non-Normed Fit Index (NNFI) = 0.94
Parsimony Normed Fit Index (PNFI) = 0.39
Comparative Fit Index (CFI) = 0.98
Incremental Fit Index (IFI) = 0.98
Relative Fit Index (RFI) = 0.94

Critical N (CN) = 223.76

Root Mean Square Residual (RMR) = 0.39
Standardized RMR = 0.021
Goodness of Fit Index (GFI) = 0.98
Adjusted Goodness of Fit Index (AGFI) = 0.91
Parsimony Goodness of Fit Index (PGFI) = 0.28

Fitted Covariance Matrix

          Y1        Y2        Y3        Y4        X1        X2
      --------  --------  --------  --------  --------
Y1      11.83
Y2       6.95      9.36
Y3       6.27      5.50     12.53
Y4       5.31      4.66      7.49      9.99
X1      -3.67     -3.22     -3.97     -3.36      9.61
X2     -20.94    -18.37    -22.64    -19.15     35.52    450.29

Fitted Residuals

          Y1        Y2        Y3        Y4        X1        X2
      --------  --------  --------  --------  --------
Y1       0.00
Y2       0.00      0.00
Y3       0.55     -0.41      0.00
Y4      -0.52      0.37      0.00      0.00
X1       0.29     -0.17      0.13     -0.26      0.00
X2      -0.96     -0.46      0.89      0.38      0.00      0.00

Summary Statistics for Fitted Residuals
```

```
Smallest Fitted Residual =   -0.96
  Median Fitted Residual =    0.00
 Largest Fitted Residual =    0.89

Stemleaf Plot

- 1|0
- 0|55
- 0|432000000000
  0|1344
  0|59

       Standardized Residuals

              Y1         Y2         Y3         Y4         X1         X2
          --------   --------   --------   --------   --------
     Y1      - -
     Y2      - -        - -
     Y3     6.96      -5.63        - -
     Y4    -6.09       4.65        - -        - -
     X1     2.35      -1.45       1.20      -2.15        - -
     X2    -0.92      -0.48       0.93       0.37        - -        - -

Summary Statistics for Standardized Residuals

Smallest Standardized Residual =   -6.09
  Median Standardized Residual =    0.00
 Largest Standardized Residual =    6.96

Stemleaf Plot

- 0|66
- 0|21100000000000
  0|112
  0|57
Largest Negative Standardized Residuals
Residual for      Y3 and      Y2  -5.63
Residual for      Y4 and      Y1  -6.09
Largest Positive Standardized Residuals
Residual for      Y3 and      Y1   6.96
Residual for      Y4 and      Y2   4.65

                    Qplot of Standardized Residuals

3.5..................................................................
   .                                                       ..
   .                                                      . .
   .                                                     .  .
   .                                                   .    .
   .                                                  .     .
   .                                                 .      .
   .                                                .       .
```

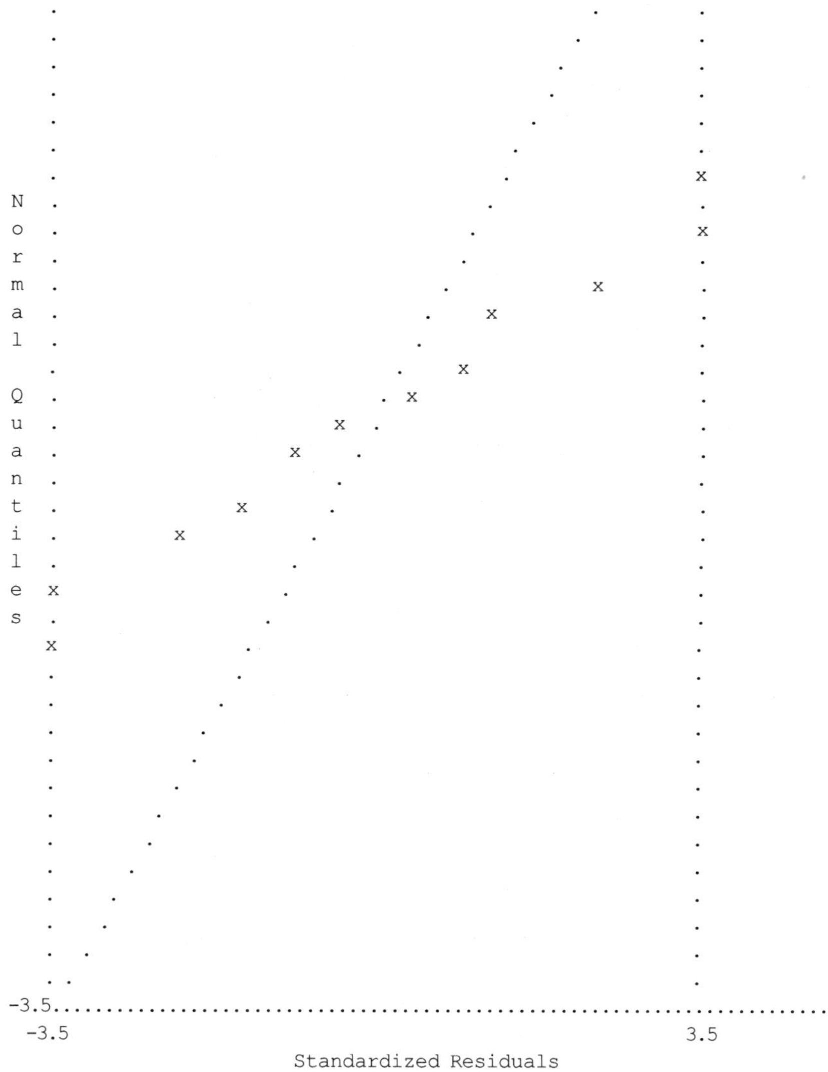


```
Modification Indices and Expected Change

       Modification Indices for LAMBDA-Y

                Eta1        Eta2
             --------    --------
     Y1         - -        2.10
     Y2         - -        2.10
     Y3        2.38         - -
     Y4        2.38         - -

       Expected Change for LAMBDA-Y

                Eta1        Eta2
```

```
            --------  --------
    Y1         - -       0.31
    Y2         - -      -0.27
    Y3        0.31        - -
    Y4       -0.27        - -

No Non-Zero Modification Indices for LAMBDA-X

No Non-Zero Modification Indices for BETA

No Non-Zero Modification Indices for GAMMA

No Non-Zero Modification Indices for PHI

No Non-Zero Modification Indices for PSI

       Modification Indices for THETA-EPS

                 Y1         Y2         Y3         Y4
            --------   --------   --------   --------
    Y1         - -
    Y2         - -        - -
    Y3       61.53      49.05        - -
    Y4       52.11      40.35        - -        - -

       Expected Change for THETA-EPS

                 Y1         Y2         Y3         Y4
            --------   --------   --------   --------
    Y1         - -
    Y2         - -        - -
    Y3        1.95      -1.54        - -
    Y4       -1.56       1.21        - -        - -

       Modification Indices for THETA-DELTA-EPS

                 Y1         Y2         Y3         Y4
            --------   --------   --------   --------
    X1        6.56       2.98       1.50       4.51
    X2        2.45       0.32       0.01       0.87

       Expected Change for THETA-DELTA-EPS

                 Y1         Y2         Y3         Y4
            --------   --------   --------   --------
    X1        0.57      -0.34       0.28      -0.43
    X2       -2.33       0.75       0.11       1.27

Maximum Modification Index is   61.53 for Element ( 3, 1) of THETA-EPS

                      Time used:    0.016 Seconds
```

위의 출력 결과에서 제일 앞부분은 추정할 모수의 위치와 개수를 나타내 준다. 마지막 번호가 15이므로 추정할 모수의 총 개수는 모두 15개라는 것을 파악할 수 있다.

그 다음으로 'LISREL ESTIMATES'의 부분을 살펴보자. 모수 추정 방법으로 최대가능도방법을 사용하였으며, 여기에 추정값과 표준오차 그리고 대응하는 t통계량 값들을 명시하였다. 구해진 t통계량 값들을 살펴보면, 이 값들은 모두 0에서부터 멀리 떨어진 값들이며 이는 추정량이 모두 통계적으로 유의하다 는 결론을 내릴 수 있다. LISREL 추정량을 해석함에 있어서 주의할 점은, 모든 추정값들이 기대한 바와 같이 또는 문제의 성질상 상식적으로 이해될 만한 범위 내의 숫자들로 나왔는가를 검토하는 것이다. 이미 특정한 모수의 부호를 가설화 하였으면 그 부호를 확인해서 연구자의 가설이 지지 받았는가의 여부를 검토해야 한다. 분산은 음수가 아니어야 하며, 외생변수의 분산 (PHI행렬에서) 또는 오차항의 분산(PSI행렬에서)은 관련된 측정변수들의 분산 중 가장 작은 것보다도 작아야 한다. 측정오차의 분산 (THETA EPS행렬 또는 THETA DELTA행렬에서) 또한 측정변수의 분산보다 작아야 한다. 측정변수의 분산은 'COVARIANCE MATRIX TO BE ANALYZED'에서 대각선에 있는 원소들이다. 그리고 인자적재 계수나 경로계수, 공분산 등도 주어진 자료에 비추어 이해가 될 만한 크기의 숫자들이어야 한다. 만일에 두 측정오차간의 상관계수, 외생변수간의 상관계수, 또는 오차항간의 상관계수들이 -1과 1의 범위를 넘으면, 계산에 문제가 생겼거나 그 추정값을 믿고 해석할 수 없음을 나타낸다. 이와 같은 해석상의 주의할 점은 구조식모형과 측정모형을 가리지 않고 적용되어야만 한다.

구조식모형에 대한 해석

구조식모형에 대한 추정값은 네 개의 행렬 (BETA, GAMMA, PHI, PSI)로 주어졌다. [그림 12-2]에서 보는 구조식모형의 부분에서 소외감 증세(1967)가 소외감 증세(1971)에 '+'의 직접 효과를 준다고 가정할 수 있다. 이는 어릴 때 소외감을 느끼면 커서도 많이 느낀다로 가정하며 출력 결과 중 BETA행렬에서 $\eta_1 \rightarrow \eta_2$에 대한 경로계수의 부호가 '+' (정확히 $+0.68$)임을 알 수 있다. 즉, 연구자의 '효과의 방향'에 대한 가정이 지지를 받은 것이다. 또한 그 값이 0.68인 것은 0 보다는 매우 크므로, 일단 경험한 소외감 증세는 4년 후에도 상당한 영향을 준다고 볼 수 있다. 효과의 부호에 대한 가정이 없이 ξ_1(사회적 배경)이 η_1과 η_2에 어떤 영향을 미치는가 보려면 GAMMA행렬을 보면 된다. 결과를 통하여 ξ_1는 두 경우의 소외감 증세에 '−'(각각 -0.58, -0.23)효과가 있음을 볼 수 있다. 즉, 사회 경제적 배경이 좋은 사람들은 어렸을 때나 컸을 때나 관계없이 소외감을 적게 느낀다고 해석할 수 있다. GAMMA행렬에서 $\xi_1 \rightarrow \eta_1$의 계수가 -0.58이고 $\xi_1 \rightarrow \eta_2$의 계수가 -0.23이라는 것은 사회 경제적 배경은 컸을 때보다는 어렸을 때에 더 크게 소외감을 줄여 주는 효과가 있다고 말할 수 있다.

그러나 LISREL 추정량 값의 크기를 서로 비교할 때는 다음의 두 가지 사항에 대해 주의하여야 한다. 첫째는 "사회과학의 자료들을 기초로 하여 계산된 추정값이 가지는 통계적 정밀함에 대한 의문"이다(Cohen & Cohen, 1983, p.112와 p.113 참조). 통계적 정밀함은 자료에 대한 통계적 가정을 만족한다는 상황하에서 논의되어야 하는데 정도의 차이는 있으나 일반적으로 사회과학의 자료는 통계적 가정을 거의 만족하지 않는다. 단순히 추정값이 0이다 아니다 또는 부호가 '+'이다 아니다 하는 정도의 유의성 검정은 자료가 그 방법론에서의 가정을 조금 위반해도 비교적 적당한(robust) 결정으로 이끌어 주지만, 추정량의 값 자체를 해석하고자 할 때에는 가정의 위반이 훨씬 심각하게 잘못된 해석과 결정으로 유도할 수 있는 것이다. 둘째로는 '사회과학의 자료에서 측정의 단위들은 사실은 임의적일 경우가 많다'는 것이다(Cohen & Cohen, 1983, p.193). 이 경우 측정의 단위가 객관적이 아니므로, 추정량의 값을 어떻게 해석해야 할지 막연할 수 있는 것이다. 따라서 추정값의 크기를 해석하고자 할 때는 많은 조심이 필요하다.

[그림 12-2]의 모형에 대하여 또 한가지 생각해 볼 점으로 이 모형은 정보의 수와 모수의 수가 같은 포화모형이라는 점이다. 모든 잠재변수가 경로그림에서 모든 앞 단계의 잠재변수로부터 직접 효과를 받으며 오차항간에 상관이 없으면 그 모형은 원칙적으로 포화모형 중의 하나이다. 따라서 이 구조식모형이 얼마나 근거 있는지에 대한 통계적 검정은 여기에서 주어질 수 없다. 단지 전체 모형을 자료에 적용시킬 때, 측정모형만이 검정될 뿐이다. 이와 같은 포화모형에서는 각 경로에 대한 화살표의 방향이 임의로 바뀌어도 역시 포화모형이 되어 수학적으로 동일한 모형이 된다.

[그림 12-2]의 경우에는 시간적으로 볼 때 사회 경제적 배경이 제일 먼저 형성되는 것이므로 다른 두 변수에 직접 효과를 가지게 되었고, 또한 소외감 증세가 얼마나 지속적 효과를 가지는지에 대한 연구이므로 '소외감(1967)→소외감(1971)'의 경로를 설정하여 구조식모형의 경로그림이 이와 같이 형성되었다고 주장할 수 있을 것이다.
이와 같이 포화모형은 통계적 검정의 불가능, 모형의 타당성을 내용적으로 강하게 보여주는 데 있어서의 어려움, 간결성의 결여와 같은 불리한 점을 가지고 있기 때문에 용도 및 목적이 제한될 수밖에 없다. [그림 12-2]의 경우 구조식모형의 타당성은 자료 분석 이전에 연구자의 내용적 논의에 의해 이미 강력히 제시되었어야 하며, 자료 분석의 결과에서는 각 모수의 부호(+, −) 및 크기에 대한 해석만이 제공될 뿐이다. 물론 단순히 측정모형의 타당성만을 검정하기 위한 목적이라면 포화모형을 쓰는 것에 아무런 이의가 없다. 이 목적을 위해서라면 구조식모형의 포화를 오히려 권장하는 수도 있다(Herting and Costner, 1985).

구조식모형의 모수 행렬(BETA, GAMMA, PHI, PSI)에서의 추정량들의 절대값은 모두 큰 편이고 이에 대응하는 t값들을 통하여 통계적 검정을 실시하면 모두 유의한 값을 갖고 있다. 따라서 설정된 구조식모형에 대한 결과는 적절하다고 해석된다. 구조식모형에 대한 다중상관계수제곱(squared multiple correlation;SMC)의 해석은 측정모형에 대한 결과 해석을 한 후에 논의하고자 한다.

측정모형에 대한 해석

측정모형에 대해 네 개의 행렬(LAMBDA *Y*, LAMBDA *X*, THETA EPS, THETA DELTA)에서 추정값들을 보면 측정모형에서의 연구자의 가설이 자료에 의해 지지 받는지의 여부를 대략적으로 확인할 수 있다. 우선 LAMBDA *Y*행렬과 LAMBDA *X*행렬에서 인자적재 계수의 값들이 비교적 큰 편이므로, 그 측정변수들이 관련된 잠재변수들을 측정함에 있어 잘못 선택되지 않았다고 확인할 수 있다. 만일 인자 계수 중 0에 가까운 것이 있었으면 그에 관계된 측정변수에 대해 심각하게 검토해야 한다. 그런데 LAMBDA *X* 행렬에서 X_2과 ξ_1 사이의 인자 계수가 조금 비정상적으로 크다는 느낌을 준다. 그래서 X_2의 분산을 분석 자료 행렬에서 보니, 다른 측정변수들의 분산은 기껏해야 15가 안되는데 이것은 무려 450.288이나 된다. X_2는 Duncan의 사회경제적 지수인데, 물론 측정단위는 임의적이라고 할 수 있으므로 처음 시작할 때에 분석 자료를 계산할 때 X_2의 단위를 조정(예를 들어 원 자료에서 X_2의 값을 7로 나누어 준 다음에 공분산 자료를 계산)하는 것이 바람직하다고 생각한다. X_2의 분산이 이처럼 큰 상태에서 인자 계수가 5.70인 것은 이제 그리 놀랄 만한 일이 안된다. 그러나 만일 X_2의 단위가 조정되었을 경우 과연 그때도 ξ_1와의 사이에 큰 인자 계수가 나올지는 궁금하다. X_2의 ξ_1에 대한 측정변수로서의 적당성을 좀 더 평가하기 위해서는 X_2를 ξ_1에 대한 결과 변수로 해서 회귀분석을 돌린 결과의 다중상관계수제곱(squared multiple correlation;SMC)을 볼 필요가 있다. SMC와 측정모형의 결정계수는 'LISREL ESTIMATES'의 끝부분에 주어져 있으므로 잠시 후에 다시 논의하기로 한다.

THETA EPS행렬과 THETA DELTA행렬에서는 별로 이상한 숫자들이 안 보이고, 다만 X_2의 측정 오차의 분산이 247.85라는 큰 숫자로 있어 눈에 거슬리기는 하지만 X_2 자체의 분산이 450.288이므로 비정상적인 경우라고 할 수는 없다.

SMC의 해석

다음으로 다중상관계수제곱(SMC)에 대한 결과를 검토해 보자. 우선 측정모형 중 *Y*변수들에 대한 SMC는 0.67(*Y*1), 0.65(*Y*2), 0.71(*Y*3) 그리고 0.63(*Y*4)으로 네 개의 측정변수들이 잠재변수에 의하여 매우 큰 부분을 설명하고 있다. *Y*변수들은 적어도 63% 이상이 잠재변수에 의하여 설명되며 따라서 *Y*변수들의 측정모형은 적절하다고 판단된다. 그리고 *X*변수들에 대한 SMC는 0.65(*X*1)와 0.45(*X*2) 이다. *X*1 변수는 65%가 잠재변수에 의해 설명되는 반면에 *X*2 변수는 45%만이 설명되고 있다. 물론 45%가 작다고는 단언할 수 없지만 질문지의 문항 수정과 질문 방법의 표준화, 그리고 자료 관리의 표준화 작업등을 통하여 이 계수를 증가시킬 수 있다. 구조식모형에서 내생변수의 SMC는 0.27(η_1)과 0.59(η_2)인데 이 값들은 하나의 내생변수가 대응하는 예측 변수들에 의하여 설명되는 정도를 설명하여 준다.

적합도 해석

출력 결과 중에서 적합도에 관한 여러 통계량 값들과 정보가 주어지는데, 많이 사용하면서 앞에서 설명했던 통계량을 일부 간추려 보면 다음과 같다.

```
CHI-SQUARE WITH 6 DEGREES OF FREEDOM = 70.26 (P = 0.00)

         ROOT MEAN SQUARE RESIDUAL (RMR) = 0.39
               STANDARDIZED RMR = 0.021

           GOODNESS OF FIT INDEX (GFI) = 0.98
     ADJUSTED GOODNESS OF FIT INDEX (AGFI) = 0.91

             NORMED FIT INDEX (NFI) = 0.97
           NON-NORMED FIT INDEX (NNFI) = 0.92
```

카이제곱 통계량에 대응하는 p-값은 매우 적으므로 우리는 설정한 모형이 자료를 적절하게 설명해 주고 있다고 결론 내릴 수 있으며, GFI와 AGFI의 값이 1.0에 가까운 값을 나타내므로 동일한 결론을 내릴 수 있다.

잔차 해석

적합된 공분산행렬, 적합된 잔차와 표준화된 잔차들을 살펴보자. 특히 표준화된 잔차의 절대값이 2 보다 크면 모형화 하는데 문제가 있다고 판단할 수 있는데 여기서는 절대값이 2보다 큰 것을 많이 발견할 수 있다. 그것을 Q-Q plot을 통하여 살펴볼 수 있는데, 그림에 나타난 점들이 45도 선으로 나타나 있지 않다. 따라서 모형이 자료에 대하여 완벽한 적합을 나타낸다고 말할 수 없다.

[결과 12-1]의 마지막 부분에 나타난 수정지수(modification indices)와 그와 결부된 여러 정보의 해석은 생략하기로 한다.

그리고 LISREL Version 8.03 부터는 출력 결과에 경로그림을 그려 주는데 그 중 구조식모형과 측정모형에 대한 결과 그림은 다음과 같다.

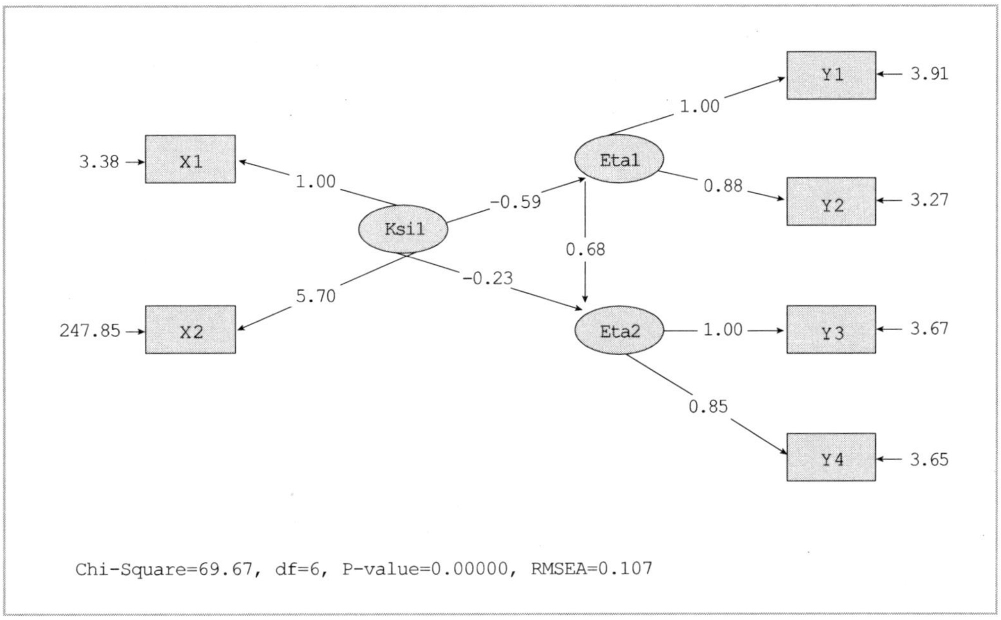

▮그림 12-3 가▮ 기본 모형(basic model)

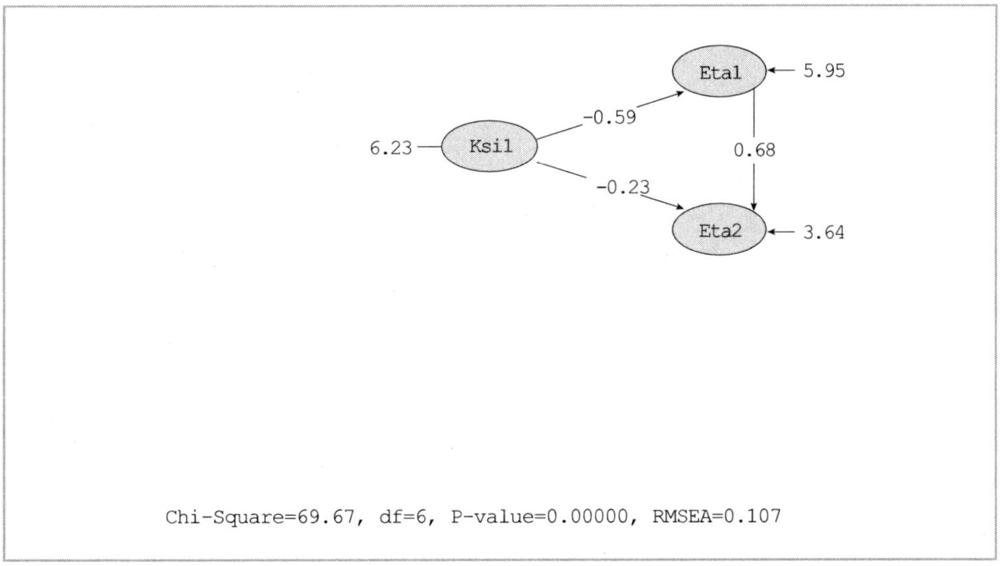

▮그림 12-3 나▮ 구조식모형(structural model)

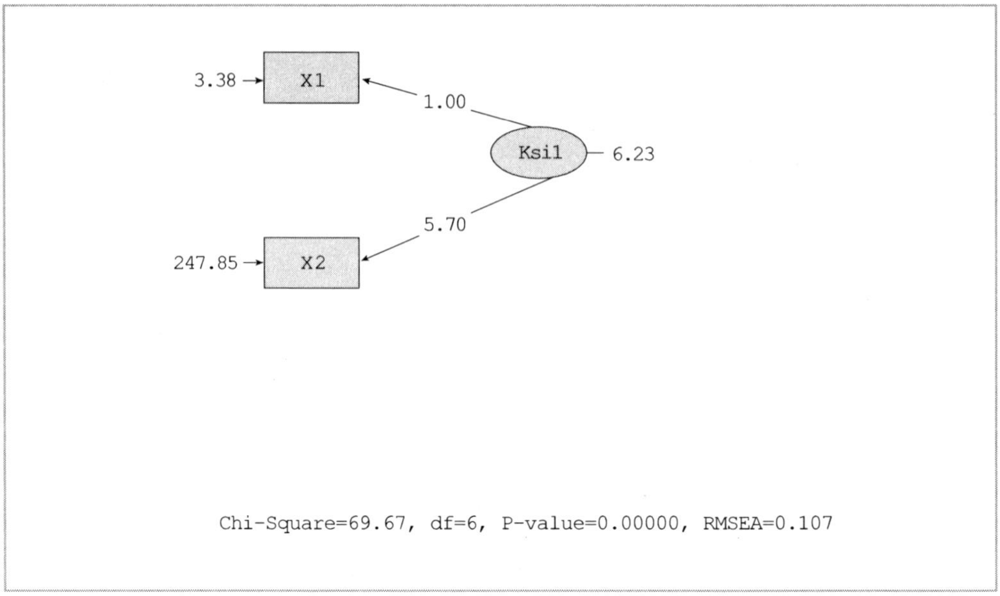

▮그림 12-3 다▮ X의 측정모형(x-model)

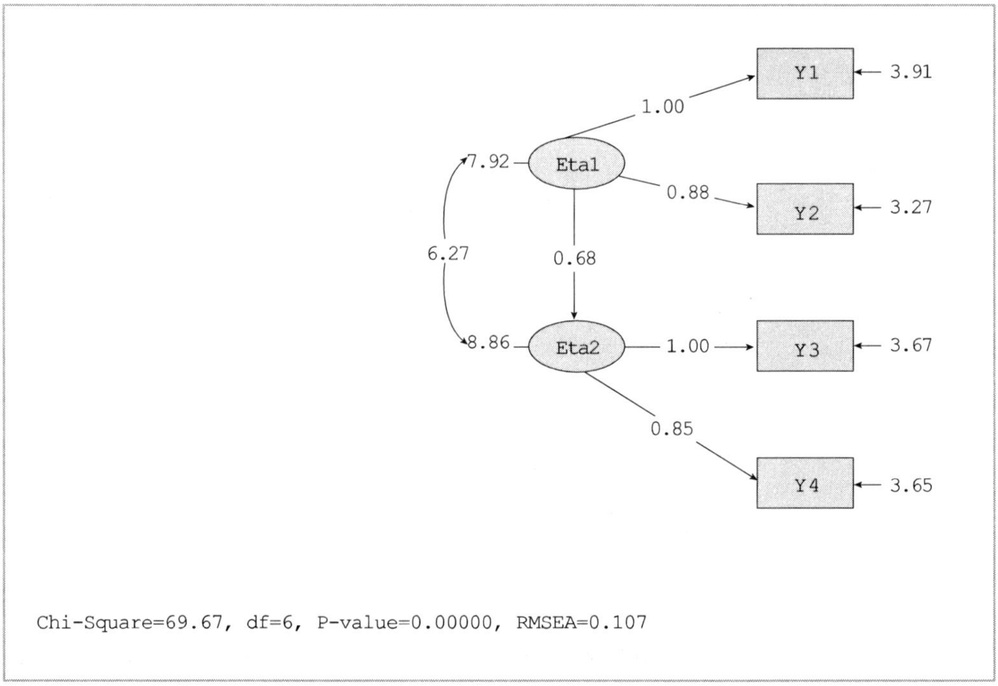

▮그림 12-3 라▮ Y의 측정모형(y-model)

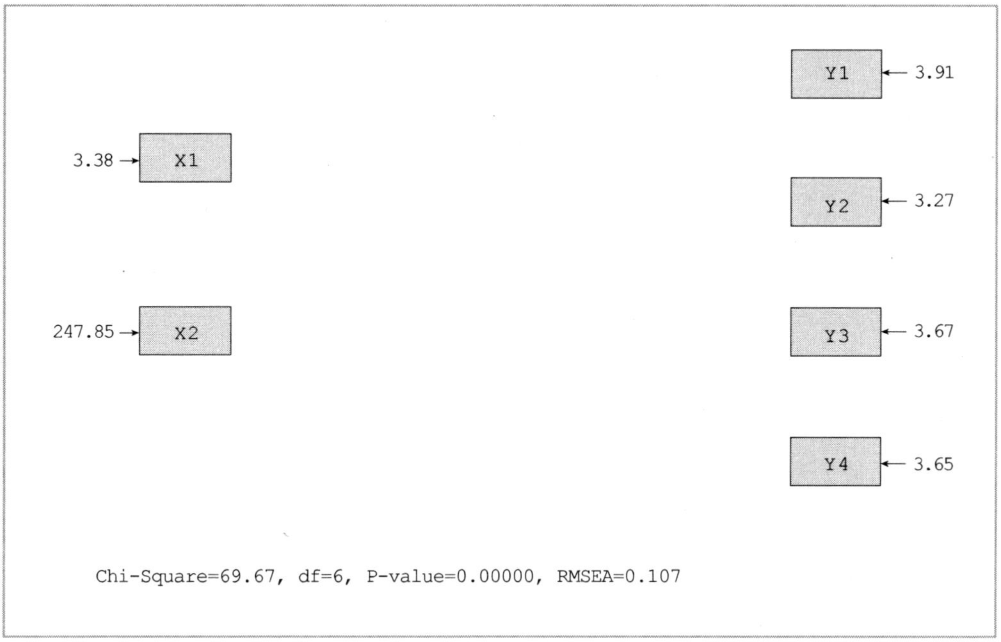

▒ 그림 12-3 마 ▒ 오차항(correlated errors)

참고문헌

남궁평 · 홍종선 (1996), 범주형 자료분석, 서울: 탐진.

최용석 (1995), SAS 다차원척도법, 서울: 자유아카데미.

최용석 (2001), SAS 대응분석의 이해와 응용, 서울: 자유아카데미.

최용석 · 정광모 (2003), SAS를 활용한 다변량 분석기법과 응용, 서울: 자유아카데미.

홍종선 (1996), SAS와 통계자료분석, 제4판, 서울: 탐진.

홍종선 · 최현집 (1999), 로그선형모형을 이용한 범주형자료분석, 서울: 자유아카데미.

홍종선 (2000), 추정과 가설검정, 서울: 자유아카데미.

홍종선 (2002), 통계적 확률분포 -수정판-, 서울: 자유아카데미.

홍종선 · 박용석 (2007), 설문조사자료의 통계분석, 서울: 자유아카데미.

홍종선 · 박옥희 · 최창현 (1996), 조사방법과 통계자료분석, 서울: 박영사.

Bagozzi, R. P. (1980), Causal models in marketing, New York, John Wiley & Sons.

Greenacre, M. J. (1984), Theory and Applications of Correspondence Analysis, Academic Press, London.

Joereskog, K. and D. Soerbom(1993), SIMPLIS 8: Structureal Equation Modeling with the SIMPLIS Command Language, Scientific Software International Inc.

Johnson, R. and D. Winchern(1992), Applied Multivariate Statistical Analysis, 3rd Ed., New Jersey: Prentice Hall.

찾아보기

ㄱ

ㄴ

ㄷ

ㄹ

ㅁ

ㅊ

ㅋ

ㅌ

ㅍ

ㅎ

A

B

L

M

N

O

P

Q

R

S

T

U

V

W

| 저자 약력 |

홍 종 선(洪 鍾 善)

성균관대학교 통계학과 졸업
미국 Iowa State University 통계학 석사, 박사 졸업
미국 USDA / NADC 연구원
캐나다 University of British Columbia 통계학과 교환교수
현재: 성균관대학교 통계학과 교수

주요 저서

SAS와 통계자료분석, 4판, 탐진, 2012
최신보험통계학(공저), 자유아카데미, 2009
설문조사자료의 통계분석(공저), 자유아카데미, 2007
통계적 확률분표, 수정판, 자유아카데미, 2002
조사방법과 엑셀을 이용한 자료분석(공저), 박영사, 2001
추정과 가설검정, 자유아카데미, 2000
로그선형모형을 이용한 범주형 자료분석(공저), 자유아카데미, 1999
그외 저서와 논문 다수

E-Mail : cshong@skku.edu

SAS/SPSS와

다변량 자료분석

| 저 자 | 홍종선
| 발 행 인 | 주정희
| 발 행 처 | 자유아카데미
| 주 소 | 경기도 파주시 문발동 527-2
파주출판도시
| 전 화 | 031-955-1321
| F A X | 031-955-1322
| 홈페이지 | www.freeaca.com
| 전자우편 | main@freeaca.com(대표)
editor@freeaca.com(편집)
| 등 록 | 제406-2003-017호, 1980. 7. 12
| 제1판1쇄 | 2012년 8월 31일 발행
| 정 가 | 20,000원

저자와의
협의하에
인지생략

ISBN 978-89-7338-956-8 93310